Adenauers Auge

Edgar Franzmann, 1948 in Krefeld geboren, lebt als Journalist und Autor in Köln. Er ist Sprecher des Syndikats, der Autorengruppe deutschsprachiger Kriminalliteratur. Im Emons Verlag erschienen seine Kriminalromane »Millionenallee«, »Der Richter-Code«, »Adenauers Auge« und »Mord mit Rheinblick«.

Dieses Buch ist ein Roman. Handlungen und Personen sind frei erfunden. Ähnlichkeiten mit lebenden oder toten Personen sind rein zufällig.

EDGAR FRANZMANN

Adenauers Auge

KÖLN KRIMI

emons:

Bibliografische Information der Deutschen Nationalbibliothek
Die Deutsche Nationalbibliothek verzeichnet diese Publikation
in der Deutschen Nationalbibliografie; detaillierte bibliografische
Daten sind im Internet über http://dnb.d-nb.de abrufbar.

© Emons Verlag GmbH
Alle Rechte vorbehalten
Umschlagfoto: mauritius images /age
Umschlaggestaltung: Tobias Doetsch, Berlin
Druck und Bindung: CPI – Clausen & Bosse, Leck
Printed in Germany 2015
Erstausgabe 2012
ISBN 978-3-95451-030-6
Köln Krimi
Originalausgabe

Unser Newsletter informiert Sie
regelmäßig über Neues von emons:
Kostenlos bestellen unter
www.emons-verlag.de

Für Oliver und Simon

Dienstag

1

Der Mann in flecktarn-oliv nahm die Position ins Visier, an der die Kanzlerin stehen sollte. Der Laser signalisierte eine Entfernung von neunhundertdreizehn Metern. Der Weltrekord im Präzisionstöten stand bei zweitausendvierhundertfünfundsiebzig Metern. Irgendwann wollte er diesen Weltrekord brechen. Heute kam es darauf an, nur einen einzigen Schuss abzufeuern und zu treffen.

Sein Scharfschützengewehr G22 benötigte Patronen vom Kaliber .300 Winchester Magnum, umgerechnet sieben Komma sechs zwei mal sechsundsechzig Komma fünf Millimeter. Die Iris eines menschlichen Auges maß im Durchmesser etwa elf Millimeter. Er würde ins Auge zielen.

In Gedanken spielte er den Schuss durch. Er legte an, er drückte ab, er verfolgte den Flug des Projektils, er sah den Einschlag im linken Auge der Zielperson, er sah, wie sich der Kopf verformte und zersplitterte. Er betrachtete das Geschehen kühl wie ein Forscher sein Rattenexperiment.

Als Junge hatte Marcel Ponk sich seine Ziele selbst gesucht. Die Katze des Nachbarn. Die Euter der Kühe auf der Weide. Die Fliege auf dem Apfelkuchen beim Gartenfest seiner Tante, ein Treffer, der ihm drei Tage Hausarrest eingebracht hatte.

Heute bekam er Befehle, wann und wo und auf wen er schießen sollte. Er führte aus. Töten war sein Beruf. Das hatte man ihm vor seinem Einsatz in Afghanistan beigebracht.

Einmal hatte er es tun müssen. In Kunduz, nicht weit vom deutschen Lager entfernt. Sie waren angegriffen worden. Die Angreifer waren Kinder gewesen. Bewaffnete Kinder. Schwer bewaffnet.

Ein Junge, vielleicht zwölf, dreizehn Jahre alt, schoss auf ihn. Er schoss nicht zurück, nicht sofort, erst nachdem er selbst in die Schulter getroffen worden war.

Der Junge war nur noch zwanzig Meter weit weg. Es war Notwehr. Der Körper des Jungen fiel auf den sandigen Boden und ließ eine kleine Staubwolke aufsteigen. Er hatte gewartet, ob er einen

Schmerzensschrei hören würde. Er hörte nichts. Es war ein lautloser Tod gewesen. Ein lautloser Tod, der sich seitdem jede Nacht und jeden Tag wiederholte. Er hatte sich nichts vorzuwerfen.

Die Sonne schien über dem militärischen Teil des Flughafens Köln/Bonn. Ein schöner Tag. Klare Sicht. Lauer Wind. Gute Arbeitsbedingungen. Er durfte sich keinen Fehler erlauben.

Die Kanzlerin würde drei in Afghanistan getöteten Kameraden die letzte Ehre erweisen. Sie waren mit ihrer Patrouille im Distrikt Char Darah unterwegs gewesen, südwestlich von Kunduz, auf der Suche nach Sprengstoff-Hinterhalten. Plötzlich waren Schüsse gefallen. Es waren keine Taliban, die angegriffen hatten, es war ein Mann in der Uniform der afghanischen Armee gewesen. Friendly Fire. Drei Tote, sieben Verletzte. Höchste Zeit, dass wir unsere Soldaten aus diesem elenden Krieg zurückholen, lebendig, nicht tot.

Er visierte das Ziel noch einmal an. Neunhundertdreizehn Meter. Riskant, aber machbar. Es gab kein besseres Versteck als auf dem Kasernengelände neben dem Flughafen. Niemand würde ihn hier finden.

Noch eine Stunde und siebenundvierzig Minuten, genug Zeit, das Terrain zu erkunden. Dann würde Nummer eins sich melden.

2

»Wir sind Kanzlerin« stand in riesigen Lettern auf Seite eins des BLITZ. Chefreporter Georg Rubin hatte sich die Schlagzeile ausgedacht, Chefredakteur Wolfgang Stein hatte sich darüber empört und sie lautstark abgelehnt. Dabei war das Ganze nur ein Witz gewesen, schließlich wusste jeder, dass seit »Wir sind Papst« nichts mehr ging.

Georg hatte das Blatt trotzdem ausgedruckt und an die Wand hinter seinem Schreibtisch gepinnt. Er genoss es jedes Mal, wenn Stein sich darüber ärgerte. So wie jetzt, als er mit rotem Kopf forderte: »Häng das endlich ab!«

Georg reagierte nicht.

»In drei Minuten in meinem Büro«, sagte Stein, zog die Schultern hoch und versteckte seinen Kopf darin, was ihn trotz seiner zwei Meter klein und unsicher erscheinen ließ.

Irgendwie tat er Georg leid, obwohl er wusste, dass sie in diesem Leben keine Freunde mehr werden würden. Das war entschieden, seitdem Stein ihn während der Story um den Richter-Code fristlos entlassen wollte und damit nicht durchgekommen war.

Georg nahm die Seite mit der Kanzlerin von der Wand, faltete sie und steckte sie in seinen Laptop-Rucksack. »Wir sind Kanzlerin«, so schlecht war die Zeile gar nicht. Ausgerechnet eine Kölnerin, Barbara Jung, war Deutschlands wichtigste Politikerin geworden. Und der BLITZ war ihre Heimatzeitung. Damit musste sich doch punkten lassen.

Fünfzig Jahre nach dem Rücktritt Konrad Adenauers wurde im Kanzleramt wieder Kölsch gesprochen. Die Kabarettisten machten sich über Barbara Jungs Dialekt lustig, doch der hatte Adenauer nicht geschadet, und er würde auch ihr nicht schaden. Es war ja nicht so, als ob sie kein Hochdeutsch könnte, aber sie sprach mit diesem Singsang, der sie als Rheinländerin des ripuarischen Sprachraums auszeichnete. Wenn die Leute keine anderen Probleme hatten.

Ihre Vorgängerin, von den Parteifreunden »Mutti« genannt, war zurückgetreten, ohne einen Nachfolger aufgebaut zu haben. Ein hoffnungsvoller oberfränkischer Freiherr hatte sich mit seiner Doktorarbeit abgeschrieben. Die lächelnde Ministerin mit den sieben Kindern war von Parteifreunden ausgebremst worden: Nicht wieder jemand aus Hannover! Einstige Ministerpräsidenten und Hoffnungsträger, die den Kanzlerstab im Tornister wähnten, hatte die Alt-Kanzlerin in hohe Staats- und Justizämter wegbefördert, in die Wirtschaft ziehen lassen oder kühl aufs Altenteil entsorgt.

Blieben Otto Starck, der Innenminister, und Lothar Wassermann, der Verteidigungsminister, denen man das Kanzleramt zugetraut hätte. Stattdessen übernahm die erst neunundvierzigjährige Barbara Jung aus Köln.

Die Frau war nicht nur klug, sondern sah auch noch gut aus und kleidete sich elegant, was vielleicht ein Grund dafür gewesen war, dass sie nur ein kurzes Gastspiel im Kölner Stadtrat gegeben hatte und ins schickere Düsseldorf in den Landtag gewechselt war. Von dort schaffte sie den Sprung in den Bundestag nach Berlin, wurde Staatssekretärin und schließlich Gesundheitsministerin, als die FDP mal wieder ihre Spitzenkräfte auswechselte und darauf bestand, sich künftig um Umweltschutz statt um Krankenkassen zu kümmern.

Barbara Jung, gelernte Ärztin, stieg ins Kabinett auf und machte auch dort eine gute Figur.

In der Partei kletterte sie auf jedem Parteitag ein Stückchen nach oben, seit drei Jahren war sie stellvertretende Parteivorsitzende. Eine Frau mit Aussichten auf weitere Karriere. Aber Kanzlerkandidatin und Kanzlerin? Georg kannte niemanden, der mit dieser Beförderung gerechnet hätte.

Als die Alt-Kanzlerin ihren überraschenden Rücktritt inszenierte, weil sie wegen der Euro-Krise keine eigene Mehrheit im Bundestag mehr hinter sich hatte, ein Misstrauensvotum bewusst verlor, gleichzeitig aber die Mehrheit für ihre Nachfolgerin Barbara Jung organisierte, rätselten die Talkshow-Experten über die wahren Hintergründe.

Georg war sicher, das Manöver durchschaut zu haben. Sofortige Neuwahlen, wie sie die Opposition gefordert hatte, hätte die Regierungskoalition wahrscheinlich verloren. Die Alt-Kanzlerin wollte nicht den gleichen taktischen Fehler wie einst Gerhard Schröder begehen, der über seine Agenda 2010 gestürzt war, ehe deren positive Folgen sichtbar werden konnten. Sie hielt sich stattdessen an Willy Brandt, der wegen eines Spionageskandals vorzeitig zurücktreten musste, es aber trotzdem geschafft hatte, Helmut Schmidt als Nachfolger im Bundestag zu installieren, sodass der mit dem Kanzler-Bonus in die nächste Wahl ziehen konnte und gewann.

Nur gab es diesmal keinen geborenen Nachfolger, und weil sich niemand der angeblich starken Männer an die Front traute, wurde die sympathische Kölnerin nach vorne geschickt.

Nicht die schlechteste Entscheidung, fand Georg, jedenfalls waren es spannende Zeiten. Und im Mittelpunkt stand eine Kölnerin. Etwas Besseres konnte es für den BLITZ nicht geben.

»Mehr Politik ins Blatt«, hatte Georg in der Konferenz deshalb gefordert, aber nur Hendrik Münch, der alte Politik-Chef, hatte ihn unterstützt. Ansonsten war er auf taube Ohren gestoßen. Politik interessiere nicht, schon gar nicht den BLITZ-Leser, hatte Chefredakteur Stein ihn abfahren lassen, »das geht mir und unseren Lesern am Gesäß vorbei«, waren seine Worte gewesen. Der große

Rest der Kollegenschar hatte das für witzig gehalten und gelacht, was Georgs Wut nur noch vergrößert hatte.

Bekamen die Damen und Herren Kollegen überhaupt nicht mit, was in der Welt geschah? Stuttgart 21, die Revolutionen in den arabischen Staaten, Unruhen in Russland, Occupy Wall Street in New York und in der halben Welt, Bürgerbegehren in Köln und Duisburg.

Stein ließ das alles kalt, dabei war er früher selbst Politik-Redakteur des BLITZ gewesen. Noch heute schmückte er sein Büro mit Fotos wichtiger Politiker, die er getroffen und interviewt hatte: Stein mit Walter Scheel, Stein mit Helmut Kohl, er selbst natürlich immer der Größte.

In seiner Zeit als BLITZ-Chefredakteur war nur noch ein Foto hinzugekommen: Stein mit Christian Wulff, dem ehemaligen Schnäppchen-Präsidenten, aufgenommen in der Villa von Party-König Manfred Schmidt, ehemals Köln, heute Berlin.

»Setz dich«, sagte Stein, als Georg in das Büro des Chefredakteurs trat. Stein saß nicht hinter seinem Schreibtisch, sondern in einem der Ledersessel, die zu der Sitzgruppe am Fenster gehörten. Hier wurde mit Geschäftspartnern verhandelt oder mit Kollegen etwas besprochen. Hier wurde jedenfalls nicht einfach angeordnet. Das Bild mit Christian Wulff hing nicht mehr an seinem Platz, stattdessen lächelten dort Stein und Heidi Klum.

»Kaffee?«, fragte Stein.

»Cappuccino«, sagte Georg.

Uschi, Steins Assistentin, hatte mitgehört und verzog keine Miene, als sie das Gewünschte servierte. »Danke«, sagte Georg, was Uschi bewusst überhörte. Stein bekam einen Espresso.

»Ich möchte nicht gestört werden, von niemandem«, sagte Stein.

Uschi schloss die Glastür zum Vorzimmer und ließ sie allein.

Stein nippte an seinem Espresso und beugte sich in Richtung Georg. »Wie geht es deiner kleinen Tochter?«

Was sollte diese Frage? Schönwetter machen? Ein bisschen Small Talk vor den Grausamkeiten? Georgs Gehirn rotierte, aber es gelang ihm, äußerlich ruhig zu erscheinen. »Rosa. So klein ist sie gar nicht mehr. Ist gerade zehn geworden. Kommt aufs Gymnasium. Warum fragst du?«

»Du siehst sie alle zwei Wochen?«
»Ja. An den Wochenenden. Von Freitag bis Sonntag. Sonst lebt sie bei ihrer Mutter.«
»Ist Rita wieder verheiratet?«
»Nein. Aber du bestellst mich bestimmt nicht vertraulich in dein Büro, nur um mit mir über meine Ex und meine Tochter zu reden. Also, was willst du?«
»Reg dich ab. Mich interessiert das. Ich will mir ein Bild machen, wie viel Zeit du in den nächsten Monaten hast. Wie steht es mit deinem Liebesleben?«
»Ich kann nicht klagen.«
»Und das heißt?«
»Dass ich nicht vorhabe, dir Auskunft zu geben.«
Stein leerte sein Espressotässchen und trank einen Schluck Wasser hinterher. »Du warst zuletzt ziemlich unzufrieden«, sagte er und sah Georg in die Augen.
Georg hielt dem Blick stand.
»Ich will dir ein Angebot machen«, sagte Stein.
»Du, ein Angebot, mir?«
»Ja. Ich will ...«, Stein legte eine kleine Pause ein, »ich will, dass du mein Politik-Chef wirst.«
»Politik-Chef«, wiederholte Georg. »Ich dachte, Politik interessiert die Leser nicht.«
»Vielleicht liege ich falsch. Kennst du unsere Auflagenzahlen?«
»So ungefähr«, sagte Georg.
»Wir haben im letzten Quartal keine hundertachtzigtausend pro Tag verkauft.«
»Nur Köln?«
»Gesamtauflage. Köln, Düsseldorf, Bonn, sogar die Sonntagsausgabe eingerechnet«, sagte Stein.
»Der BLITZ war mal bei vierhundertfünfzigtausend, oder?«, fragte Georg.
»Vergiss es, das war im letzten Jahrtausend. Ich wäre schon zufrieden, wenn wir den Trend nach unten stoppen könnten. Ich habe alles versucht. Alles. Mehr Service. Weniger Service. Mehr gute Nachrichten. Weniger gute Nachrichten. Mehr Klatsch. Weniger Klatsch. Mehr Meinung. Mehr Miezen, mehr Sport, mehr Fernsehen. Nichts hat geholfen. Auch nicht deine ach so tollen Chef-

reporter-Artikel. Wenn wir den Absturz nicht aufhalten, haben wir ausgeblitzt. Ein Donner noch, und Ende.«

Wenn dieses Ramschsammelsurium ein Konzept sein sollte, war es kein Wunder, dass es der Zeitung so schlecht ging, dachte Georg. Stein wusste einfach nicht, wie es ging. Man musste sich um die Menschen kümmern. Das lief nicht vom Schreibtisch aus, dazu musste man raus, mit den Leuten reden. Nicht immer nur die Pressemeldungen der Mächtigen drucken, sondern den Mächtigen auf den Pelz rücken. Nicht inszenierte Fernsehgeschichten nachplappern oder, der neueste Trend, verrückte Storys aus dem Internet abschreiben. Das würde auch noch die letzten Leser vergraulen und vor die Bildschirme treiben.

»Wie findest du mein Angebot?«, drängte Stein.

»Ich denke darüber nach«, sagte Georg.

»Denk schneller.«

»Warum die Eile? Lass mich raten. Es geht um deinen Kopf. Wie lange hast du noch? Drei Monate?«

»Sechs.«

»Und ich soll dich aus der Jauche holen.«

»Es geht auch um deinen Job«, sagte Stein. »Wenn wir keinen Erfolg haben, wird der BLITZ dichtgemacht.«

»Wer sagt das? Junior?«

»Junior hat nichts mehr zu sagen. Abserviert. Wird morgen offiziell.«

»Glaube ich nicht. Würde Senior nie zulassen.«

»Da täuschst du dich. Der Herr Professor und Ehrenbürger schreibt jetzt lieber Romane.«

»Und wer übernimmt den Verlegerjob?«

»Cousin Bernhard. Und für Junior tritt seine Schwester Britta ins Unternehmen ein.«

»Hat sie Ahnung von Zeitungen?«

»Spielt doch keine Rolle. Es ist *unser* Job, eine erfolgreiche Zeitung zu machen. Dafür werden wir bezahlt.«

»Wie viel mehr ist denn drin für den Politik-Chef?«

»Tausend pro Monat.«

»Ist mir zu wenig.«

»Was hast du denn für Vorstellungen?«

Gute Frage. Was wollte er eigentlich? Dass die Zeitung wieder wichtig genommen wurde. Dass man in Köln über sie sprach. Dass die Tagesschau und andere Zeitungen sie zitierten: ›Wie der BLITZ in seiner jüngsten Ausgabe berichtet ...‹ Dass sich etwas änderte.

»Ich will Chefredakteur werden«, sagte Georg.

»Wie bitte?« Stein sah ihn fassungslos an. »Du willst ... meinen Job?«

»Ja. Wenn wir das Blatt nach vorne bringen wollen, dann brauchen wir einen neuen Chefredakteur. Einen, der nicht nur irgendetwas machen will, sondern der es besser macht.«

Stein verschränkte die Hände im Nacken und schaute durch die Fenster des Glaspalastes in unbekannte Fernen. Draußen schien die Sonne, es war ein schöner Tag.

»Ich hab immer gewusst, dass du mich absägen willst«, sagte er schließlich. »Ich bin einverstanden.«

»Du bist was?«

»Einverstanden. Du kannst den Job haben. In sechs Monaten. Wenn wir den Trend gedreht haben, trete ich ab. Einen besseren Abgang kann ich mir gar nicht wünschen. Und wenn wir es nicht schaffen, ist es sowieso aus.«

Georg hatte erwartet, dass Stein auf seine Forderung hin einen Wutanfall bekäme, stattdessen blieb er fast locker und hielt ihm die rechte Hand entgegen, um ihn aus dem Sofa zu ziehen. »Handschlag drauf, lass es uns besiegeln.«

»Nicht so schnell«, sagte Georg. »Wo ist der Haken? Du kannst mir nicht erzählen, dass das so einfach ist. Was ist mit Münch, der ist seit dreißig Jahren Politik-Chef.«

»Münch geht in Vorruhestand, zu sehr fairen Konditionen.«

»Und der Verleger?«

»Erwartet, dass ich den Laden rette. Über dich haben wir auch gesprochen.«

Georg stand auf und sah zu Stein hoch, der sich zu voller Größe reckte, was Georg mit seinen eins achtundachtzig das Gefühl gab, von oben herab betrachtet zu werden. Ein unangenehmes Gefühl, aber so leicht ließ er sich nicht einschüchtern, nicht von Stein.

Tatsächlich drehte der Chefredakteur ab, ging zu seinem Schreibtisch, nahm eine rote Mappe in die Hand, blätterte in den Papieren, legte die Mappe wieder weg und fragte endlich: »Also, was ist mit meinem Jobangebot?«

»Ich brauche Bedenkzeit.«

»Wie lange?«

»Zwei Wochen. Bis Monatsende.«

»Maximal zehn Tage. Der Verlag muss die Personalie ja auch noch absegnen.«

Wo war die Falle? Politik-Chef war ihm zu wenig. Das ganze Blatt musste umgekrempelt werden. Mehr Politik ins Blatt hieß ja nicht, dass es nur noch Politik geben sollte.

Stein griff nach dem Telefon: »Uschi, steht der Champagner kalt?«

»Champagner, wozu das denn?«, fragte Georg.

»Du hast nicht Nein gesagt.«

»Für mich nicht. Ich habe zu arbeiten.«

»Was hast du vor?«

»Ich fahre zum Flughafen. Erster Heimatbesuch der Kanzlerin.«

»Ich dachte, alle öffentlichen Termine sind abgesagt.«

»Sind sie auch. Aber nach der Trauerfeier gibt es ein Treffen im kleinen Kreis. Das will ich mir nicht entgehen lassen.«

»Du kannst da einfach so hin?«

»Nein, so einfach nicht. Ich bin akkreditiert. Ich kenne den stellvertretenden Regierungssprecher.«

Als Uschi mit dem Champagnertablett kam, drückte er ihr das für ihn bestimmte Glas in die Hand. »Prost. Diesen Kelch lass ich an mir vorübergehen.«

3

Ponk verließ sein Versteck und näherte sich dem kleinen Abfertigungsgebäude der Flugbereitschaft BMVg. Flecktarn-oliv war der Feldanzug der Soldaten, die wie er in Deutschland blieben; die Kameraden, die auf ihren Abflug nach Afghanistan warteten, bevorzugten die hellere Variante flecktarn-sand.

Zweimal wöchentlich, dienstags und freitags, flogen Maschinen Richtung Hindukusch. Tatsächlich führte die Reise nicht direkt nach Afghanistan, sondern nach Termez in Usbekistan, einem strategischen Luftwaffenstützpunkt. Bis Termez flogen die Soldaten in einem umgebauten Airbus A310, nach einer Übernachtung ging es weiter in einer Transall nach Mazār-i Scharif oder Kabul.

Köln/Bonn war der Drehpunkt für die Truppentransporte. Die meisten Versorgungsflüge liefen dagegen über den Fliegerhorst Trollenhagen in Mecklenburg-Vorpommern. Da die Bundeswehr selbst keine geeigneten Großflugzeuge besaß, musste Russland, ausgerechnet Russland, mit Iljuschins und Antonows aushelfen, die vom deutschen Militär angemietet werden konnten.

Als Ponk im Afghanistan-Einsatz gewesen war, hatte ein Hubschrauber seinen Geist aufgegeben, nein, nicht abgeschossen, sondern einfach altersschwach am Boden verreckt. Ersatz aus Deutschland war angefordert worden und sollte kurzfristig geliefert werden. In eine Iljuschin konnte man mit dem Helikopter praktisch hinein- und hinausfliegen. Aber diesmal gab es keine russische Maschine, sondern nur die viel zu kleine Bundeswehr-Transall. Der Hubschrauber musste in Köln/Bonn auseinandergenommen und in Afghanistan wieder zusammengebaut werden. Was für ein Irrsinn.

Ponk und seine Kameraden hatten sich wie die Sparschweine der Nation gefühlt. Die Stimmung in der Truppe war mies, und sie wurde noch mieser, vor allem wegen der überhasteten Abschaffung der Wehrpflicht und des damit verbundenen Umbaus der Bundeswehr. Auch in Köln sollten zweitausendzweihundert Dienstposten aufgelöst werden.

Ponk betrat das moderne Gebäude aus Glas, Beton und Stahl. Versorgungsrohre waren zu einer gigantischen Raumskulptur verknotet, große exotische Grünpflanzen vermittelten so etwas wie Urlaubsstimmung.

Er erinnerte sich an den Tag, an dem er zu seinem Einsatz nach Afghanistan abfliegen sollte. In der Cafeteria hatte er sich eine letzte Mahlzeit auf deutschem Boden gegönnt, Leberkäse mit Spiegelei für einen Euro vierzig, dazu eine Portion Pommes frites für siebzig Cent. Das Schweineschnitzel hätte zwei Euro fünf gekostet, eine Bockwurst mit Brötchen einen Euro fünf.

Die Kontrolle lief wie auf jedem zivilen Flughafen; die in den Krieg ausrückenden Soldaten wurden in Köln/Bonn behandelt wie ganz normale Flugpassagiere. Nur Handgepäck, keine Waffen erlaubt, auch keine Messer, es sei denn, sie waren angemeldet und genehmigt. In zwei Reihen wurden die Soldaten abgefertigt, daneben gab es einen schmalen Durchgang, der für Unbefugte gesperrt war und von bewaffneten Soldaten bewacht wurde.

Wegen der Trauerfeier waren die Sicherheitsmaßnahmen heute verschärft worden. Ponk marschierte durch einen Bereich vor der Cafeteria, der für die Medien abgetrennt war. Überall wuselten Kameramänner, Kabelträger und Fotografen umher.

Daneben war eine Art VIP-Lounge für Ehrengäste eingerichtet worden. Ponk erkannte den Kölner Oberbürgermeister und einige weitere Lokalgrößen. In einer Ecke standen der Verteidigungsminister und der Innenminister und schienen sich Witze zu erzählen.

Ponks Handy vibrierte. »Sind Sie wahnsinnig? Was machen Sie in der Abflughalle?«, brüllte Nummer eins mit seiner hohen Stimme.

»Woher wissen Sie, wo ich bin?«

»Ich weiß alles. Ich sehe alles. Und ich sehe vor allem, dass Sie durch die Menschenmassen stolzieren, damit auch jeder Sie zu Gesicht bekommt. Ponk, das ist ein Geheimauftrag!«

»Aber ...«

»Kein Aber. Oder wissen Sie es?«

»Was?«

»Dass die Kanzlerin zu spät kommt. Mal wieder. Die kommt noch zu ihrer eigenen Beerdigung zu spät.«

»Nein.«

»Was, nein?«

»Habe ich nicht gewusst. Ich warte auf Anweisungen.«

»Angeblich eine Panne der Kanzler-Maschine. Neuer Termin: vierzehn Uhr. Ich erwarte, dass Sie eine halbe Stunde vorher auf Posten sind. Unsichtbar.«

»Zu Befehl«, sagte Ponk, was Nummer eins nicht mehr hörte. Nummer eins hatte das Sagen, aber Ahnung hatte er nicht. Es konnte nur gut sein, wenn sich viele daran erinnerten, Ponk im Abfertigungsgebäude gesehen zu haben. Ein perfektes Alibi.

Ponk beobachtete die Arbeiten auf dem Flugfeld, wo die Ankunft der Flugzeuge aus Afghanistan und aus Berlin vorbereitet wurde. Links vom Abfertigungsgebäude waren Mikrofone aufgebaut. Dort würde die Kanzlerin ihre Ansprache halten.

In der Ferne sah Ponk das weiße Gebäude mit dem grauen Dach und das Fenster, aus dem heraus er schießen würde. Neunhundertdreizehn Meter. Riskant, aber machbar.

4

Georg lenkte sein Mini Cabrio in Richtung Porz-Wahn. Links von der Alten Flughafenstraße erstreckte sich eine Kaserne, rechts führte eine Zufahrt zum Deutschen Zentrum für Luft- und Raumfahrt. Grüner Draht umzäunte das Gelände des militärischen Teils des Flughafens. Ein Kontrollposten stoppte Georg und prüfte die Papiere.

»In Ordnung. Parken Sie Ihren Wagen auf einem der Plätze rechts vor dem Abfertigungsgebäude. Melden Sie sich bei der Wache links vom Haupteingang und fragen Sie nach dem Presseoffizier.«

Militärischer Teil des Flughafens Köln/Bonn – das klang interessant, geheimnisvoll. In Gedanken hatte Georg Kampfjets und Panzer auffahren lassen, in Wirklichkeit sah er eine friedliche Heide wie auf einem Landflugplatz für Billigflieger.

Das Kasernengelände reichte bis an das Flughafenareal heran. Vor dem Hauptgebäude standen Raucher in Uniform.

Am silbergrauen Wachcontainer wurde er erwartet. »Sie sind spät dran, Herr Rubin«, begrüßte ihn der Presseoffizier, »die meisten Journalisten sind schon in Stellung. Die Plätze bei der Trauerfeier sind besetzt. Sie können sich die Übertragung im Pressebereich ansehen.« Er reichte Georg einen auf seinen Namen ausgestellten Ausweis, der an einem Bändchen befestigt war. »Bitte sichtbar tragen und hier abgeben, wenn Sie das Gelände wieder verlassen.«

Georg hängte sich das Teil um, das ihn an einen Backstage-Pass bei einem Rockkonzert erinnerte. »Danke, werde ich beachten. Ich brauche keinen Platz bei der Trauerfeier. Ich bin hier für den anschließenden Empfang der Kanzlerin.«

»Dann reicht dieser Ausweis aber nicht.«

Georg nickte. »Ich weiß. Hier ist meine Akkreditierung.«

Er zeigte dem Offizier das Papier, das ihm Siegfried Gärtner, der stellvertretende Regierungssprecher, ausgestellt hatte.

Vor vielen Jahren, als die Regierung ihren Sitz noch in Bonn gehabt hatte, war Gärtner Leiter des Parlamentsbüros des BLITZ gewesen. Am Tag seines ersten Regierungssprecherauftritts in der Bundespressekonferenz hatte sich Georgs Vater per Telefon gemeldet. »Den Gärtner, den kenne ich. Siggi. Ist zwar in der FDP, trotzdem guter Typ. Nicht so eingebildet. Als der noch beim BLITZ war, hat er auch uns Metteuren die Tageszeit gesagt. Ich habe ihm per Facebook gratuliert. Und stell dir vor, er hat sich bedankt. Ich hab ihm gemailt, dass du beim BLITZ bist. Ich gebe dir seine Kontaktdaten. Mach was draus.«

Der Presseoffizier brachte Georg bis zum VIP-Bereich mit den Ehrengästen. Der Oberbürgermeister, ein Sozialdemokrat, grüßte freundlich. Der Kölner SPD-Vorsitzende führte eine Privatdebatte mit dem ehemaligen CDU-Vorsitzenden, mit dem er früher um denselben Landtagswahlkreis in Köln-Porz gekämpft hatte.

In einer Ecke entdeckte Georg den Ehemann der Kanzlerin, Roger Jung, Wirtschaftsprofessor an der Kölner Universität. Der Mann neben ihm, gebräunt wie frisch aus dem Sonnenstudio, kam Georg bekannt vor. Vielleicht einer dieser Euro-Experten, die seit einiger Zeit immer häufiger ihre Fernsehauftritte hatten und die hinterher immer wussten, was richtig gewesen wäre. Der Mann trug eine bunte Krawatte, eine der zerfließenden Uhren von Salvador Dalí. Die Krawatte fiel umso mehr auf, als alle anderen schwarze Binder trugen.

Auch der Außenminister, ehemals FDP-Chef, war da. Seitdem er seinen Kölner Freund geheiratet hatte, verbrachte er seine knappe Zeit gern am Rhein.

Georg entdeckte den Präsidenten der Industrie- und Handelskammer, einen Adenauer-Enkel, der zu den einflussreichsten Persönlichkeiten Kölns zählte. Seit einiger Zeit recherchierte Georg die Immobiliengeschäfte der Adenauers. In der Südstadt hatten sie für dreiundzwanzig Millionen Euro das ehemalige Gelände der Dombrauerei gekauft, acht Wochen später verkauften sie es für vierunddreißig Komma vier Millionen Euro an den landeseigenen Liegenschaftsbetrieb BLB weiter. Angeblich wollte das Land auf dem Gelände den Neubau der Fachhochschule hochziehen, doch diesen Beschluss hatte es nie gegeben. Den Vorwurf, er hätte sich auf Kosten des Landes bereichert, hatte Bauwens-Adenauer immer zurückgewiesen. Er sei nur als Vermittler aufgetreten, ohne ihn wären die Grundstücke für das Land viel teurer geworden.

Bei seinen Nachforschungen hatte Georg realisiert, wie groß die Bedeutung des Namens Adenauer immer noch war. Der Flughafen Köln/Bonn war nach Konrad Adenauer benannt. Das Heeresamt der Bundeswehr residierte in der Kölner Konrad-Adenauer-Kaserne. Das Flugzeug, in dem die Kanzlerin von Berlin nach Köln flog, war auf den Namen »Konrad Adenauer« getauft worden.

Die Regierungsmaschine rollte soeben ein, weiß lackiert, ein schwarz-rot-goldenes Band zierte den gesamten Rumpf, darüber in großen schwarzen Buchstaben der Aufdruck »Bundesrepublik Deutschland«.

Der Airbus A 340 hatte zehn Jahre zivilen Dienst hinter sich, ehe er für die Regierung umgebaut worden war. Georg wusste alles über das Flugzeug. Es gab einen Privatbereich für die Kanzlerin mit fünfzehn Sitzen und einen Konferenzbereich mit zwölf Plätzen. Für mitreisende Delegationen standen hundertsechzehn Plätze zur Verfügung. Das Flugzeug war behindertengerecht ausgebaut und besaß eine Intensivkrankenstation für bis zu vier verletzte oder kranke Passagiere. Für die Sicherheit sorgte ein Raketenabwehrsystem. Die Maschine hatte eine Reichweite von dreizehntausendfünfhundert Kilometern, was Direktflüge nach Washington oder Peking erlaubte.

Eine Lautsprecherstimme bat die Ehrengäste aufs Rollfeld. Verteidigungsminister Lothar Wassermann führte die kleine Prozession an, was dem Innenminister, der die gleiche Höhe halten wollte, zu missfallen schien.

Die Politiker und ihr Gefolge postierten sich etwa fünf Meter hinter den aufgebauten Mikrofonen. Die Kanzlerin verließ das Flugzeug und nahm ihre Position vor den Mikrofonen ein, neben ihr standen der Verteidigungsminister, ihr Mann und dessen Begleiter mit der bunten Dalí-Krawatte.

»Wer ist das?«, fragte Georg einen Kollegen vom SPIEGEL, der wie er im Abfertigungsgebäude geblieben war und das Geschehen auf dem Fernseher verfolgte.

»Ingo Dahms. Institut der Deutschen Wirtschaft. Einer der Wirtschaftsweisen.«

»Und wieso ist er bei der Trauerfeier dabei?«

»Wieso nicht? Der Mann ist Schatzmeister der Landespartei. Ich denke, er hat eine politische Karriere vor sich. Wirtschaftsexperten sind gesucht.«

Georg sah, wie Dahms sich aus der ersten Reihe zurückziehen wollte, um dem Verteidigungsminister Platz zu machen. Roger Jung jedoch drängte den Minister ab und machte für Dahms sogar die Position zwischen sich und der Kanzlerin frei.

Zur Luftseite hin war ein Wachbataillon angetreten. Ein Trommelwirbel setzte ein, ein grau gestrichener Bundeswehr-Airbus parkte nahe der Kanzlerin-Maschine.

Soldaten trugen drei Särge, die mit der Bundesflagge und den Helmen der Toten geschmückt waren, aus der Militärmaschine hinaus und stellten sie vor den Ehrengästen ab. Auf einem Kissen wurden die Orden der Toten vorangetragen, in diesem Fall die Einsatzmedaille der Bundeswehr.

Die Kanzlerin trat ans Mikrofon. Georg sah in seine Presseunterlagen. Der Redetext war beigelegt. Darüber stand »Sperrfrist vierzehn Uhr dreißig. Es gilt das gesprochene Wort«. Ob Gärtner die Rede geschrieben hatte?

Barbara Jung sprach langsam. »Sie haben den höchsten Preis bezahlt, den ein Soldat bezahlen kann«, sagte sie bewegt. »Ich verneige mich vor ihnen. Deutschland verneigt sich vor ihnen.«

5

Der Lauf des G 22 ruhte auf dem Zweibein, Ponk hatte freien Blick auf das Zielgebiet. Das Handy vibrierte. Nummer eins sprach leiser als gewohnt.

»Sind Sie bereit?«

»Bereit.«

»Ihr Ziel ist der Mann links neben der Kanzlerin.«

Ponk bekam keine Gelegenheit zu einer Nachfrage.

Der Mann links neben der Kanzlerin.

Links neben der Kanzlerin war Bewegung, da stand der Vertei-

digungsminister, nein, da stand jetzt ein Unbekannter mit einer bunten Krawatte.
Der Mann links neben der Kanzlerin.
Der Mann mit der Krawatte.
Ponk nahm eine letzte Kontrolle vor. Neunhundertdreizehn Meter. Kein Wind. Gute Sicht. Beste Bedingungen.
Er visierte das Ziel an.
Er zielte zwischen die Augen.
Er schoss.
Er traf.
Nicht ins Auge, sondern zwanzig Zentimeter tiefer.
Der Mann fiel zu Boden.
Tot.
Es stieg keine Staubwolke auf.
Diesmal nicht.
Auftrag erledigt.
Nummer eins würde zufrieden sein.

6

Georg hörte einen Knall und direkt danach einen zweiten. Dann brach das Chaos aus.
Er sah auf den Bildschirm. Der Mann mit der bunten Krawatte sackte zusammen, riss den Mann der Kanzlerin mit sich zu Boden. Weiße Hemden färbten sich dunkelrot.
Alarmsirenen heulten auf. Die Politiker und Journalisten auf dem Flugfeld liefen in Panik auseinander, die meisten drängten zum Abfertigungsgebäude.
Sicherheitsleute hatten die Kanzlerin in ihre Mitte genommen und wollten sie aus dem Schussfeld bringen. Sie riss sich los und rannte zu dem Verwundeten.
Der leblose Körper lag auf den Beinen ihres Mannes.
Roger Jung lebte, Ingo Dahms war nicht mehr zu helfen. Das Geschoss hatte seine Brust zerfetzt.
Die Kanzlerin packte die Schulter des Toten, der Verteidigungsminister half ihr, den Körper so anzuheben, dass Roger Jung sich befreien konnte. Er schien unverletzt. Er weinte.

Sanitäter übernahmen die weitere Versorgung. Die Liveübertragung brach ab, ein Moderator erschien auf dem Bildschirm und sprach von einem Terroranschlag.

Im Abfertigungsgebäude drängte sich die Schar der Flüchtlinge verängstigt zusammen. Georg wurde an den Rand geschoben. Der Verteidigungsminister führte das Kommando und versuchte, die Menschen zu beruhigen. Der Tatort auf dem Flugfeld wurde abgesperrt, Polizei und Feuerwehr rückten an.

Eine Lautsprecherstimme verkündete, dass die Trauerfeier beendet sei. Alle Gäste wurden aufgefordert, ihre Personalien anzugeben und das Gelände dann ohne Panik zu verlassen. Sollte jemand etwas wahrgenommen haben, was direkt zur Aufklärung des Anschlags beitragen könne, möge er sich bei der Polizei melden; alle anderen würden später befragt werden.

Der stellvertretende Regierungssprecher erschien im Pressebereich. Ein Krisenstab unter Leitung des Bundesinnenministers sei eingerichtet worden. Erklärungen zum Stand der Ermittlungen würden jeweils zur vollen Stunde abgegeben.

Georg fing den Mann ab. »Herr Gärtner, ich bin Georg Rubin vom BLITZ.«

»Ja, Rubin. Ich erinnere mich. Ich kenne Ihren Vater. Lange her. Was kann ich für Sie tun?«

»Das Treffen mit der Kanzlerin ...«

»Ist für heute abgesagt. Dafür haben Sie sicher Verständnis.«

»Der BLITZ würde gerne ein Interview ...«

»Ja, sicher. Ein andermal. Sie entschuldigen mich.«

»Nur eine Frage noch. Wo ist die Kanzlerin?«

»In Sicherheit, Herr Rubin. In Sicherheit. Sie kümmert sich um ihren Mann und wird dann die Witwe besuchen.«

In einem Meer von Kameras und Mikrofonen entdeckte Georg den Oberbürgermeister. Die Stadt Köln sei tief getroffen von diesem menschenverachtenden Anschlag während des Besuchs der Kanzlerin in ihrer Heimatstadt. Tiefe Trauer empfinde er für den Toten, sein Mitgefühl gelte den Angehörigen.

»Herr Oberbürgermeister«, rief Georg. »Sie haben direkt hinter Herrn Dahms gestanden. Kannten Sie ihn?«

Der OB drehte sich zu Georg um. »Ja, Herr Rubin, ich kannte Herrn Dr. Dahms. Einer der führenden Wirtschaftsexperten des

Landes, auch ein Oberbürgermeister weiß den Rat eines solchen Mannes zu schätzen. Ich hatte noch kurz zuvor mit ihm gesprochen, gemeinsam mit Herrn Professor Jung haben wir über den Euro-Rettungsschirm geredet.«
»Wie haben Sie den Anschlag erlebt?«
»Ich habe mich auf die Rede der Kanzlerin konzentriert. Plötzlich ein Knall, Herr Dahms stürzte nicht direkt nach hinten, sonst wäre er auf mich gefallen, sondern etwas nach rechts und riss Herrn Jung mit sich zu Boden. Alle gingen in Deckung, aber es gab keine weiteren Schüsse mehr.«
»Nur ein Schuss? Ich dachte, ich hätte zwei Schüsse gehört.«
»Ein Schuss. Da bin ich sicher.«
»Haben Sie eine Idee, woher der Schuss kam?«
»Nein, ich habe kein Mündungsfeuer gesehen, wenn Sie das meinen. Wir sind hier auf überwachtem Militärgelände. Ich bin sicher, dass der oder die Täter schnell gefasst werden.«

Im gesamten Abfertigungsgebäude herrschten Hektik und Unruhe. Georg sah, dass die Türen zum Rollfeld unbewacht waren, und ging entschlossen nach draußen.

Dahms' Leiche wurde gerade in einem metallenen Sarg abtransportiert.

Der Platz vor dem Mikrofon war überraschenderweise nicht abgesperrt. Georg stieg auf das kleine Podest, auf dem die Kanzlerin gestanden hatte, und nahm ihre Position ein. Im Blickfeld lagen die Militärmaschine und die Kanzlermaschine, zehn Meter weiter waren die Särge der drei toten Soldaten aufgebahrt gewesen.

Von wo war der Schuss abgefeuert worden? In Gedanken zog Georg eine Linie von der Stelle, an der Dahms getroffen worden war, zum Mikrofon und weiter darüber hinaus. Die Linie zeigte mehr oder weniger in Richtung des Abfertigungsgebäudes. Konnte der Täter auf dem Dach gelegen haben? Unmöglich, bei den starken Sicherheitsvorkehrungen.

Von ihm aus gesehen rechts neben dem Abfertigungsgebäude lag hinter einem Zaun der Sportplatz des benachbarten Kasernengeländes.

Direkt angrenzend gab es keine weiteren Gebäude, in denen sich der Schütze verstecken konnte, es sei denn, er hätte von einem Baum aus gezielt. Auch sehr unwahrscheinlich.

Einige hundert Meter hinter dem Sportplatz erkannte Georg die Dächer einiger Kasernenbauten. Weiter nach rechts war wieder Flughafengelände. Große Reparaturhangars, aber die lagen schon außerhalb des möglichen Schusswinkels. Noch weiter nach rechts war das freie Flugfeld.

Der Täter musste irgendwo zwischen Abfertigungsgebäude und Kasernengelände gelauert haben.

»Halt, stehen bleiben«, kommandierte eine kräftige Männerstimme. »Was machen Sie hier? Das ist Sperrgebiet.«

Es war der Innenminister höchstpersönlich, zwei Bodyguards im Schlepptau, die ihre Pistolen gezückt hatten und auf Georg zielten.

Georg mochte Starck nicht. In natura wirkte er noch unsympathischer als im Fernsehen: klein, übergewichtig, knallrotes Gesicht, die wenigen Haare quer über den Kopf gekämmt, um die Glatze zu verbergen. Ein unscheinbarer Typ, vielleicht musste er deshalb so schreien. Georg antwortete betont leise. »Guten Tag, Herr Starck, Georg Rubin vom BLITZ. Ich stehe doch schon, wie Sie sehen.«

»Keine Frechheiten, sonst sitzen Sie bald.« Der Minister machte eine knappe Kopfbewegung, was für die Bodyguards das Zeichen war, sich um Georg zu kümmern.

Die Beamten waren vergleichsweise freundlich, ließen sich Personalausweis und Akkreditierungen zeigen und eskortierten Georg zurück zum Abfertigungsgebäude. Das Rollfeld sei ab sofort für alle Medienvertreter gesperrt.

Georg stellte verärgert fest, dass das nicht die ganze Wahrheit war. Inzwischen hatte sich der Innenminister genau an der Stelle aufgebaut, von der er ihn weggejagt hatte, und gab ein TV-Interview.

»Was ist mit den Fernsehleuten?«, fragte Georg. »Wieso gilt für die das Verbot nicht?«

»Die haben eine Sondergenehmigung vom Minister.«

Georg rief Stein in der Redaktion an. »Wie viel soll ich schreiben?«

»Du bekommst die Seiten eins bis fünf. Wenn du mehr brauchst, auch kein Problem.«

»Ich brauche mindestens sechs Seiten. Besser sieben. Münch und seine Leute sollen den normalen Stoff machen. Offizieller Tathergang, Ermittlungsergebnisse und so weiter. Ich liefere eine Reportage, viel Atmosphäre und jede Menge Stimmen. Den OB hab ich schon. Und noch was: Die Kanzlerin ist auf dem Weg zur Witwe. Wenn ihr da jemanden hinschickt, könnten wir ein paar exklusive Fotos schießen.«

»In Ordnung«, sagte Stein. »Ich frage mich trotzdem, wieso das ausgerechnet dann passiert, wenn du vor Ort bist.«

7

Ponk reinigte das G 22 und verstaute es in seinem Aluminiumkoffer. Sorgfältig inspizierte er das Fensterbrett und den Boden vor dem Fenster. Er würde keine Spuren hinterlassen. Sogar die Spinne im Fensterkreuz war an ihrem Platz geblieben.

Ponk verließ sein Versteck. Auf dem Terrain der Luftwaffenkaserne in Wahn herrschte gespenstische Ruhe, nur ein paar Vögel zwitscherten.

Am Offizierskasino hing eine Mitteilung der »Neigungsgruppe Tanzen«: *Die OHG Wahn bietet ihren Mitgliedern in der »NG Tanzen in der OHG Wahn« die Möglichkeit, tänzerische Fähigkeiten für Bälle und andere Tanzveranstaltungen zu erwerben und zu pflegen. Dazu veranstaltet die Neigungsgruppe wöchentliche Übungsabende unter Anleitung eines Trainerpaares. Darüber hinaus wird die Möglichkeit zur Erlangung des Deutschen Tanzsportabzeichens geboten.*

Die Offiziere vergnügten sich außerdem in einer Karnevalsgesellschaft namens »Narrenzunft« und auf einer »Standortkegelbahn«, deren Belegung nach »Kasernenbefehl, Kapitel 4« geregelt wurde. Im kleineren Unteroffiziersheim ein paar Meter weiter standen Bingo, Skat und Dämmerschoppen auf dem Programm. Ja, lustig war das Soldatenleben. In der Heimat. Ob es auch eine »Neigungsgruppe Schießen« gab?

Ponk verstaute den Alukoffer im Kofferraum seines Focus und fuhr vorschriftsmäßig langsam Richtung Hauptwache. Er zeigte einen Sonderausweis auf den Namen Schmitz vor, angeblich Mitarbeiter des Bundesverteidigungsministeriums. Der Wachhabende salutierte und öffnete die Schranke.

»Schlimm, was passiert ist«, sagte Ponk.

»Ja«, sagte der Wachhabende. »Aber wir kriegen sie.«

»Wir kriegen sie, sicher«, sagte Ponk und fuhr los. Er schlug den Weg Richtung Stadt ein, von der Alten Flughafenstraße rechts in den Linder Mauspfad, links in die Heidestraße und dann in Wahnheide auf die A 59.

Dutzende Einsatzfahrzeuge mit Blaulicht kamen ihm entgegen, aber noch gab es keine Kontrollen. Er würde zehn Minuten Zeit zur Flucht haben, hatte Nummer eins gesagt, keine Minute länger.

In den nächsten drei Tagen war jede Kontaktaufnahme verboten. Ponk war auf sich allein gestellt, bis er neue Anweisungen erhielt.

Ponk wiederholte in Gedanken seinen Schuss. Wer war der Mann mit der bunten Krawatte? Warum musste er sterben? Fragen, die er sich nie stellen wollte, bohrten sich in sein Gehirn. Wenn du in diesem Beruf anfängst zu grübeln, bist du arbeitsunfähig, hatte man ihm eingebläut. Vielleicht stimmte das nicht. Er dachte nur nach, er hatte kein schlechtes Gewissen. Er würde wieder töten können. Er sah eine kleine Staubwolke aufsteigen. Nein, nicht schon wieder dieser Junge aus Afghanistan. Es war doch ein Mann.

Er hatte nicht zwischen die Augen getroffen, sondern in die Brust knapp unterhalb des Halses. Eine Abweichung von zwanzig Zentimetern, aber genauso tödlich. Und das zählte. Außer ihm wusste niemand von der Abweichung.

Er musste mehr trainieren. Zwanzig Zentimeter Abweichung auf neunhundertdreizehn Meter Entfernung waren zu viel. Sonst würde er niemals den Weltrekord brechen können, den ein britischer Soldat in Afghanistan aufgestellt hatte, der berühmte Corporal of Horse Craig Harrison.

Hatte der Mann mit der Krawatte einen Anschlag auf die Kanzlerin geplant? Hatte er, Ponk, der Kanzlerin das Leben gerettet? Das würde nicht nur eine Beförderung, sondern auch einen hohen Orden bringen. Er sah sich bei der Ehrung im Kanzleramt. Die Kanzlerin gab ihm die Hand und sprach lobende Worte, er entgegnete: »Ich habe nur meine Pflicht getan.«

Fast hätte Ponk bei seiner Träumerei das Ende des Staus übersehen. Er stieg voll in die Bremse und kam zum Stehen, nur Zentimeter hinter einem Schulbus, dessen Warnlichter blinkten. Ponk holte Luft. Ruhig bleiben, keine Panik. Aber was war das denn für eine Scheiße? Im Rückspiegel donnerte ein Lkw heran, viel zu schnell. Ein Höllenkrach. Ponks Kopf flog nach hinten und wieder vor, dann knallte ihm der Airbag ins Gesicht.

Mittwoch

8

Es war Mitternacht, als Georg erschöpft, aber zufrieden im Stadtgarten saß. Vor sich hatte er ein Kölsch und die Zeitungen von morgen; neben ihm saß Hendrik Münch, Politik-Chef des BLITZ, mit dem er noch nie ein Bier nach Dienstschluss getrunken hatte. Auch Münch saß stumm in die Zeitungen vertieft.

Acht Stunden lang hatten sie unter Hochspannung und ohne Pause gearbeitet. Georg hatte am Flughafen recherchiert, Interviews geführt, Texte geschrieben und war am Nachmittag in die Redaktion gefahren. Münch hatte die Koordination im Pressehaus übernommen, kilometerlange Agenturberichte gelesen, die TV-Berichterstattung verfolgt, Fotos gesichtet, Schlagzeilen formuliert, neue Anregungen für neue Geschichten gegeben, das Layout gescribbelt, alle Texte redigiert.

Jetzt wirkten die beiden wie Marathonläufer, die gerade durchs Ziel gelaufen waren. Ein solcher Tag, ein solches Ereignis, ein solcher Kraftakt, das völlige Eintauchen in eine Aufgabe, der absolute Flow, das waren Momente, für die ein Journalist lebte.

»Prost«, sagte Georg.

Münch nahm sein Kölschglas und stieß mit dem Boden seines Glases an den Boden von Georgs Glas.

»Du warst gut«, sagte Georg.

Münch sah ihn an. »Du warst auch nicht schlecht.«

Sie tauchten wieder in die Zeitungen ein. Der »Anschlag auf die Kanzlerin« war das beherrschende Thema.

Wer waren die Täter? Die meisten Kommentatoren vermuteten sie bei Al Qaida und den afghanischen Taliban. Die islamistischen Terroristen würden nicht einmal davor zurückschrecken, eine Totenfeier für ihre Verbrechen zu nutzen.

Der Innenminister wurde mit den Worten zitiert, dass »gerade dieser schändliche Mordanschlag bewiesen hat, wie wichtig und richtig der Einsatz der Bundeswehr in Afghanistan« sei. Es gab keinerlei Hinweise auf den Täter. Man müsse davon ausgehen, dass der Heckenschütze fliehen konnte.

Ingo Dahms, das Opfer, war noch im Laufe des Tages obduziert worden. Er sei von einem großkalibrigen Geschoss getroffen worden, das aus einem Gewehr stamme, das auch im Afghanistan-Krieg eingesetzt werde.

Dahms war Abteilungsleiter beim Institut der Deutschen Wirtschaft in Köln gewesen und galt als Vertrauter der Kanzlerin. Der Mann hinterließ seine Ehefrau Helena Meyer-Dahms, eine Kunsthändlerin, und seine erste Frau Margot Dahms, Hausfrau und Mutter von zwei Kindern, die nach der Scheidung ins Bergische gezogen waren.

Der BLITZ war die einzige Zeitung, die Fotos von Dahms' Witwe und der Kanzlerin hatte. Helena Meyer-Dahms war eine aparte Frau, elegant, lange blonde Haare.

Dass Dahms das Ziel des Anschlags gewesen sein könnte und nicht die Kanzlerin, hielten alle Kommentatoren für ausgeschlossen. Ein Kollege von der Konkurrenz verstieg sich zu der unbedachten Formulierung, ein »Unschuldiger« sei ermordet worden, als ob die Kanzlerin, wäre sie das Opfer des Anschlags geworden, als »schuldig« hätte bezeichnet werden können. Georg ärgerte sich maßlos über solche Gedankenlosigkeiten. Münch hätte diese Wortwahl nicht durchgehen lassen.

Barbara Jung hatte ein sehr kurzes Statement abgegeben und Trauer und Mitgefühl ausgedrückt. Über den Besuch bei der Witwe gab es keine offiziellen Informationen.

Die Kommentatoren hatten das Verhalten der Kanzlerin gewürdigt, die sich selbstlos um das Opfer gekümmert habe. Das sei zwar leichtsinnig gewesen, aber sie hätte menschliche Größe gezeigt, während viele andere nur an ihre eigene Sicherheit gedacht hätten.

Georg blickte von der Zeitung auf und betrachtete Münch. Alt geworden war er. Graue Haare. Um die Mundwinkel ein Hauch von Traurigkeit. Die Kellnerin brachte zwei neue Kölsch.

»Prost«, sagte Georg, Münch antwortete mit dem bekannten Anstoßritual.

»Stein hat mir deinen Job angeboten«, sagte Georg.

»Und?«, sagte Münch.

»Wie, und?«

»Hast du angenommen?«

»Stein sagt, du gehst in Vorruhestand.«
»Ja. Nächsten Monat.«
»War das deine Idee?«
»Ich finde das ganz in Ordnung. Finanziell kann ich mit der Regelung leben. Und ganz ehrlich, zwei Jahre zusätzliche Lebenszeit ohne diese Tretmühle sind nicht zu verachten. Außerdem sind die Zukunftsaussichten für die Politik beim BLITZ ja alles andere als prickelnd.«
»Wie meinst du das?«
»Weißt du doch, Stein hält nichts von Politik im Blatt.«
»Gestern Morgen hat er etwas anderes gesagt.«
»Und du glaubst das?«
Georg leerte sein Glas. »Er hat mir das mit deinem Vorruhestand gesagt. Das kann ich ihm schon mal glauben.«
»Und, was hat er sonst noch gesagt?«
»Dass der Verleger ungeduldig wird. Dass er seinen Job los ist, wenn es ihm in den nächsten sechs Monaten nicht gelingt, die Auflage des BLITZ deutlich zu steigern.«
»Da kannst du doch abwarten, um dann selbst Chefredakteur zu werden.«
»Du meinst, ich könnte das, Chefredakteur?«
»Ich sag mal so: Ich weiß, dass du es willst.«
»Nettes Kompliment. Was würdest du an meiner Stelle tun?«
Münch dachte nach. »Ich kann dir da nichts raten. Ich kann dir nur einen Hinweis geben. Es spricht viel dafür, dass die Boulevardredaktionen des Konzerns enger zusammenarbeiten werden. Das hat bei den Abonnementzeitungen angeblich zu nennenswerten Einsparungen geführt, die Wirtschaft kommt zentral aus Frankfurt, die Politik aus Berlin, das Modell könnte also auch auf uns übertragen werden. Ich hab gehört, dass schon Gespräche zwischen Köln, Hamburg und Berlin stattgefunden haben.«
»Du meinst, die Politik in Köln wird dichtgemacht?«
»Zähl mal zwei und zwei zusammen.«
»Das würde bedeuten: Der Politik-Chef des BLITZ sitzt künftig in Berlin und versorgt von da aus auch Hamburg und Köln. Davon hat Stein nichts erzählt.«
»Und was schließt du daraus?«
»Dass er mich nach Berlin abschieben will.«

»Oder dass er dich ganz loswerden will. Nehmen wir mal an, du bist Politik-Chef in Köln, und die Politik in Köln wird aufgelöst?«
»Scheiße«, sagte Georg.
»Prost«, sagte Münch.

Donnerstag

9

Nach dem Flow kamen die Zweifel. Immer wieder sah Georg das Attentat und den Toten vor sich, aber er sah auch sich selbst, wie er sein rastloses Geschäft betrieb, wie er fotografierte und Interviews führte. War er wirklich so kalt? Oder musste man in diesem Job so abgestumpft sein? »Schlagzeilen-Roboter« hatte ihn seine Ex mal genannt.

Zwei Tage lang hatte er versucht, über den Generalbundesanwalt und den Krisenstab des Innenministers Informationen über den Stand der Ermittlungen zu bekommen. Immer war er vertröstet worden. Nein, es gebe keine heiße Spur. Ja, man müsse davon ausgehen, dass der Täter ins Ausland geflohen sei. Nein, aus Sicherheitsgründen würden alle Maßnahmen der deutschen Behörden geheim gehalten.

In den Nachrichten war das Attentat schon wieder auf Platz drei abgerutscht, hinter Finanzkrise und den amerikanischen Präsidentschaftswahlkampf.

Nahm er das Ereignis zu wichtig, weil er es selbst miterlebt hatte und weil es in Köln geschehen war? Oder sollte mit der knappen Informationsvergabe etwas vertuscht oder zumindest kleingehalten werden, um die Bevölkerung nicht zu beunruhigen?

Es gab Anlass, wachsam zu sein. Die rechtsradikale Zwickauer Terrorzelle hatte über zehn Jahre lang eine unfassbare Mordserie begehen können; das eklatante Versagen der Behörden war mit Fensterreden verharmlost worden.

Jetzt war wieder ein Mörder unterwegs. Wieder waren die Behörden sehr schweigsam. Das musste nichts bedeuten. Aber: Misstrauen war die erste Pressepflicht.

Was wäre das für ein Coup, wenn der BLITZ den Fall aufklären könnte! Wenn er den Attentäter von Köln/Bonn überführen und kaltstellen würde. Die Auflage würde explodieren. Und er würde Chefredakteur werden, wer sonst.

Er würde weiterermitteln, und wenn er es mit dem halben Staatsapparat aufnehmen müsste.

Freitag

10

Am Freitag wurde Ingo Dahms auf dem Kölner Südfriedhof beerdigt. Kein Staatsbegräbnis, die Zeremonie wurde nicht im Fernsehen übertragen.

Georg hatte die Trauerfeier vorzeitig verlassen, um sich einen guten Platz mit direktem Blick auf die Grabstelle zu sichern. Der Trauerzug war einige hundert Menschen lang; hinter dem mit roten und weißen Rosen geschmückten Sarg schritt Helena Meyer-Dahms, blass, das Gesicht eingefallen. Neben ihr gingen ein Junge und ein Mädchen, Dahms' Kinder aus erster Ehe. Die Mutter der Kinder, seit elf Jahren von Dahms geschieden, war nicht zur Beerdigung gekommen.

Hinter der Witwe schritten die Kanzlerin und ihr Mann, dahinter folgten der Innen- und der Verteidigungsminister; Georg sah den Außenminister mit seinem Ehemann. Der Oberbürgermeister folgte, der IHK-Präsident und einige andere Persönlichkeiten, die mit auf dem Flughafen gewesen waren, hatten sich eingereiht.

Eine kleinere Abordnung von Militärs in Uniform marschierte mit. Georg erkannte den Polizeipräsidenten und den zivilen Flughafen-Chef. Auch Bernhard Berger, der neue Verleger, war gekommen und nickte kurz, als er Georg sah.

Sechs Träger senkten den Sarg in die Grube. Eine Trauerrede gab es nicht.

Die Witwe und die Kinder nahmen je eine Rose und etwas Erde und warfen sie in die Tiefe auf den Sarg. Dann stellten sie sich etwas abseits vom Grab auf, um die Beileidsbekundungen entgegenzunehmen.

Die Kanzlerin umarmte Helena Meyer-Dahms stumm, Roger Jung gab ihr die Hand und sagte ein paar Worte.

Als die Kanzlerin die Grabstätte verließ, sorgte ein Dutzend Personenschützer dafür, dass sie und ihr Mann von niemandem verfolgt wurden. Georg hatte das unbestimmte Gefühl, dass mit der Beerdigung des Opfers auch die ganze Angelegenheit beerdigt werden sollte.

Die Trauerzeremonie war beendet. Helena Meyer-Dahms ging nur wenige Meter entfernt an Georg vorüber. Sie war jünger, als er vermutet hatte, sie musste in den Dreißigern sein wie er selbst. Hatte denn niemand das Alter recherchiert, oder hatte er es nur überlesen? Für den Bruchteil einer Sekunde trafen sich ihre Blicke.

Abends gegen halb sechs hatte Georg seinen Bericht über die Beerdigung ins Redaktionssystem eingegeben, gerade noch rechtzeitig für die erste Abendausgabe. Der Artikel erschien im Politikteil, was bedeutete, dass Münch ihn gegenlesen würde. Georg stand von seinem Schreibtisch auf und ging in das gläserne Büro seines Kollegen. Seit Dienstagabend hatten sie kein privates Wort mehr gewechselt, trotzdem war zwischen ihnen eine Art Vertrauensverhältnis entstanden.

Münch schaute auf, als Georg eintrat. »Ist in Ordnung, aber du hast schon Besseres geschrieben. Ich habe die persönliche Beobachtung und Anteilnahme vermisst. Den Text hätte auch eine Nachrichtenagentur liefern können.«

Wenn es nicht so kurz vor Andruck gewesen wäre, hätte Münch ihm den Text wohl zur Überarbeitung zurückgeschickt. Diese professionelle Strenge war Georg lieber als die Wurschtigkeit, mit der viele Texte beim BLITZ behandelt wurden. Da wurden Artikel für druckreif befunden, die vor Grammatikfehlern strotzten, in denen Wörter unpräzise benutzt wurden oder die einfach schlecht geschrieben waren. Viele Kollegen schienen den Unterschied zwischen guten und schlechten Texten überhaupt nicht zu spüren.

Münch arbeitete ruhig das verbliebene Pensum ab. Die Politik war sechs Minuten zu spät dran, Münch hätte ans quengelnde Telefon gehen können, um mit dem Produktionschef zu streiten, was aber nur für weitere Verzögerung gesorgt hätte. Stattdessen blieb er konzentriert an seiner Arbeit und rief dann von sich aus an: »Fertig«, und hängte ein, noch ehe der Kollege Sklaventreiber seine abendliche Schimpftirade ablassen konnte.

Würde man die Sprüche ernst nehmen, die im Laufe eines Tages über die Unfähigkeit der jeweils anderen abgegeben wurden, müsste man sich wundern, dass überhaupt noch eine Zeitung erschien.

Etwas mehr Gelassenheit könnte auch mir nicht schaden, dachte Georg, Gelassenheit, wie Münch sie ausstrahlte. Oder war er gar nicht gelassen, sondern nur müde? Seit ihrem Gespräch am Dienstagabend hatte Georg sich intensiver für Münch interessiert. Der Mann war vor fast dreißig Jahren – in dem Alter, in dem Georg heute war – maßgeblich daran beteiligt gewesen, dass der BLITZ den »Wächterpreis der Tagespresse« gewonnen hatte, die höchste Auszeichnung für »couragierte Reporter«, die den »Kampf um eine saubere Verwaltung« aufnahmen, »Übergriffe der Bürokratie oder anderer Machtgruppen ohne Rücksicht auf Namen und bestehende Verhältnisse und Missstände schonungslos aufdeckten«.

Es war um den Fall Kießling/Wörner gegangen, der als Kießling-Affäre in die deutsche Geschichte eingehen sollte. Dem damaligen Vier-Sterne-General und stellvertretenden NATO-Oberbefehlshaber Günter Kießling war im Jahr 1983 Erpressbarkeit wegen seiner angeblichen Homosexualität vorgeworfen worden. Er sei Stammgast in Kölner Schwulenkneipen gewesen, Gäste und der Wirt hätten ihn auf Fotos als »Jürgen oder Günter« wiedererkannt, »Wachmann bei der Bundeswehr«.

Obwohl Kießling beteuerte, die Vorwürfe entbehrten jeder Grundlage, war er von Bundesverteidigungsminister Wörner als Sicherheitsrisiko eingestuft und aus dem Dienst entlassen worden. Wörners Rolle in der Affäre war höchst umstritten gewesen. Einzelne Belastungszeugen sollte er persönlich im Bonner Ministerium empfangen haben.

Der BLITZ hatte hartnäckig recherchiert und regelmäßig berichtet, zwei Monate später war General Kießling tatsächlich rehabilitiert.

Welche Rolle hatte Münch dabei gespielt? Nie hatte der Kollege davon erzählt, obwohl er erfolgreich gewesen war, so erfolgreich, dass der damalige Bundeskanzler Helmut Kohl angeordnet hatte, Kießling wieder in den aktiven Dienst zu übernehmen und ihn ehrenhaft mit dem Großen Zapfenstreich in den Ruhestand zu versetzen.

»Hast du Lust, noch ein Bier zu trinken?«, fragte Georg, als Münch seine Arbeit beendet hatte.

»Heute nicht, Georg. Ich muss mich um meine Familie kümmern. Meinem Mann geht es schlecht. Lungenkrebs im Endstadium. Da zählt jede Stunde, die wir gemeinsam verbringen.«

Fast hätte Georg gesagt: *Oh, du bist schwul?* Das habe ich gar nicht gewusst. Schlimm genug, dass es sein erster Gedanke war. Stattdessen sagte er: »Oh, das habe ich nicht gewusst. Dass dein Mann so krank ist. Das muss schwer für dich sein.«

»Geht schon«, sagte Münch. »Seitdem wir wissen, dass er bloß noch wenige Monate hat, ist wenigstens die Unsicherheit vorbei. Wenn nur die Schmerzen nicht wären. Aber er ist ziemlich tapfer.«

Georg nickte, als verstünde er, wovon Münch sprach. Aber welche Schmerzen hatte er bisher schon ertragen müssen, von ein bisschen Liebeskummer abgesehen. Lappalien gegen Lungenkrebs im Endstadium.

»Schönes Wochenende, Georg«, sagte Münch.

»Dir auch, Hendrik«, sagte Georg und war froh, dass er nicht mehr sagen musste.

11

Es war sein freies Wochenende. Kein Dienst am Sonntag, keine Termine und auch kein Vater-Tochter-Treffen; Rosa war erst nächstes Wochenende wieder bei ihm. Er hatte sturmfreie Bude.

Er erinnerte sich an Dienstagmorgen, als Stein nach seinem Liebesleben gefragt hatte. Er hatte ausweichend geantwortet, er könne nicht klagen, aber was hätte er auch sagen sollen? Dass er seit Monaten kein Liebesleben mehr hatte?

Er fand sich als Mann eigentlich ziemlich attraktiv. Mit einem Meter achtundachtzig nicht zu klein und nicht zu groß. Er war schlank, der Körperbau könnte vielleicht etwas sportlicher sein, er verdiente ordentliches Geld, hatte einen aufregenden Job, zu vielen Anlässen konnte er in Begleitung erscheinen; er war charmant, höflich, ließ keine Socken herumliegen und pinkelte im Sitzen. Was an ihm war falsch, dass er nicht die Richtige fand?

Seine Ex-Frau, ausgerechnet seine Ex, hatte ihm mal erklärt, als sie auf gemeinsamer Einkaufstour für Rosa gewesen waren, er würde überhaupt nicht bemerken, wenn eine Frau ihn ins Visier nähme. Er wüsste gar nicht, welche Chancen er habe.

Heute jedenfalls hätte er Lust, mal wieder jemanden kennenzulernen. Es war Freitagabend, da konnte was gehen. Erst zu Hause schick machen, dann Richtung Friesenplatz, Auftakt im Heising und Adelmann, etwas essen und dann an die Bar, anschließend ins Ivory, wo jeden Freitag Lady's Night war mit freiem Prosecco bis Mitternacht, Finale eventuell im Goldfinger.

Georg ging nicht gern alleine auf die Pirsch. Zu zweit oder dritt lief alles leichter und lockerer, weil auch die paarungswilligen Frauen immer zu zweit oder dritt unterwegs waren. Köln war angeblich die Stadt der Singles, nur traf man die selten alleine an.

Seine männlichen Freunde waren alle verpartnert oder verheiratet und standen kaum noch für nächtliche Ausflüge zur Verfügung. Also hieß es mal wieder: Solo für Georg.

Früher hatte er im Internet nach Bekanntschaften gesucht, war mehrmals erfolgreich gewesen, bis er den großen Reinfall erlebte. Sein letztes Internet-Rendezvous war keine Frau, sondern ein männliches Schläger-Trio gewesen, das ihn verprügelte und ihm dreihundert Euro abnahm. Seitdem war er wieder zur guten alten Kennenlern-Methode im echten Leben zurückgekehrt. Mit wenig Erfolg.

Georg parkte seinen Mini in der Tiefgarage in der Vogelsanger Straße Ecke Piusstraße und schloss die Tür zu seiner Zwei-Zimmer-Erdgeschosswohnung auf.

Frau Odenthal, die kölsch-patente Nachbarin, besaß einen Schlüssel zu seiner Wohnung und ließ es sich nicht nehmen, für den Haushalt zu sorgen. Sie tat das nicht, um Geld zu verdienen, obwohl Georg sie natürlich bezahlte, sie machte das eher zum Zeitvertreib und weil sie Georg mental adoptiert hatte, seitdem ihre Tochter ausgezogen war.

Georg war kein schlechter Hausmann, sogar seine Kochkünste konnten sich schmecken lassen, und für das, was er nicht konnte, würde er professionelle Dienstleister aus dem Veedel engagieren. Aber so weit kam es nie. Denn es gab ja Frau Odenthal.

Sie organisierte die Putzhilfe, erledigte Einkäufe, nahm Pakete entgegen und kümmerte sich darum, dass der Rasen seines kleinen Gartens gemäht und die Hecke geschnitten wurde. Vor allem aber versorgte sie ihn mit dem Wissen, das man zum Überleben im Viertel benötigte. Besonders ausführlich informierte sie ihn über Frauen in der Nachbarschaft, weil »der Herr Redakteur ja wieder eine Familie gründen« müsse. Die Auskünfte waren vermischt mit eindringlichen Warnungen vor den »Weibsbildern«, die die gegenüberliegende Griechentherme besuchten. Das wären keine Frauen zum Heiraten. Es sei ein Segen, dass die Lasterhöhle abgerissen und durch normale Wohnungen ersetzt würde.

Georg hatte sich an diese Fürsorglichkeit gewöhnt, nur wenn er seine Ruhe haben wollte, musste er deutlich werden. Frau Odenthal nannte ihn dann »undankbar«, sie könne ja wegbleiben, wenn er unbedingt wolle, und dann blieb sie auch weg. Er konnte sich jedoch darauf verlassen, dass sie am nächsten Morgen wieder gut gelaunt vor seiner Tür stand, vorzugsweise mit frischen Brötchen vom Bäcker, denen Georg nie widerstehen konnte.

Frau Odenthal hatte auch heute vorgesorgt. Gleich drei seiner schwarzen Rollkragenpullover lagen frisch gewaschen und knitterfrei gefaltet im Schrank.

Anlässlich seines bevorstehenden Freitag-Nacht-Ausflugs verwandte Georg fünfzehn Minuten auf die Körperpflege, rasieren nicht eingerechnet, weil er sich seit sechs Tagen einen Drei-Tage-Bart stehen ließ. Zur Auflockerung des Schwarz-in-Schwarz-Outfits drapierte er einen grauen Kaschmirschal um seinen Hals.

Seine Wohnung lag verkehrsgünstig einen Straßenblock von der nächsten U-Bahn-Station entfernt. Von dort waren es zwei Haltestellen zum Friesenplatz, wo ein Teil des Kölner Nachtlebens tobte.

Leider tobten dort auch das Bergheimer und das Bielefelder Nachtleben nebst der zugehörigen Folklore, wie Georg feststellte, als er auf der Rolltreppe aus dem Untergrund auf den Friesenplatz gespült wurde. Als ob es keine anderen Städte gäbe, in denen Junggesellinnenabschiede gefeiert werden konnten.

Nein, er wollte kein Kondom haben und dafür auch nicht bezahlen. Großes Gekicher. Nein, fühlen wollte er auch nicht. Und da schon gar nicht. Noch größeres Gekicher.

Zum Glück zog die Prozession der überlustigen und übervollen Trüppchen mit den spezialbedruckten T-Shirts die Ringe weiter Richtung Rudolfplatz, während er den kurzen Abstecher in die Friesenstraße zum Heising und Adelmann machte. Er hoffte, dass die süße Jenny hinter der Theke stehen würde. Sie kannte ihn, und sie kannte auch fast alle Frauen, die den Laden besuchten. Vorrecherche war immer hilfreich.

Trotz der frühen Abendstunde war das Heising gut besucht. Georg kämpfte sich an der langen Theke entlang mit dem sicheren Gefühl, dass diese ereignisreiche Woche einen großartigen Abschluss finden würde.

»Rubin«, rief eine Männerstimme. Georg bemühte sich, den Ruf zu überhören. Wo war Jenny? »Rubin«, rief es wieder, »hier bin ich.« Und dann lief er ihm regelrecht in die Arme. Junior-Verleger Konrad Berger.

»Guten Abend«, sagte Georg und versuchte sich vorbeizudrücken, aber Junior verstellte ihm den Weg.

»Nur einen Moment, Rubin. Habe mit Interesse Ihre Artikel über das Attentat auf die Kanzlerin gelesen. Gute Arbeit.«

»Danke«, sagte Georg und gab seine Fluchtgedanken auf.

»Haben Sie von meinem neuen Projekt gehört?«, fragte Junior.

»Ich habe gehört, dass Sie aus dem Verlag ausgeschieden sind.«

»Nur aus der aktiven Geschäftsführung, Rubin, nicht aus dem Verlag. Ist schließlich ein Familienunternehmen. Meine Anteile habe ich noch.«

»Ja, ich muss dann ...«, setzte Georg an.

»Hätten Sie nicht Lust?«

»Wozu?«

»Bei meinem neuen Projekt einzusteigen? Ich plane eine neuartige Internetplattform. Sie wollen doch auch etwas verändern. Verantwortung und Nachhaltigkeit, darum geht es. Wussten Sie, dass das Heising und Adelmann Mitglied bei ›Foodwatch‹ ist?«

Georg bestellte ein Kölsch und hob sein Glas. »Bier ist immer naturrein, oder?«

Junior prostete zurück. Mit Wasser.

»Überlegen Sie sich's«, sagte er.

»Ich bin ein Zeitungsmann. Ich glaube nicht, dass die Geschichte der Printmedien schon zu Ende geschrieben ist. Die Zeitung hat sich neben Rundfunk und Fernsehen behauptet, sie wird sich auch neben dem Internet behaupten. Nein, sie wird sich *mit* dem Internet behaupten. Sie kann das Internet nutzen. Nicht abkupfern, sondern intelligent einsetzen. Die Zeitung muss etwas Eigenes, etwas Originäres bringen, etwas, das andere Medien nicht tun.

Dann wird sie ihren Platz behalten und sogar wieder an Bedeutung gewinnen.«

»Sie reden, als wollten Sie Chefredakteur werden«, sagte Junior.

»Ja. Will ich auch.«

»Und wie werden Sie das anstellen?«

»Es gibt da eine Anekdote. War mal ein Reporter vom SPIEGEL auf Dienstreise in München. Irgendeine Feierlichkeit, auf der viel getrunken wurde. Auf der Herrentoilette war von einem halben Dutzend Pissoirs nur noch eines frei. Der Reporter erleichterte sich. Neben ihm stand ein großer Mann, der Reporter erkannte den Verleger aus Köln und grüßte ihn. Der Verleger erinnerte sich, dass der Reporter früher Sportredakteur einer seiner Zeitungen gewesen war, und fragte den Reporter, was er vom BLITZ hielte. Die Zeitung wäre viel schlechter, als sie sein könnte, sagte der Reporter. Ja, sagte der Verleger, das finde er auch. Und dann kam das Angebot: ›Wollen Sie Chefredakteur werden?‹ Ein halbes Jahr später trat er die Stelle an. Ob das heute noch so funktioniert, ich weiß es nicht.«

»Wer soll denn der Verleger gewesen sein?«, fragte Junior.

»Sie werden schon drauf kommen«, sagte Georg.

Junior schien einen Augenblick ratlos, Georg nutzte die Gelegenheit, um sich in den Raum hineinzuschieben.

Im Restaurantbereich waren einige Tische unbesetzt. Georg platzierte sich nahe der Bar, um mitzubekommen, wenn Jenny doch noch zum Dienst erschien.

Als Aperitif gönnte er sich einen Maserati aus Campari, Maracuja, Grapefruit und Prosecco, als Vorspeise bestellte er eine Erbsen-Minzcreme-Suppe mit gebackenem Serranoschinken. Eigentlich mochte er Junior; er war sogar zu dessen vierzigstem Geburtstag eingeladen worden. Junior hatte eine flammende Rede zur Rettung der Welt gehalten, die auf YouTube veröffentlicht wurde. Arbeit müsse sich lohnen, das dürfe nicht nur für Millionäre gelten, sondern auch für den Polizisten und die Krankenschwester, für alle, die arbeiteten. Die Armen und die, die keine Arbeit hätten, dürften nicht zu Bittstellern gemacht werden.

Leider bekam der Zeitungserbe nicht mit, dass niemand im Saal ihn ernst nahm. Senior mahnte seinen Sohn, mit vierzig Jahren sei er nun erwachsen, müsse das Unternehmen leiten und dürfe sich keine Fehler erlauben. Das war mehr Warnung als Ermunterung gewesen.

»Aufstehen, Polizei!«, rief eine Stimme, ein Paar eiserne Arme rissen Georg von seiner Suppe hoch. Instinktiv wollte er dem Angreifer den rechten Ellenbogen in den Leib rammen, aber gegen diesen Schraubstock in Menschengestalt hatte er keine Chance. Plötzlich lockerte sich der Griff, und Georg holte aus. Aber sein Schlag ging ins Leere. Dafür riss ihn der Schwung seiner eigenen Bewegung um, und er landete in den Armen seines Lieblingskommissars Gerald Menden.

»Du Schuft«, rief Georg. »Kannst du dich nicht ein Mal wie ein normaler Mensch benehmen? Musst du immer den Super-Bullen spielen?«

»Ich spiele den nicht, ich bin der Super-Bulle«, sagte Menden. »Darf ich?« Ohne Georgs Antwort abzuwarten setzte er sich an den Tisch. »Wie kommt's, dass unser Super-Journalist am Freitagabend ganz alleine ist? Erwartest du jemanden?«

»Nein, nicht wirklich«, sagte Georg. »Ich wollte, vielleicht, später, jemand kennenlernen.«

»Und vorher eine Erbsensuppe zur Stärkung?«

»Warum nicht? Und was treibt dich hierher?«

»Ich warte auf Miriam.«

»Dein Millionärstöchterchen.«

»Mein Ex-Millionärstöchterchen.«

»Wie, hat sie kein Geld mehr?«

»Doch. Fürs Leben reicht's. ›Ex‹ bezieht sich auf unsere Beziehung. Seitdem sie in Berlin lebt, passt es nicht mehr. Wir werden gleich offiziell unsere Trennung feiern.«

»Das tut mir leid.«

»Muss es nicht. Wir hatten eine gute Zeit. Meistens wenigstens. Ich hab eine Menge gelernt. Ich weiß jetzt, dass Millionäre auch nur Menschen sind. Was ich noch nicht weiß, ist, ob ich mit ihren neuen Plänen klarkommen werde. Sie will mit mir befreundet bleiben. Sie fände es doof, sich aus dem Weg zu gehen, wenn man sich doch mal geliebt hat. Was meinst du?«

»Ich denke, wir trinken erst mal einen«, sagte Georg und orderte zwei Kölsch.

»Was mich angeht«, sagte er dann, »bin ich froh, wenn ich meiner Ex aus dem Weg gehen kann. Kurz nach der Scheidung war es ganz grausam. Inzwischen benehmen wir uns einigermaßen zivilisiert. Ich sehe sie alle zwei Wochen, wenn ich Rosa abhole. Sie kommt im Herbst aufs Gymnasium. Wie findest du das?«
»Ich fand deine Tochter schon immer toll. Fragt sich, wie du erträgst, dass sie schlauer als ihr Vater ist.«
»Wenn du Kinder hättest, wüsstest du, dass Väter immer jeck auf ihre Töchter sind. Die können gar nicht schlau und schön genug sein.«
»Tja, Kinder. War auch ein Thema mit Miriam. Ich werde vierzig, Miriam ist siebenundzwanzig. Sie fühlt sich zum Kinderkriegen noch zu jung, ich fühle mich fast schon zu alt. Aber ich habe keine Lust, darüber zu reden. Lass uns über den Job reden.«
»Ich habe Feierabend. War 'ne anstrengende Woche.«
»Meinst du, bei mir nicht? Bist du noch an dem Attentat dran?«
»Klar. War heute auf der Beerdigung.«
»Und, was meinst du, wer hat auf die Kanzlerin geschossen?«
»Was fragst du mich? Du bist der Polizist.«
»Ich finde das alles merkwürdig. Ich verstehe, dass man mit den Ermittlungsergebnissen zurückhaltend sein muss, solange der Täter nicht gefasst ist. Was ich aber nicht verstehe, ist, dass sogar wir von der Kölner Polizei nichts erfahren. Gar nichts. Alles top secret. Nur das BKA und die Bundesanwaltschaft dürfen ermitteln, und ein paar Geheimdienste sind noch drin. Wir, die wir uns vor Ort am besten auskennen, werden ausgebremst. Scheißgefühl, sag ich dir.«
»Vielleicht gibt es gar keine Erkenntnisse? Sonst würden die doch groß präsentiert, um zu zeigen, wie gut unsere Behörden arbeiten.«
»Kann sein. Ich hab aber meine Zweifel. Was weißt du über die Tatwaffe?«, fragte Menden.
»Nur dass es eine Waffe ist, die auch im Afghanistan-Krieg benutzt wurde.«
»Ja, so lautet die amtliche Erklärung. Und das ist nicht gelogen. Was schließt du daraus?«
»Dass die Täter irgendwelche afghanischen Kämpfer sind.«
»Ja. Sollte man meinen. Die Tatwaffe war allerdings ein G22.«
»G22, was muss ich mir darunter vorstellen?«

»Das G 22 ist ein Scharfschützengewehr. Es wird wirklich in Afghanistan eingesetzt. Von der Bundeswehr.«

Georg fiel der Löffel in die Erbsen-Minzcreme-Suppe. »Das Gewehr, aus dem geschossen wurde, ist ein Bundeswehr-Gewehr?«

»Exakt. Die Waffe wurde anhand der Geschossspuren eindeutig identifiziert. Das war die letzte Information, die die Kölner Polizei über das Attentat erhielt. Ab da war alles streng geheim. Verstehst du?«

Georg tupfte mit der Serviette die Erbsensuppenspritzer von seinem Pulli. »Willst du damit sagen, dass der Täter ein Bundeswehrsoldat war?«

»Ich will gar nichts. Ich sage nur, was ich weiß. Gewehre gehen auch schon mal verloren. Werden verkauft. Oder gestohlen.«

»Hammer.« Georg drehte sich um, suchte nach der Bedienung, um noch zwei Bier zu bestellen. Hinter der Theke stand Jenny und lächelte. Er hob sein leeres Kölschglas und zeigte zwei Finger der rechten Hand, dann holte er sein schwarzes Notizbuch hervor und studierte die Einträge der letzten Tage. Irgendwo musste das stehen, was er Menden fragen wollte. Er blätterte langsam von hinten nach vorne. Da war es. Ganz am Anfang notiert. Auf Seite drei.

»Gerald, wie viele Kugeln hat man gefunden? Nur eine? Zwei? Ich bin mir sicher, dass ich zwei, äh, wie heißt eigentlich der Plural von Knall, also zwei Schüsse gehört habe.«

»Ich weiß nur von einer Kugel.«

Jenny stellte zwei frische Kölsch auf den Tisch.

»Weiß man, von wo gefeuert wurde?«, fragte Georg.

»Keine Ahnung. Hab doch gesagt, dass die Ermittlungen geheim sind.«

»Und das lasst ihr euch gefallen?«

»Was sollen wir deiner Meinung nach tun? Eine Demo vor dem Polizeipräsidium? Da sind doch keine Deppen am Werk. Das sind die besten Ermittler, die es gibt.«

»Ja, den Sermon kenne ich. Das sind dieselben Versager, die schon die Terror-Nazis nicht gefunden haben. Oder nicht finden wollten. Und jetzt wollen sie einen von der Bundeswehr nicht finden.«

»Das hast du gesagt.«

»Ja, habe ich. Und du hast mir nicht widersprochen.«

Georg sah, wie Miriam sich durch die Menschenmasse vor der Bar Richtung Restaurant kämpfte. Sie war dünn geworden, viel zu dünn, aber sie hatte immer noch diese starke Ausstrahlung, die sie schon als Mädchen gehabt hatte. Georg kannte sie über ihren Bruder Franck, mit dem er gemeinsam auf dem Apostelgymnasium in Köln-Lindenthal Abitur gemacht hatte.

In ihrem Schlepptau folgte eine Frau, dunkler Typ, schwebender Gang auf Stöckelschuhen, lächelnd, trotzdem fast schüchtern, als fühlte sie sich in der Masse zu sehr bedrängt.

Miriam legte den Zeigefinger an die Lippen, Georg sollte sie nicht verraten. Sie schlang ihre Arme um Menden, hielt ihm die Augen zu, drehte seinen Kopf zu sich und gab ihm einen Überraschungskuss auf den Mund. Für einen Augenblick schien es Georg, als wäre Menden rot geworden. Ihm blieb keine Zeit, eine Bemerkung zu machen, weil Miriam auch ihn umarmte und mit zwei Wangenküsschen begrüßte.

Anschließend stellte sie ihre Begleiterin als Ricarda Pereyra aus Buenos Aires vor, die sie während ihres Studiums in Freiburg kennengelernt hatte.

»Ricarda ist neu in Köln. Ich dachte, du könntest ihr die Stadt zeigen«, sagte sie zu Menden.

»So, dachtest du«, brummte Menden, der offensichtlich viel lieber allein mit Miriam gewesen wäre.

Miriam arrangierte die Sitzordnung so, dass sie Menden gegenüber und Ricarda neben ihm saß.

Menden war peinlichst darauf bedacht, einen Sicherheitsabstand zu Ricarda einzuhalten, doch sie schien ohnehin nicht an ihm interessiert. Stattdessen richtete sie ihre grünbraunen Augen auf Georg.

»Sind Sie auch bei der Polizei?«

»Polizei, ich? Nein, nein. Ich bin Journalist.«

»Das ist interessant«, sagte Ricarda mit leichtem Akzent und lächelte ihn an, wie ihn lange niemand mehr angelächelt hatte. Es war nicht nur das Lächeln, es war auch ihr Duft, ein Duft nach Meer und Abenteuer, der ihn faszinierte. Sie hatte langes, dunkles Haar, das sie sich mit einer neckischen Kopfbewegung aus dem Gesicht warf.

»Lassen Sie sich nicht beeindrucken, Ricarda«, mischte sich

Menden ein. »Georg ist beim schlimmsten Revolverblatt der Stadt. Und auf der ersten Seite gibt es nur nackte Frauen.«

Georg wollte zurückgiften, aber als er sah, dass Ricarda lachte und überhaupt nicht geschockt war, sagte er: »Ja, aber wir zeigen nur die schönsten Frauen der Welt.«

Ricarda trug ein schwarzes Top, das weit ausgeschnitten war, und darunter keinen BH. Sie drehte sich leicht zur Seite, sodass Georg sah, dass die wirkliche Sensation des Tops der Rückenausschnitt war, der bis hinunter zum Bund ihrer Jeans reichte; die Seitenteile wurden durch schwarze Riemchen gehalten.

»Tolles Outfit«, sagte Georg.

Ricarda nahm das Kompliment ganz locker. Eine selbstbewusste Frau. Sie gefiel ihm. Sie gefiel ihm außerordentlich, obwohl sie nicht in sein Beuteschema passte. Er stand, so glaubte er, auf blond und blauäugig. Aber diese Frau hatte etwas. Etwas, das ihn reizte.

Menden schob seine linke Hand über den Tisch, Miriam antwortete mit ihrer rechten. Die beiden waren so ineinander versunken, dass sie nichts von dem mitbekamen, was um sie herum geschah.

»Wir sollten die beiden Turteltauben allein lassen«, sagte Georg.

»Turtelwas?«, fragte Ricarda.

»Die beiden Verliebten«, sagte Georg. »Ich hätte Lust auf einen Spaziergang. Kommen Sie mit?«

Ricarda nickte, verabschiedete sich von Miriam und legte sich eine mintgrüne Jacke über die Schulter.

Menden schien sehr zufrieden, als er sah, dass Georg und Ricarda aufbrachen.

»Pass gut auf Ricarda auf«, sagte Miriam zu Georg. »Sie wird mir alles erzählen.«

»Alles?«, fragte Georg.

»Alles«, sagte Miriam.

12

»Wie heißen Sie?«, fragte der Mann im weißen Kittel.

Ponk hörte die Stimme laut und deutlich. Das letzte Geräusch, das er im Kopf hatte, waren der höllische Krach und die Explosion, als der Airbag an seinen Kopf geknallt war. Dann war Stille. War er bewusstlos gewesen? Er konnte sich nicht erinnern, wie er in dieses Bett gekommen war. Es roch nach Schweiß, Urin und Krankenhaus.

»Hören Sie mich?«, fragte der Mann in Weiß noch einmal.
»Ja«, sagte Ponk. »Ich höre Sie. Ich verstehe Sie.«
»Wissen Sie, wer Sie sind?«
Ponk zögerte.
»Sagen Sie mir bitte Ihren Namen.«
Ponk überlegte. Wie war das gewesen? Vor dem Unfall? Er hatte geschossen. Er hatte sein Gewehr eingepackt. Er hatte das Kasernengelände verlassen. Dem Wachhabenden hatte er einen Ausweis vorgezeigt. Schmitz. Josef Schmitz. Konnte man mit so einem Namen durchkommen?
»Schmitz«, sagte Ponk.
»Richtig«, sagte der Arzt.
»Wie spät ist es?«, fragte Ponk.
»Halb elf Uhr abends.«
»Welcher Tag?«
»Freitag.«
»Seit wann bin ich hier?«
»Dienstag.«
»Dann war ich drei Tage ...«
»Dreieinhalb Tage bewusstlos. Ja. Es sieht so aus, als hätten Sie Glück gehabt. Wir haben keine Verletzungen festgestellt, die Sie dauerhaft beeinträchtigen müssten. Die Kopfstütze im Auto muss optimal eingestellt gewesen sein, weniger als vier Zentimeter Abstand zum Kopf, der Airbag hat funktioniert.«
»Ich habe Kopfschmerzen«, sagte Ponk.
»Klar. Sie werden auch noch andere Beschwerden haben. Aber das kriegen wir in den Griff. Schlafen Sie noch eine Nacht durch, dann sehen wir weiter.«
Eine Krankenschwester fühlte ihm den Puls, stellte ihm ein Glas Wasser hin, reichte ihm zwei Tabletten. »Nehmen Sie das. Hilft gegen die Kopfschmerzen und beruhigt.«
Ponk versuchte zu zählen, an wie vielen Schläuchen er hing, ein Schlauch führte von seinem Penis in einen Urinbeutel. »Ich würde gerne versuchen, selbst zur Toilette zu gehen«, sagte er.

Die Krankenschwester sah den Arzt an.
»Gut. Wir können es versuchen.« Vermutlich werden Sie beim Aufstehen einen leichten Schwindelanfall haben, Schwester Angela und ich werden auf Sie aufpassen.«

Ponk richtete sich auf. Nicht nur der Kopf tat weh, auch der Rücken. Er testete seine Muskeln. Er konnte die Hände bewegen, die Zehen, das rechte Bein, das linke Bein.

Er drehte sich so, dass die Beine nach links aus dem Bett schwangen. Die Krankenschwester schob ihm Krankenhauspantoffeln unter die Füße. Ponk stützte sich mit den Händen auf dem Bett ab, belastete die Füße, konnte sich aufrecht halten. Das Krankenzimmer schwankte leicht. Er hielt sich am Bett fest, das Zimmer beruhigte sich.

»Die Toilette ist links vor dem Zimmereingang«, sagte der Arzt. »Kommen Sie.«

Ponk setzte den ersten Schritt, dann den zweiten. Er schaffte es bis zur Toilette.

»Nicht abschließen«, sagte die Krankenschwester. Natürlich nicht abschließen.

Er war froh, seine Ruhe zu haben. Sein Gehirn funktionierte. Er erinnerte sich an alles. Eine kleine Staubwolke stieg auf. Nein, das nicht. Nicht jetzt. Er musste Nummer eins anrufen. Es war Freitag. Drei Tage vergangen. Er durfte Kontakt aufnehmen.

Er kam ohne Hilfe wieder auf die Beine. Langsamer als nötig schlurfte er zurück ins Bett.

»Toll machen Sie das«, sagte die Krankenschwester.

»Danke«, sagte Ponk. »Wo sind meine Sachen?«

»Ihr Auto und alles, was darin war, hat die Staatsanwaltschaft sichergestellt. Was Sie am Leib hatten, liegt in diesem Schrank.«

Ponk nahm die Tabletten und spülte sie mit einem Schluck Wasser herunter. »Ich möchte schlafen. Vielen Dank.«

»Ja. Schlafen Sie. Morgen früh sehen wir weiter, Herr Schmitz.«

Samstag

13

Georg genoss den lauen Abend. Er hatte den Arm um Ricardas Schulter gelegt. Langsam und gut gelaunt schlenderten sie durch den Stadtgarten. Von dort aus wären es nur noch ein paar Meter zu seiner Wohnung in Ehrenfeld.

Vom Heising waren sie zunächst Richtung Mediapark gegangen; in der Bar des Osman im dreißigsten Stock des Kölnturms hatte Georg Ricarda auf einen Drink eingeladen und ihr die glitzernde Stadt zu Füßen gelegt.

Nach dem Cocktail waren sie per Du.

Sie wusste viel mehr über Deutschland als er über Argentinien. Er sagte, er hätte »Hundert Jahre Einsamkeit« von Gabriel García Márquez gelesen. Sie sagte: »Ein großartiger Roman. Gabriel García Márquez stammt aus Kolumbien. Die Hauptstädte Bogotá und Buenos Aires sind rund viertausendsechshundert Kilometer voneinander entfernt. Aber der Kontinent stimmt.«

»Viertausendsechshundert Kilometer«, sagte Georg. »Das ist locker zweimal die Entfernung Köln–Moskau. Da wären wir im tiefsten Sibirien.«

Beim Thema Fußball, sie hatte ihm das Thema zugespielt, konnte er besser punkten. Maradona, die Hand Gottes. Higuain. Messi.

»Ihr habt Lukas Podolski«, sagte Ricarda.

»Hatten«, sagte Georg. »Der spielt jetzt bei Arsenal London, und der FC ist nur noch zweite Liga.«

»Tut mir leid.«

»Ihr habt die besten Steaks der Welt«, sagte Georg.

»Ich esse nicht viel Fleisch«, sagte sie.

»Ihr habt den Tango. Tango Argentino.«

»Ja. Wir sind Tango. Ich liebe Tango.«

»Ich habe ein paar Tangos auf meinem iPhone«, sagte Georg.

Er hatte sogar einige hundert Tangos gespeichert. Jam, ein Amerikaner mit italienischen Vorfahren, Musikstudent in Köln, hatte ihm seine Sammlung überlassen. Manchmal, wenn Georg allein zu Hause war, hörte er diese melancholischen Klänge.

Ricarda bestaunte seine Tango-Playlist. »Carlos Gardel. Anibal Troilo. Astor Piazzolla. Du hast alles, was man haben muss. Brennst du mir ein paar CDs?«
Hatte sie sich gerade selbst zu ihm nach Hause eingeladen? Das Schicksal meinte es gut mit ihm.
»Gerne. Ich habe Rohlinge zu Hause.«
»Fein«, sagte Ricarda und sang die ersten Zeilen von »La Cumparsita«: »*Si supieras, que aún dentro de mi alma, conservo aquel cariño que tuve para ti.*«
»Was heißt das?«, fragte Georg.
»Schwer zu übersetzen. Ich versuche es. ›*Si superias*‹, wenn du wüsstest, ›*que aún dentro de mi alma*‹, dass tief in meiner Seele, ›*conservo aquel cariño*‹, ich diese Zärtlichkeit bewahre, ›*que tuve para ti*‹, die ich für dich empfunden habe.«
»Klingt traurig.«
»Ist es auch. Sie hat ihn verlassen. Er trauert ihr nach. Er wird sie immer lieben. Mit ihr ist der Sonnenschein aus seinem Leben verschwunden. Alle hätten ihn verlassen, klagt er, sogar sein Hund. Aber so ist Tango. So ist das Leben. Man muss die Liebe nehmen, wie sie kommt. Sie dauert nicht ewig. Morgen wird er sich mit einer anderen trösten.«

Um zwei Uhr nachts erreichten sie das Haus Vogelsanger Straße Ecke Piusstraße. »Pst, leise«, sagte Georg, als er die Außentür aufschloss und in den Hausflur trat. »Ich habe eine neugierige Nachbarin.«
Aus der Wohnung von Frau Odenthal tönte die Synchronstimme von Humphrey Bogart. Die Nachbarin saß vor dem Fernseher. Gut, dann war sie wenigstens abgelenkt. Bogart sagte gerade: »Ich seh dir in die Augen, Kleines.«
Georg öffnete vorsichtig die Tür zu seiner Wohnung, bat Ricarda herein, schloss die Tür hinter ihr, ging vor ins Wohnzimmer und machte Licht.
»Mensch, Papa«, rief eine schlecht gelaunte Mädchenstimme.
»Rosa, wie kommst du denn hierher?«
»Ist das deine Tochter?«, fragte Ricarda.
»Ja.«
Rosa lag auf der ausgeklappten weißen Designercouch, ihrem

Stammplatz an den Papa-Wochenenden. Aber dieses war kein Papa-Wochenende.

»Wieso bist du hier? Weiß deine Mutter Bescheid? Wie kommst du überhaupt hier rein?«

»Ich hab bei Frau Odenthal geklingelt. Die hat mich reingelassen.«

»Frau Odenthal. Wieso hat sie mich nicht sofort angerufen?«

»Hat sie. Du bist nicht drangegangen.«

Ricarda setzte sich an den Rand der weißen Couch, als wollte sie sich mit Rosa verbünden.

»Das ist Rosa, meine Tochter. Das ist Ricarda«, stellte Georg die beiden förmlich vor.

»Bist du Papas neue Freundin?«, fragte Rosa und reichte Ricarda die Hand.

»Ich habe ihn heute erst kennengelernt.«

»Er hat dir nichts von mir erzählt, oder?«

»Nein. Hat er nicht. Wir haben uns über andere Sachen unterhalten.«

»Bist du jetzt sauer?«

»Nein. Warum sollte ich? Dein Vater ist ganz nett.«

»Danke«, sagte Georg. »Darf ich jetzt mal was sagen?«

Ricarda nickte, Rosa versteckte sich unter der Bettdecke.

»Magst du ein Glas Rotwein? Ich habe noch einen Brunello di Montalcino.« Auf Ricardas Nicken hin holte er zwei langstielige Rotweingläser aus dem Küchenschrank und goss ein.

Sie nahm das Glas und sah ihm tief in die Augen.

»Salud«, sagte sie.

»Prost«, sagte er.

Rosa spinxte unter der Bettdecke hervor. »Du hast gar nicht geschimpft.«

»Ich hab keine Lust zum Schimpfen. Das holen wir morgen nach. Aber vielleicht erklärst du mir trotzdem, warum du an meinem freien Wochenende hier auftauchst.«

»Als Papa hat man kein freies Wochenende. Einmal Papa, immer Papa.«

»Du weißt genau, was ich meine.«

»Mama hat einen neuen Freund.«

»Ja und?«

»Ich kann den nicht leiden.«
»Wieso denn nicht?«
»Ist einfach so.«
»Aber Rita findet ihn nett.«
»Klar. Aber du würdest den auch nicht mögen.«
»Was ist denn so schlimm an dem?«
»Der will umziehen. Nach Berlin. Mit Rita. Ich soll mit. Ich will aber nicht. Ich will hier aufs Gymnasium. Ich will bei dir wohnen.«
Georg gaben die Beine nach, zum Glück stand ein Stuhl hinter ihm, auf dem er landete.
»Du willst was?«
»Ich will bei dir wohnen.«
»In dieser Zwei-Zimmer-Wohnung? Wie soll das denn gehen? Kommt nicht in Frage. Wir sehen uns alle zwei Wochen. Das ist eine tolle Lösung.«
»Toll? Für dich. Aber für mich? Ich brauch nicht viel Platz. Ich nehme die Couch, den ganzen Rest der Wohnung kannst du für dich behalten.«
»Den ganzen Rest der Wohnung? Hier gibt's nur noch ein kleines Schlafzimmer. Dieser Raum ist Wohnzimmer, Arbeitszimmer und Küche in einem. Das geht einfach nicht.«
»Dann zieh ich ins Schlafzimmer.«
»Nein.«
»Dann musst du uns eine größere Wohnung suchen.«
»Mir gefällt es hier so, wie es ist.«
»Wenn du mit Ricarda zusammenziehst, brauchst du sowieso mehr Platz.«
»Warum sollte ich mit Ricarda zusammenziehen? Wir kennen uns erst seit ein paar Stunden.«
»Du hast mich nicht lieb«, heulte Rosa.
Sie wusste, dass er ihren Tränen nicht widerstehen konnte. Georg streckte seine Arme aus, sie warf sich hinein, legte den Kopf auf seine Schulter und ließ die Tränen auf seinen Rollkragenpullover tropfen.
»Wir reden morgen früh darüber, Prinzessin. Schlaf erst mal. Irgendwas wird uns schon einfallen.«
Rosa drückte ihm einen dicken Kuss auf die Wange. »Du bist der beste Papa der Welt.«

»Und du die beste Tochter der Welt. Tust du mir einen Gefallen?«
»Was denn?«
»Könntest du heute ausnahmsweise tatsächlich ins Schlafzimmer umziehen? Ich möchte Ricarda ein paar CDs mit Musik brennen.«
Georg packte Rosa auf seine Arme und trug sie ins Schlafzimmer. »Gute Nacht«, sagte er und gab ihr einen Kuss.
»Gute Nacht«, sagte Rosa.
»Geschafft«, sagte Georg, als er zurück ins Wohnzimmer kam. Ricarda hatte die Schuhe abgestreift und sich auf die Couch gelegt. Georg setzte sich an den runden Glastisch vor der Küchennische.
»Du hast eine nette Tochter. Wie alt ist sie?«, fragte Ricarda.
»Gerade zehn geworden.«
»Wie alt warst du, als du Vater geworden bist?
»Dreiundzwanzig.«
»So jung.«
»Ja. So jung.«
»Lebst du getrennt, oder bist du geschieden?«
»Geschieden. Seit neun Jahren.«
»Das war eine kurze Ehe.«
»Sehr kurz. Ein Missverständnis. Von beiden Seiten.«
»Und Rosa?«
»Ein Kind der Liebe.«
»Was heißt das?«
»Meine Frau und ich haben uns damals wirklich geliebt. Leidenschaftlich. Wir wollten ein Kind.«
»Schön.«
»Ja. Rosa ist wunderbar.«
»Was wirst du tun?«
»Was meinst du?«
»Rosa will bei dir wohnen.«
»Das geht nicht. Ihre Mutter würde das nie zulassen. Außerdem habe ich viel zu wenig Zeit. Ich bin Chefreporter, ich könnte mich nie richtig um das Kind kümmern.«
»Viele alleinerziehende Mütter können das.«
»Ich bin aber keine alleinerziehende Mutter.«
»Du wirst es lernen müssen.«
»Was?«

»Mit ihr zu leben. Ich habe es in Rosas Augen gesehen. Sie wird hier nicht mehr weggehen.«
»Ihre Mutter hat das Sorgerecht. Sie kann vor Gericht erzwingen, dass Rosa bei ihr bleibt.«
»Ist sie ihre richtige Mutter?«
»Ja, sicher.«
»Dann wird sie es nicht erzwingen. Kennst du Bertolt Brecht?«
»Was hat der damit zu tun?«
»Den kaukasischen Kreidekreis?«
»Das meinst du. Aber da haben sich die echte Mutter und eine Magd gestritten. Die echte Mutter hat das Kind aus dem Kreis zu sich gezogen.«
»Und der Richter hat das Kind der Magd zugesprochen, weil sie das Kind nicht zerreißen wollte und sich so als die wahrhaft Mütterliche erwiesen hatte.«
»Ich kenne die Geschichte.«
»Dann ziehe die Lehre daraus.«
»Du meinst, ich bin die Magd?«
»Rede mit deiner Tochter. Sie hat Angst. Angst vor dem neuen Freund ihrer Mutter. Vielleicht sogar Angst vor ihr. Vor dir hat sie keine Angst. Dich liebt sie. Du liebst sie auch. Also wirst du dich um sie kümmern müssen.«
»Hast du Kinder?«
»Nein.«
»Warum soll ich mir dann deine Ratschläge anhören?«
»Musst du nicht. Ich kann gehen.« Ricarda richtete sich auf und tastete nach ihren Schuhen neben der Couch.
Georg nahm ihre Hand. »Es ist spät. Fast drei Uhr. Du kannst bleiben. Du wolltest doch meine Tangos haben.«
»Spiel etwas von Piazzolla.«
Er suchte in seiner Musikbibliothek nach Piazzolla, der Rechner zeigte neunzig Titel von sechs Komma neun Stunden Dauer an. Er klickte auf den ersten Tango, »Adiós Nonino«. Er hatte das Stück in drei Versionen von vier, acht und elfeinhalb Minuten Länge. Er wählte die längste Fassung aus, die mit einem traurigen Geigensolo begann.
Ricarda stand auf, zog ihre High Heels wieder an und begann langsam zu tanzen. Sie machte einen Schritt rückwärts, zog das

zweite Bein heran, drehte sich um einhundertachtzig Grad, machte wieder einen Schritt rückwärts.

Sie tanzte auf ihn zu. »Steh auf«, sagte sie. »Stell dich gerade hin. Aber locker.«

Sie trat an ihn heran, ganz nahe. Er spürte, wie ihre linke Brust seine Brust berührte. Es war wie ein elektrischer Schlag. Sie legte ihre linke Hand um seinen Hals und schmiegte sich noch enger an ihn. »Leg deine rechte Hand um meinen Rücken, bis deine Hand auf meinem rechten Schulterblatt liegt.«

Er spürte ihre Haut unter den schwarzen Riemchen, die ihr Top zusammenhielten. Ihr Schulterblatt fühlte sich gut an.

»Jetzt nimm meine rechte Hand in deine linke Hand. Locker. Nicht so hoch. Nicht höher als meine Schulter. So ist gut.«

Im Hintergrund ertönte wieder die Leitmelodie von »Adiós Nonino«, diesmal nicht von einer Geige gespielt, sondern von einem Bandoneon.

Ricarda tanzte zum Rhythmus der Melodie, dabei blieb ihr Oberkörper fast unbewegt in der engen angelehnten Haltung. Die Musik wurde schneller, wild. Ricarda tanzte ihre Rückwärtsschritte und Drehungen, nur dass sie diesmal mit seinem Körper verbunden war und Georg sie, unbewusst oder von ihr geführt, mit Seitschritten hin und zurück begleitete.

»Diese Figur heißt ›Ocho‹, also Acht, weil ich mit meinen Füßen eine Acht auf den Boden zeichne.«

Georg löste die Umarmung. Er wollte sehen, wie sie sich bewegte. »Du tanzt wie eine Göttin«, sagte er.

»Man sagt, der Tango kommt aus den Freudenhäusern von Buenos Aires«, sagte sie und zog ihn noch einmal zu sich heran. Als die Musik erstarb, erstarben auch ihre Bewegungen.

»Weißt du, was du für ein Stück ausgesucht hast?«

Georg schüttelte den Kopf.

»›Adiós Nonino‹ hat Piazzolla ein paar Tage nach dem Tod seines Vaters geschrieben. Er hat ihn sehr geliebt. So wie deine Tochter dich liebt.«

Georg umarmte sie, ließ seine Hand über ihren Rücken streichen, sie schaute ihn an, er gab ihr einen vorsichtigen Kuss auf den Mund, als die Tür des Schlafzimmers aufging und Rosa erschien.

»Ich hab Ricarda noch nicht gute Nacht gesagt.«

Georg ließ Ricarda los. Wie sollte das erst werden, wenn Rosa hier wohnte?
»Gute Nacht«, sagte Ricarda und beugte sich zu Rosa hinunter.
»Gute Nacht«, sagte Rosa, gab Ricarda einen Schmatzer zurück und flüsterte ihr etwas ins Ohr.
Ricarda lachte, nahm Rosa an der Hand und verschwand mit ihr im Schlafzimmer.
Es dauerte lange, bis das Gekicher aufhörte und Ricarda zurückkehrte. In den Händen hielt sie einen Schlafanzug und ein Negligé, irgendein vergessenes Andenken. »Hier. Hat sie mir gegeben. Für dich und für mich.«
Sie hielt sich den durchsichtigen Stoff vor die Brust. »Magst du so was?«, fragte sie.
»Ich schlafe lieber nackt«, sagte Georg.
»Ich auch«, lachte Ricarda.
Georg umarmte sie, streichelte ihr dunkles, glänzendes Haar, ließ seine Hand langsam tiefer gleiten. Sie schlang ihre Arme um seinen Hals, öffnete den Mund, und Georg küsste sie, erst suchend, dann leidenschaftlich, der längste Kuss des Jahrhunderts.
Er streifte ihr das Top über die Schulter.
»Was hattet ihr vorhin eigentlich so lange zu kichern?«
»Frauensache. Ein Geheimnis. Komm endlich ins Bett.«

14

In der Klinik war Ruhe eingekehrt. Die Nachtschwester hatte einmal kurz in Ponks Zimmer geschaut, er hatte sich schlafend gestellt. Jetzt war es drei Uhr.
Er stand auf und schlich auf unsicheren Beinen zum Schrank, in dem seine privaten Sachen waren. Jede Bewegung tat weh, aber er musste es schaffen.
Wo konnte sein Handy sein? Er fand es in einer Tasche seiner Uniformjacke. Es hatte den Crash überstanden, aber der Akku war leer. Was hatte man ihm bei Übergabe gesagt? Es sei abhörsicher. Wasserdicht. Nahezu unzerstörbar. Und es ließe sich immer ein letzter Notruf absetzen.
In seinem Kopf hämmerte ein schrecklicher Schmerz. Wie war

das mit dem Notruf? Er musste die Raute und dann die Eins drücken. Ja, das war der Code. Raute und eins. Er sollte den Apparat senkrecht halten, damit der Notruf einwandfrei abgesetzt werden würde. Sollte er den Notruf auslösen? Was würde passieren? Musste Nummer eins nicht längst wissen, wo er sich befand? Was, wenn die Klinik die Polizei bereits informiert hatte, dass er aufgewacht und vernehmungsfähig sei? Dann würden sie wissen wollen, woher er kam, als der Unfall geschehen war. Was sollte er sagen? Und sie würden feststellen, dass nirgendwo ein Stabsunteroffizier Josef Schmitz vermisst gemeldet war. Weil es diesen StUffz nur auf dem Papier gab. Nein, er musste weg. Nummer eins musste ihn hier rausholen.

Ponk schleppte sich zum Bett und legte sich hin. Er nahm das Handy, drückte die Tastenkombination Raute und eins. Wie vorgeschrieben hielt er es in der Senkrechten. Der schwarze Bildschirm zeigte ein Flackern, dann erschien »Notruf ausgelöst, alle Daten werden gelöscht«. Nach etwa drei Sekunden verschwand die Schrift, stattdessen erschien ein kleiner rotierender Kreis, als werde ein Programm geladen oder ausgeführt. Nach einer halben Minute löste sich der rotierende Kreis in Nichts auf. Das Handy war tot.

Ponk spürte einen Schmerz in der Hand und sah, dass das Handy eine silberne Flüssigkeit absonderte. Eine Hitzewelle durchlief seinen Körper, seine rechte Hand versteifte sich. Das Handy fiel wie in Zeitlupe zu Boden, sein Gehörsinn schwand, sein Sehvermögen wurde schwächer. Eine kleine Staubwolke stieg auf, und er sah ein weißes Licht wie Sonnenschein, seine Frau und sein Sohn winkten, es wurde dunkle Nacht, die Hitzewelle war vorbei, stattdessen fror er und zitterte, sein Gehirn drehte sich langsamer und langsamer und langsamer und ...

15

Ricarda drängte sich an Georg, als wollte sie mit ihm Tango Argentino im Liegen tanzen. Noch nie hatte er einen Körper wie diesen gesehen. Schlank, aber nicht dürr. Kaffeebraun, milchkaffeebraun.

Überall, nur über den Brüsten ein hauchdünner hellerer Streifen. Beim Sonnenbaden musste sie einen mikroskopisch kleinen Bikini tragen.
Langsam tastete er sich vor. Streichelte ihre Haare. Ihre Ohren. Ihren Nacken. Ließ seine Hand das Rückgrat hinabgleiten. Sie atmete langsam, plötzlich zuckte sie und stöhnte laut auf. »*Sì. Sì. Sì.*« Er hatte einen magischen Punkt getroffen.
»Höher«, sagte sie. »Etwas höher.«
Als sie zur Ruhe gekommen war, berührte sie Georgs Bauch, streichelte ihn, fuhr mit ihrer Hand nach unten und entdeckte die feuchten Spuren seiner Ejaculatio praecox.
»*Condón*«, sagte sie.
Er verstand nicht.
»*Preservativo.*«
Wo hatte er Gummis? Hatte er überhaupt welche? Ob die noch haltbar waren? Er hätte den Junggesellinnen vielleicht doch welche abkaufen sollen.
Er küsste Ricarda, stieg aus dem Bett und ging ins Bad. Suchte im Spiegelschrank. In der Schublade mit den Medikamenten. Nichts.
Als er zurück ins Wohnzimmer kam, streichelte sich Ricarda und hörte auch nicht auf, als sie sah, dass er sie beobachtete. Georgs bestes Stück reagierte sofort.
Sie lachte. »Komm«, sagte sie.
Georg spürte, dass er ein zweites Mal könnte. Aber diesmal sollte es richtig werden und länger dauern.
»*Condón?*«, fragte sie wieder.
Georg schüttelte den Kopf.
»Leg dich auf den Rücken«, sagte sie.
Er gehorchte.
»Warte«, sagte sie, stand auf und suchte etwas in ihrer Handtasche. Sie kam mit einem Päckchen zurück, nahm ein Gummi aus der Packung und rollte es über.
Sie kniete sich über ihn, bewegte sich langsam auf und ab, wurde schneller, die Brüste wippten im Takt. Er antwortete mit Gegendruck aus seinen Hüften, ihre Körper synchronisierten sich, die Geschwindigkeit nahm zu, achtzig, hundertzwanzig, dreihundert, take off.

Dann lärmte »Help« von den Beatles durch den Raum. Sein Klingelton. *Help, I need somebody. Help, not just anybody. Help, you know I need someone. Help!*

Er bäumte sich auf, sie erzitterte wie ein Erdbeben und stürzte vornüber auf seinen Körper, schlang die Hände um seinen Kopf und bedeckte sein Gesicht und seine Brust mit Küssen.

Das Telefon gab nicht auf. *Help me if you can I'm feeling down. And I do appreciate you being round. Help me get my feet back on the ground. Won't you please, please help me ...*

»Ist das dein Telefon?«, fragte Ricarda.
Georg schnappte nach dem iPhone. »Wer stört?«
»Gerald hier. Es ist was passiert.«
»Du mich auch.«
»Lass mich wenigstens sagen, was los ist.«
»Es ist mitten in der Nacht. Das ist los.«
»Es ist fast sechs Uhr morgens.«
»An meinem freien Samstag.«
»Hör jetzt endlich mit dem Rumgenöle auf. Meinst du, ich würde anrufen, wenn es nicht wichtig wäre?«

Georg streichelte Ricarda, rollte sie vorsichtig zur Seite, stand auf und ging zur Küchenzeile. An der Spüle füllte er Wasser in die Espressomaschine. »Ich höre.«
»Der Soldat ist weg.«
»Welcher Soldat?«
»Wir hatten da einen Soldaten im Krankenhaus, der in einen schweren Unfall auf der A 59 verwickelt war. Zehn Minuten nach dem Attentat am Flughafen. Der Mann war tagelang bewusstlos. Jetzt ist er weg. Spurlos verschwunden.«

Georgs Espressomaschine ratterte, um die Bohnen frisch zu mahlen. Bevor er Menden etwas fragen konnte, hörte er:
»Am besten komme ich vorbei. Ich habe noch etwas herausgefunden, das ich dir sagen wollte. Bis gleich.«
»Nein«, wollte Georg sagen, aber Menden hatte schon aufgelegt.
»Wir bekommen Besuch«, sagte er zu Ricarda.
»Jetzt?«
»Ja.«
»Wer?«

»Gerald Menden. Miriams Freund, Ex-Freund. Was weiß ich.«
»Der nette Polizist?«
»Ja, der Polizist. Vielleicht willst du dir was anziehen?«
»Etwa dieses Negligé?«
»Nein. Zieh irgendetwas an.«
»Soll ich lieber gehen?«
»Nein. Wie kommst du darauf?«
»Du bist so ... so unhöflich.«
»Entschuldigung. Es war vorhin wunderschön. Mit dir. Und dann dieses blöde Telefon.«
»Mal schaltest du dein Telefon ab, mal nicht.«
»Wenn ich nicht abgenommen hätte, hätte das nichts geändert. Menden wäre sowieso angerückt, der lässt sich nicht so leicht abschrecken.«

Es dauerte keine Viertelstunde, bis Menden klingelte. Er sah übernächtigt aus.

»Du hast Besuch«, sagte er, als er Ricarda entdeckte, die sich die Bettdecke bis unters Kinn gezogen hatte.

»Wie du siehst«, sagte Georg. »Ich dachte, dass du auch, mit Miriam ...«

»Nein, es war unser Abschiedsabend. Kurz nach Mitternacht war ich zu Hause.«

»Ihr habt Händchen gehalten, als wir gingen.«

»Kann sein. Das war's aber auch. Und ihr?«

»Wir haben auch Händchen gehalten«, sagte Ricarda und lächelte.

»Ja«, sagte Georg. »Und wir haben Tango getanzt.«

»Du und tanzen?«

»Ricarda hat es mir gezeigt. Solltest du auch mal probieren.«

»Das will ich den Damen nicht antun.«

»Miriam hat mir viel von dir erzählt. Ich würde mich freuen, mit dir zu tanzen«, sagte Ricarda.

»Damit Georg mich umbringt? Lieber nicht.«

Georg warf seinen silbernen Espresso-Automaten noch einmal an, dann setzten sich die Männer mit ihren Tassen an den runden Glastisch vor der Terrassentür und schwiegen. Es war ein gutes Gefühl, mit dem Freund zu schweigen. Georg hätte ihm gerne gesagt, dass er verliebt sei. In Ricarda. Es war passiert, was nicht passieren sollte. Es sollte nur für eine Nacht sein. Und jetzt dieses überwältigende Gefühl. Im Unterleib. Aber nicht nur. Auch im Bauch und im Kopf.

Die Tür zum Schlafzimmer ging auf, Rosa stand in der Tür und schlüpfte zu Ricarda unter die Decke.

»Hast du mit Papa geschlafen?«, fragte Rosa.

»Jetzt ist es aber gut«, schimpfte Georg.

»Wir haben hier im selben Bett geschlafen. Wir wollten dich nicht stören«, sagte Ricarda.

»Ihr habt Geräusche gemacht.«

»Wir haben Tango getanzt«, sagte Ricarda.

»Ich tanze auch gerne«, sagte Rosa. »Ich habe Ballettunterricht.«

»Ich würde gerne im Badezimmer verschwinden und mich frisch machen. Wenn die Herren so nett wären, die Augen zu schließen«, sagte Ricarda.

Menden drehte sich auf seinem Stuhl um und schaute Richtung Garten. Georg schloss die Augen, aber er konnte es sich nicht verkneifen zu blinzeln. Ricarda sah einfach umwerfend aus. Sie nahm Rosa an der Hand, und die beiden verschwanden Richtung Badezimmer.

»Was ist mit dir und Miriam?«, fragte Georg.

»Es ist aus. Sagt sie. Sie liebt mich nicht mehr. Sie will frei sein. Kann ich verstehen. Irgendwie.«

»Und du? Liebst du sie noch?«

»Sie ist eine tolle Frau. Ja, wahrscheinlich ja. Aber es ist nicht mehr dasselbe.«

»Man sagt, dass man für jedes Jahr, das man zusammen war, einen Monat trauern muss. In vier Monaten wird es dir besser gehen.«

»Ziemlich blöder Spruch.«

»Du hast am Telefon was von einem Soldaten gesagt.«

»Ja. Merkwürdige Geschichte.«

»Erzähl.«

»Am Dienstag, ein paar Minuten nach dem Attentat auf die Kanzlerin, gab es auf der A 59 vom Flughafen Richtung Innenstadt einen schweren Unfall. Ein Lkw fuhr in das Ende eines Staus. Einer der Schwerverletzten war ein Soldat, ein gewisser Josef Schmitz, Stabsunteroffizier. War mit seinem Privatwagen unterwegs. Er wur-

de bewusstlos ins Krankenhaus Merheim eingeliefert. Gestern Abend ist er aus dem Koma erwacht. Ohne größere Schäden, so schien es. Als die Schwester heute Morgen das Zimmer betrat, war Schmitz verschwunden. Sie hat die Polizei alarmiert, so habe ich es erfahren.«
»Du bist bei der Mordkommission. Wieso wirst du da alarmiert?«
»Ich habe es indirekt erfahren. Ich habe den Polizeifunk abgehört.«
»Du hörst in deiner Freizeit Polizeifunk?«
»Normalerweise nicht. Ich konnte nicht schlafen. Ich habe recherchiert. Ich habe über das nachgedacht, was du mir über die beiden Knalle erzählt hast. Der Plural von Knall ist wirklich Knalle. Es heißt zwar Stall – Ställe, Fall – Fälle, aber Knall – Knalle. Hab ich nachgeschlagen.«
»Du hast wirklich einen Knall.«
»Aber ich weiß jetzt, was du gehört hast. Du sagst, du hättest zwei Knalle gehört. Fest steht, dass nur ein Schuss abgegeben wurde. Der Knall, den alle gehört haben, ist der Geschossknall, der durch den Überschalldruck entsteht. Das G 22 verschießt seine Munition mit einer Geschwindigkeit von achthundertsechzig Metern pro Sekunde, das ist gut zweieinhalbfache Schallgeschwindigkeit. Wenn es einen zweiten Knall gegeben haben sollte, dann könnte das der sogenannte Mündungsknall gewesen sein, der sich mit dem Geschoss beziehungsweise hinter dem Geschoss mit Schallgeschwindigkeit ausbreitet. Über den Zeitunterschied zwischen Geschossknall und Mündungsknall kann man die Entfernung des Schützen ermitteln. Das G 22 kann mit einem Schalldämpfer, besser ausgedrückt, einem Schallverzerrer ausgerüstet werden, der den Mündungsknall verändert und so für das menschliche Ohr die Ortung des Schützen erschwert. Aber auch mit Schallverzerrer bleibt der Mündungsknall deutlich hörbar.«
»Die Fernsehkameras könnten die beiden Knalle aufgezeichnet haben.«
»Das wäre möglich. Aber nach dem Schuss hat es gleich ein großes Tohuwabohu gegeben. Da etwas auszufiltern, wird schwierig sein.«
»Vielleicht nicht so schwierig, wie du denkst. Wir müssten an das Originalmaterial kommen. Ich kann jemand beim WDR fra-

gen, Jürgen Dietmar, Freund von mir, Chef vom Dienst beim Frühstücksfernsehen. Den rufe ich nachher gleich mal an.«
»Gute Idee.«
»Und der verschwundene Soldat?«
»Josef Schmitz. Jupp Schmitz. Der Name ist doch ein Witz. Niemand hat einen Stabsunteroffizier Schmitz als vermisst gemeldet. Das Autowrack, der Mann fuhr einen Ford Focus, ist auch nicht mehr da. Verschwunden. Weg. Angeblich von der Staatsanwaltschaft abgeholt. Aber die weiß von nichts. Ich hab den Verdacht, die will auch gar nichts wissen.«
»Und was glaubst du stattdessen?«
»Habe ich dir gestern Abend schon gesagt. Mir stinkt diese Geheimniskrämerei. Es gibt deutliche Hinweise, dass die Bundeswehr mit dem Attentat auf die Kanzlerin etwas zu tun haben könnte. Und es gibt ebenso deutliche Hinweise darauf, dass alles getan wird, das zu vertuschen.«
»Der verschwundene Soldat ist doch eine ganz heiße Spur«, sagte Georg. »Habt ihr im Krankenhaus nachgefragt? Was sagt der Arzt? Was sagen die Schwestern? Hat irgendjemand versucht, mit dem Mann Kontakt aufzunehmen? Was ist mit Fingerabdrücken und sonstigen Spuren? Die haben dort sicher sogar sein Blut untersucht. Damit muss man etwas anfangen können, selbst wenn der Name falsch ist.«
»Nein, wir haben noch nichts in die Richtung unternommen. Ich bin offiziell auch gar nicht im Spiel, wie du weißt. Aber du hast recht, da müssen wir ran. Und vor allem gibt es uns die Möglichkeit, wieder selbst zu recherchieren. Ich werde alles Nötige veranlassen«, sagte Menden.

Eine Stunde später saßen sie zu viert am Frühstückstisch, als es klingelte. Georg drückte auf den Türlautsprecher.
»Ich bin's, Rita.«
»Meine Ex. Deine Mutter«, rief Georg ins Wohnzimmer, betätigte den Türöffner und machte die Wohnungstür auf.
Rita stürmte an Georg vorbei. »Wo ist Rosa? Wie konnte sie mir das antun, einfach wegzulaufen?«
Rosa kletterte schutzsuchend auf Ricardas Schoß.
»Lassen Sie sofort meine Tochter los. Georg, was geht hier vor?«

Rosa begann zu weinen und lief ins Schlafzimmer, Rita lief ihr hinterher.

Ricarda stand auf, schnappte sich Jacke und Handtasche und zog Menden vom Stuhl. »Komm. Wir gehen.«

Menden stakste hinterher. »Schönen Tag noch«, sagte er zu Georg. »Melde dich, wenn du beim WDR etwas erreicht hast.«

Georg wollte Ricarda zurückhalten, sie drückte ihm einen Tanten-Kuss auf die Wange und schob ihn zur Seite. »Regel das erst mal mit deinen Frauen. Gib deiner Tochter einen Kuss von mir.«

Was für ein Katastrophentag. Da entschwand seine neue Liebe mit seinem besten Freund, der gerade selbst ziemlich ausgehungert nach Zärtlichkeit war.

Auf der Fensterbank neben seinem Computer lag der Stapel gebrannter Tango-CDs. Und da lag eine Visitenkarte. Ricarda Pereyra, Tangolehrerin, Adresse, Website und Telefonnummer inklusive. Es war vielleicht doch nicht so hoffnungslos.

Georg öffnete die Terrassentür und setzte sich nach draußen in den frischen Sommermorgen. Ein Rotkehlchen sang sein Lied, wahrscheinlich ein Männchen auf Partnersuche.

Aus dem Schlafzimmer kam kein Gekreische mehr, sondern nur noch ein leises Wimmern seiner Tochter. Arme Rosa. Aber es half nichts. Natürlich müsste sie zurück zu ihrer Mutter. Wie sollte er das geregelt bekommen als alleinerziehender Vater? Wie bekam Rita das geregelt? Sie war ja auch berufstätig. Wer kümmerte sich tagsüber um Rosa? War sie ein Schlüsselkind? Was wusste er über sie? Viel zu wenig. Aber deshalb war er doch kein Rabenvater.

Rita kam in den Garten und setzte sich neben ihn. »Entschuldigung. Ich wollte diesen Auftritt so nicht. Ich war sauer, dass Rosa weggelaufen war und zu dir wollte. Und dann war ich noch einmal sauer, als ich euch da so munter sitzen sah.«

Georgs Garten lag im Schatten. Erst um elf Uhr würde die Sonne über die Dächer der Häuser auf der gegenüberliegenden Straßenseite geklettert sein.

»Rosa hat mir erzählt, dass sie deinen neuen Freund nicht leiden kann«, sagte er.

»Kleine Mädchen sind manchmal schwierig.«

»Mag sein. Aber was stimmt zwischen den beiden nicht?«

»Ehrlich gesagt habe ich keine Ahnung.«
»Rosa sagte, ihr zieht nach Berlin.«
»Das haben wir noch nicht entschieden.«
»Aber ihr wollt?«
»Ja.«
»Und Rosa?«
»Sie will nicht mit. Sie will zu dir ziehen.«
»Ja. Hat sie so gesagt.«
»Und?«
»Was und?«
»Ich wäre einverstanden.«
»Womit?«
»Dass sie zu dir zieht. Ich habe sie zehn Jahre gehabt. In den nächsten zehn Jahren kannst du dich gerne mal kümmern.«
»Das ist nicht dein Ernst.«
»Doch. Von mir aus sofort. Du bekommst das Kindergeld. Und Unterhalt. Genau wie jetzt. Nur andersrum.«
Georg wurde heiß. Was lief hier ab? Wo war Rosa überhaupt? Wieso kam die Kleine mit dem Typen nicht klar? So schlimm konnte der doch gar nicht sein.
»Du hast das Sorgerecht«, sagte Georg.
»Nein. Da irrst du. Wir haben das gemeinsame Sorgerecht. Wir haben bei der Scheidung nur festgelegt, dass Rosa bei mir wohnt und dass du sie alle zwei Wochen siehst. Das können wir jederzeit anders regeln.«
»Das geht mir alles zu schnell«, sagte Georg.
»Klar«, sagte Rita. »Ich habe ein paar Sachen von Rosa mitgebracht. Ich komme sie morgen Abend abholen. Und dann will ich eine Antwort. Mir wäre am liebsten, wenn die neue Regelung zum nächsten Monatsersten in Kraft tritt.«
»Und Rosa?«
»Sie ist einverstanden. Frag sie selbst.«
»Sie weiß doch gar nicht, was das für ihr Leben bedeutet.«
»Heißt das, du willst sie nicht?«
»Nein. Nein.«
»Dann also bis morgen.«
Rita stand auf und gönnte sich einen Abgang fast wie vorhin Ricarda. »Gib Rosa einen Kuss von mir.«

Georg sah sich in einem Hollywood-Film: »Plötzlich Vater«.
Das klang nach Komödie, warum fühlte er sich dann so schlecht?
Rosa spähte um die Ecke. »Ist sie weg?«
»Ja«, brummte Georg.
»Danke, Papa«, sagte Rosa und sprang auf seinen Schoß.
»Wofür?«
»Dass ich bleiben darf.«
»Das steht noch längst nicht fest.«

16

Am Mittag saß Georg erschöpft, aber glücklich ein zweites Mal in seinem kleinen Vorgarten. Unglaublich, was er in den paar Stunden alles erledigt hatte. Oder hatte ihn seine Tochter erledigt?
Als Erstes hatte er sich mit Frau Odenthal beraten. Sie hatte sich nicht nur sofort bereit erklärt, sich um Rosa zu kümmern, wenn er unterwegs war, sie hatte sogar das ehemalige Zimmer ihrer Tochter, die vor vielen Jahren ausgezogen war, als Rosas neues Kinderzimmer angeboten. Damit Georg auch mal seine Ruhe hätte.
»Herr Rubin, das kriegen wir schon hin. Vielleicht müssen Sie gar keine größere Wohnung suchen«, hatte Frau Odenthal ihn ermutigt.
Rosa hatte das Zimmer inspiziert, ein Große-Mädchen-Zimmer, und auch sie hatte sich mit der Lösung einverstanden erklärt. Tagsüber nach der Schule würde sie bei Frau Odenthal bleiben und wenn sie Lust hätte, auch nachts zum Schlafen. Wenn Georg zu Hause war, dann würde sie natürlich bei ihm sein.
Rosa und Georg hatten eine Stunde lang viele kleine Details besprochen. »Ich kann die Spülmaschine einräumen und anmachen«, hatte Rosa versichert. »Und ich kann sogar waschen.«
»Spülmaschine einräumen ist in Ordnung, waschen musst du nicht. Mir ist wichtig, dass du dich an unsere Abmachungen hältst. Wenn du sagst, dass du um sieben Uhr zu Hause bist, dann musst du um sieben Uhr hier sein. Oder auf jeden Fall anrufen, wo du bist. Hast du ein Handy?«
»Nein«, sagte Rosa. »Kein eigenes.«
»Dann bekommst du eins.«

»Cool.«

»Das ist kein Spielzeug. Das benutzt du nur, um Kontakt mit mir oder Frau Odenthal zu halten.«

»Trotzdem cool. Und außerdem solltest du eine Flatrate bestellen. Dann weißt du immer, was das Handy kostet.«

»Flatrate, was du alles weißt. Zwei Abende in der Woche will ich für mich haben«, sagte Georg. »Da mache ich, was ich will, und da gibt es keine Ausnahmen. Da wird nicht gequengelt und gebettelt.«

»Was ist mit den Wochenenden?«

»Gute Frage. Weiß ich noch nicht. Ich denke, an jedem zweiten Wochenende bist du bei deiner Mutter.«

»Und wenn die mich nicht will?«

»Die will dich schon. Werde ich für sorgen.«

Georg hatte Rosa aufgetragen, die Vereinbarungen aufzuschreiben. Das war die beste Idee des Tages gewesen, denn damit war sie fast zwei Stunden lang beschäftigt. Am Ende war ein richtiger Vertrag entstanden, den sie beide unterschrieben.

»Ab wann gilt der Vertrag?«, fragte Rosa.

»Ab Anfang nächsten Monats. Das ist in zehn Tagen. Bis dahin bist du bei deiner Mutter. Ich brauche Zeit, um noch einiges zu regeln, auch bei der Arbeit. Und du musst ja auch noch aussuchen, was alles mit dir umzieht und wo wir deine Sachen unterbringen.«

Auf was ließ er sich da gerade ein? Er wusste, dass Rosa ihren Teil des Vertrages jederzeit kündigen konnte und er sich trotzdem kümmern müsste. Aber er wollte es versuchen. Und er fühlte sich gut dabei.

Besonders gut fühlte er sich, als er Rita anrief und ihr mitteilte, dass alles geregelt sei. Rosa könne in zehn Tagen bei ihm einziehen. Rita blieb die Sprache weg. Endlich einmal.

Als Georg zurück in die Wohnung ging, hatte Rosa den Tisch gedeckt. »Ich hab Mittagessen gemacht.«

»Was gibt es denn?«

»Spaghetti mit Tomatensauce.«

»Cool«, sagte Georg.

Am Nachmittag fuhren Georg, Frau Odenthal und Rosa mit der U-Bahn zum Dom, um sich das Kirchenfenster von Gerhard Richter anzusehen. An sonnigen Tagen wie diesem tauchte das tausendfach farbig gebrochene Licht die grauen Mauern der Kathedrale in ein geheimnisvolles Feuerleuchten. Den Tag im Frühjahr vor drei Jahren, als Georg mit Rosa hier gestanden hatte und auf der Suche nach dem Richter-Code ein großes Stück weitergekommen war, würde er nie vergessen.

Während Rosa mit Frau Odenthal im Café Reichard auf Kuchenjagd ging, machte sich Georg auf den Weg ins Funkhaus am Wallrafplatz. Jürgen Dietmar hatte für sechzehn Uhr ein Studio besorgt. Menden stand bereits am Eingang.

»Was ist mit Ricarda?«, fragte Georg.

»Was soll mit ihr sein? Ich hab sie nach Hause gebracht. Wo genau sie wohnt, weiß ich gar nicht. Am Auerbachplatz in Sülz wollte sie aussteigen. Ich soll dich grüßen. Sie will sich melden, hat irgendetwas von CDs gesagt, die sie vergessen hätte.«

»Sie will sich melden?«

»Ja. Ich hab ihr deine Handynummer gegeben.«

»Wie aufmerksam.«

»Ich habe mich außerdem um den verschwundenen Soldaten gekümmert. Meine Kollegen haben tatsächlich jede Menge Spuren gefunden, unter anderem Hinweise auf eine stark betäubende Substanz, die nicht zu den Stoffen gehört, die normalerweise im Krankenhaus verwendet werden.«

Jürgen Dietmar erwartete sie im Foyer des Funkhauses. Sie nahmen nicht den Aufzug, sondern gingen zu Fuß die Treppen hinauf.

»Ich will den laufenden Betrieb nicht stören. Hier müsst ihr leise sein. Da vorne wird gerade die Sportsendung gefahren. Unser Studio liegt weiter hinten.«

Dietmar bat Georg und Menden in einen kleinen Raum, der mit Technik vollgestopft war.

»Ich habe das Material gesichtet und vorbereitet. Jeweils zehn Sekunden vor dem Attentat bis zwanzig Sekunden nach dem Attentat. Wir haben vier Kamerabilder und acht Tonspuren. Ziemlich viel Aufwand für einen solchen Anlass. Eins der Mikrofone stand direkt am Abfertigungsgebäude, also da, wo du dich während des Schusses aufgehalten hast, Georg. Wie sollen wir vorgehen? Erst mal das Video ansehen, wie es über den Sender gelaufen ist? Oder gleich mit der Einzelanalyse beginnen?«

»Habt ihr technische Analysemöglichkeiten?«, fragte Menden. »Ich meine, könnt ihr die Schallwellen sichtbar machen?«

»Können wir.« Dietmar präsentierte eine Batterie von Monitoren, auf denen nicht nur Standbilder der Videoaufnahmen zu sehen waren, sondern auch Grafiken mit Frequenzen, Phasen und Amplituden.

»Ich möchte als Einstieg gerne das Bild sehen und den Ton hören, wie sie ausgestrahlt wurden. So kann ich mich vielleicht am besten in die Situation zurückversetzen«, sagte Georg.

»In Ordnung«, sagte Dietmar. »Hier, eure Kopfhörer. Es geht los.«

Georg konzentrierte sich. Die Kanzlerin am Rednerpult. Der Schuss. Die Kamera wechselte auf Ingo Dahms, wie er zu Boden fiel. Geschrei. Dahms riss den Mann der Kanzlerin um. Chaos. Die Kanzlerin lief zum Verletzten. Ende des Videos.

»Ich hab nur einen Knall gehört«, sagte Menden.

Dietmar zeigte auf den Monitor mit den Schallwellen. »Hier, dieser Ausschlag, das ist der Knall. Und rechts daneben, seht ihr das, gibt es eine ähnliche Form in einer ähnlichen Frequenz. Das könnte der zweite Knall gewesen sein. Das hier ist die Stimme der Kanzlerin, hier kommt der Moderator. Stimmen kann man grafisch klar unterscheiden.«

»Wie groß ist der Abstand zwischen den beiden Darstellungen, die die Knalle abbilden?«, fragte Menden.

»Ich kann das größer ziehen. Ich schlage aber vor, dass wir erst einmal die einzelnen Tonspuren abhören. Da müssten die Hintergrundgeräusche deutlicher werden.«

Dietmar startete Mikrofon eins, das die Rede der Kanzlerin aufgenommen hatte. Barbara Jung sagte gerade: »Ich verneige mich vor ihnen. Deutschland verneigt sich vor ihnen.« Der Knall platzte genau in das »Deutsch« von Deutschland.

»Ich habe wieder keinen zweiten Knall gehört«, sagte Georg.

»Aber ich habe ihn wieder in der Grafik. Hier. Sogar deutlicher als vorhin. Wir sind deinem zweiten Knall auf der Spur. Wir werden ihn finden. Ich nehme mal Mikrofon sechs, das ist das, das nur die Hintergrundgeräusche am Abfertigungsgebäude aufgenommen hat.«

Dietmar startete das Band. »Noch drei Sekunden, noch zwei ...«

Georg hörte ein undefinierbares Rauschen. Ganz leise im Hintergrund sprach die Kanzlerin.

Wumm, da war's. Und da, noch einmal. Deutlich leiser. Aber hörbar. »Da. Das ist er«, rief Georg aufgeregt.

Dietmar hatte wieder das Schallwellenbild auf dem Monitor. »Kein Zweifel, hier kommt der zweite Knall. Der Schall ist aber nicht exakt derselbe wie Knall eins.«

»Muss er auch nicht«, sagte Menden. »Einmal verändert die Geschwindigkeit das Schallspektrum, außerdem könnte ein Schallverzerrer eingesetzt worden sein. Geschossknall und Mündungsknall sind immer verschieden. Der Geschossknall des G 22 breitet sich mit achthundertsechzig Metern pro Sekunde aus. Der Mündungsknall folgt dem Geschoss mit Schallgeschwindigkeit, also rund dreihundertdreiundvierzig Komma zwei vier Metern pro Sekunde bei zwanzig Grad Lufttemperatur. Bei dreiundzwanzig Grad Lufttemperatur steigt die Schallgeschwindigkeit auf dreihundertvierundfünfzig Komma eins sieben Meter. Nach den Auskünften, die ich bekommen habe, war es während des Attentats in Porz genau dreiundzwanzig Grad warm.«

»Wenn die Polizei nur immer so gründlich wäre«, sagte Dietmar.

»Wir brauchen also den Zeitabstand von Knall eins und Knall zwei und können daraus dann die Entfernung des Schusses berechnen?«, fragte Georg.

»So ist es«, sagte Menden.

Dietmar vergrößerte den Ausschnitt mit den beiden Knallen auf dem Bildschirm. »Hier unten seht ihr die Zeitleiste. Der Abstand beträgt, na ja, die Knalle streuen etwas ... Ich würde sagen, der zweite Knall kommt eins Komma fünf acht drei Sekunden nach dem ersten Knall. Jetzt seid ihr dran, Mathe war nicht mein Fach.«

»Meins auch nicht«, sagte Menden, »aber ich habe dafür eine App. Also, die Entfernung des Schützen bei eins Komma fünf acht drei Sekunden Abstand zwischen Geschossknall und Mündungsknall beträgt, jetzt mach schon, beträgt ... neunhundert bis neunhundertzwanzig Meter.«

»Das heißt«, rechnete Georg nach, »dass das Geschoss etwas mehr als eine Sekunde unterwegs gewesen sein müsste. Eine Wahnsinnsentfernung. Kann man aus so einer Distanz überhaupt treffen?«

»Mit einem G 22 ist das möglich«, sagte Menden.

»Ich habe eine Karte des Flughafens mitgebracht. Neunhundert Meter Entfernung. Wo kann der Schütze dann gewesen sein?« Georg nahm einen Zirkel und schlug einen Kreis von neunhundert Metern um den Ort, an dem Dahms getroffen worden war. »Siehst du, was ich sehe?«, fragte er Menden.

»Ja. Das Kasernengelände. Der Schütze kann nur von dort aus geschossen haben. Sonst gibt es weit und breit in dieser Entfernung kein Gebäude, das in Frage käme. Nur Heide und Rollfeld.«

»Das passt zu dem, was ich am Dienstag auf dem Rollfeld festgestellt habe. Also noch ein Hinweis auf die Bundeswehr«, sagte Georg.

»Ihr meint, ein Soldat hat auf die Kanzlerin geschossen?«, fragte Dietmar.

»Es gab Anzeichen dafür. Jetzt haben wir ein erstes Indiz für unsere Hypothese«, sagte Georg. »Wir können mit großer Wahrscheinlichkeit davon ausgehen, dass der Schuss vom Gelände der Bundeswehrkaserne aus abgegeben wurde. Wer geschossen hat, wissen wir natürlich nicht.«

»Doch«, sagte Menden. »Auch über den Schützen wissen wir jetzt etwas mehr.«

»Wie meinst du das?«

»Wenn der Täter aus über neunhundert Metern Entfernung geschossen und getroffen hat, mit einem G 22 – dann muss das ein absoluter Profi gewesen sein.«

»Klar«, sagte Georg. »Was soll daran neu sein?«

»Wenn das ein absoluter Profi war, dann hat er nicht danebengeschossen.«

»Ich verstehe dich nicht«, sagte Georg.

»Es bedeutet, dass Dahms kein Zufallsopfer war. Der Schütze hat nicht auf die Kanzlerin geschossen und Dahms nur versehentlich erwischt. Dahms wurde gezielt getötet. Ganz bewusst. Um ihn müssen wir uns kümmern, wenn wir den Fall lösen wollen.«

Man konnte fast hören, wie es Klick in den Gehirnen machte.

»Was wisst ihr über Dahms?«, fragte Dietmar schließlich.

»Nicht viel«, sagte Georg. »Die Presse, der BLITZ eingeschlossen, hat den Mann gar nicht richtig durchleuchtet. Ich habe nur ein paar Basisinformationen. Zweimal verheiratet. Wirtschaftswissenschaftler. Schatzmeister der Landes-Partei. Einer der fünf Wirtschaftsweisen. Dahms hatte trotz seiner einundfünfzig Jahre den größeren Teil seiner Karriere noch vor sich.«

»Jetzt nicht mehr«, sagte Menden.

»Nein. Jetzt nicht mehr. Aber wer könnte ein Interesse daran haben, einen Mann wie Dahms zu ermorden? Und das auf eine so spektakuläre Art und Weise? Hat die Polizei ihn überprüft?«

»Haben wir. Da ist nichts. Keine Vorstrafen. Aber wir sind nicht hart rangegangen. Dahms ist Opfer, nicht Täter. Ist ja auch nicht unser Fall, sondern der des BKA und des Bundesanwaltes. Die mögen es nicht, wenn man ihnen ins Handwerk pfuscht.«

»Dann machen wir uns unbeliebt«, sagte Georg. »Ich will es wissen. Wer war Ingo Dahms?«

Sonntag

17

»Meine Ex ist Kanzlerin. Prost, Babs!«
Es war das sechste Bier, das der Mann an der Theke »Bei Lena« am Hansaring leerte. Silvia, die junge Bedienung, stellte ihm das nächste frisch gezapfte Kölsch hin und machte den siebten Strich auf den Deckel. Sie hatte kein Problem mit Männern wie Jakob, die ihr ihr Herz ausschütteten. Meistens hörte sie gar nicht hin, aber was Jakob heute erzählte, war anders als das normale Thekengeschwätz.
Er leerte das Kölsch. »Ich bin fast vom Fahrersitz gefallen, als ich die Nachricht gehört habe. Ich war gerade mit meinem Taxi am Friesenplatz unterwegs, über den Ring und weiter Richtung Dom. Da musst du Gas geben, um nicht an jeder Ampel Rot zu sehen. Aber auch nicht zu viel Gas, sonst landest du beim Kuckelkorn im Sarglager.«
Er lachte laut auf, aber an diesem frühen Sonntagabend war niemand in der Kneipe, der mit ihm lachen wollte. Silvia hinter der Theke meditierte schweigend beim Spülen der Biergläser. Jakob schwieg die halbe Ewigkeit einer Minute mit, ehe er weitersprach.
»Wenn du viel Taxi fährst, dann machst du dir so deine Gedanken. Manchmal weiß ich gar nicht, ob ich das alles nur denke oder ob ich auch laut vor mich hinrede. WDR 5, ich höre immer WDR 5. Nachrichten. Da kam es. ›Die Kölnerin Barbara Jung ist vom Bundestag zur neuen Bundeskanzlerin gewählt worden.‹«
Er nahm wieder einen Schluck. »Ich hab erst gar nicht kapiert, was die da sagten. Barbara Jung. Als wir miteinander gingen, hieß sie noch Barbara Lommertz. Ist 'ne Ewigkeit her.«
Er starrte in sein Glas. »Zwei Jahre waren wir zusammen. Ich hab ihr sogar einen Heiratsantrag gemacht. Das muss 1983 gewesen sein, als das Pokalfinale ein Kölner Lokalderby war, FC gegen Fortuna, Litti hat das Tor geschossen.« Er kickte einen imaginären Ball unter dem Hocker weg. »Sie hat abgelehnt und dann diesen komischen Professor geheiratet. Hast du ihren Mann gesehen? Der war ja auf dem Flughafen, als dieser Dahms erschossen wurde. Der war damals auch dabei, in unserer Studentenzeit, meine ich. Aber der

studierte an der Wiso-Fakultät. Die Geldheinis konnte ich schon damals nicht leiden. Ich war ja an der Phil-Fak.«

Jakob leerte sein Glas, Silvia gab ihm ein frisch Gezapftes zurück, ein Strich mehr auf dem Deckel.

»Philosophie, Germanistik, Theaterwissenschaft. Eigentlich fühl ich mich heute noch als Student. Irgendwann mach ich das fertig.« Sein Blick hob sich, als suchte er irgendetwas an einem verborgenen Horizont, und kehrte schließlich an die Theke zurück. »Und Babs – also eigentlich Barbara Annemie Roswitha, nach ihren Patentanten, ich heiße Jakob, nur Jakob, Jakob Winter –, Babs nannte mich Jacques, sie liebte Frankreich, mir gefiel das auch besser als Köbes, wie meine Eltern mich genannt haben. Heute bin ich für die meisten der Jakob. Also, Babs jedenfalls war ja noch nicht Kanzlerin. Damals. Sie war Studentin. Medizin. Hat sich für Politik interessiert und fürs Studentenparlament kandidiert. Für den RCDS. Bei diesen Kohl-Jüngern lungerte auch dieser Dahms immer rum.«

Jakob fasste sich an den Hals, als wollte er eine Krawatte lockern, obwohl er keine trug. »Guck nicht so, ich weiß selbst, dass das ein ziemlich peinlicher Umgang war. Ich wollte Barbara nicht so viel allein lassen. Man muss für seine Liebe Kompromisse machen, sonst wird das nichts.«

Er hob das Glas, setzte an, stellte es wieder weg, als hätte ihn jemand ermahnt, nicht so viel zu trinken. »Später ist sie in der Partei gelandet. In der falschen. Politisch. Von mir aus gesehen. Ich bin eher so links. Aber die anderen sind ja inzwischen auch links. Manchmal. Irgendwie. Atomausstieg. Mindestlohn. Wehrpflicht abgeschafft. Obwohl: Ich weiß nicht, manchmal hab ich das Gefühl, bei denen passiert das eben so, irgendwie aus Versehen. Oder die tun das nur, um die Sozis zu ärgern.«

Silvia wurde durch einen anderen Gast abgelenkt, der an einem Tisch in der Kneipe saß und ein »Gedeck« bestellte. Jakob wartete, bis sie wieder hinter der Theke war.

»Wenn du vom Friesenplatz kommst, ist es gar nicht so einfach, einen Fahrgast vor dem Excelsior Hotel Ernst abzusetzen. Wenn ich direkt gegenüber halte, vor der Einfahrt zur Domgarage, was nicht erlaubt ist, muss mein Fahrgast zu Fuß über die Straße auf die andere Seite. Gefährlich. Fahre ich weiter durch, weiß ich nie, welche Baustelle da gerade im Weg liegt. Da kann es dir passieren, dass

du einmal quer durch die Altstadt geschickt wirst. Was machst du also? Richtig. Wenden, was ganz besonders streng verboten ist, und dann elegant vor dem Hotel in die reservierte Spur einlenken, wo die Livrierten warten. ›Herzlichen Glückwunsch‹, sagte mein Fahrgast, ein Asiate, eher Chinese als Japaner. – ›Wozu?‹, fragte ich. – ›Dass Köln jetzt eine Kanzlerin hat. Das wird der Stadt bestimmt großen Wohlstand bescheren. Und Ihnen auch.‹«
Jakob drehte sich um, als suchte er jemanden. »Ich wusste nicht, was ich antworten sollte. ›Siebzehn Euro achtzig‹, sagte ich nur und hab den Betrag auf eine Quittung geschrieben. Der Fahrgast gab mir einen Fünfzig-Euro-Schein und wollte kein Wechselgeld zurück. Es ging schon los mit dem Wohlstand. Aber denkste. Ich hatte die Kohle noch gar nicht verstaut, da rückte eine dieser überflüssigen Politessen an. Ich hätte ein verkehrswidriges Manöver begangen. Verkehrswidrig. Manöver. Wie im Krieg. Dreißig Euro hat mich das gekostet, aber als Taxifahrer bist du ja Freiwild. Wenn in Frankreich ein neuer Präsident ins Amt kommt, gibt es eine Knöllchen-Amnestie. Ob Babs das auch kann?« Jakob sah Silvia mit großen Augen an.
»Ganz bestimmt kann sie das. Man lässt alte Freunde doch nicht hängen. Aber nicht, wenn du betrunken in dein Taxi steigst. Gib mir den Schlüssel.«
Jakob reichte ihr den Autoschlüssel über die Theke, sie stellte ihm ein letztes Kölsch hin. »Für brave Jungs. Geht aufs Haus. Soll ich dir ein Taxi rufen?«
»Nein, die paar Meter gehe ich zu Fuß«, sagte Jakob, leerte das Kölsch und schwankte Richtung Tür.
Silvia nahm ihr Handy. »Georg, Silvia hier. Ich glaube, ich hab was für dich. Einer meiner Gäste erzählt, er hätte was mit der Kanzlerin gehabt.«

18

Als Ponk aufwachte, war es finsterste Nacht. Es war dunkler als dunkel. Es gab nicht den leisesten Anschein von Licht. Als läge er in einem Sarg. Oder in einer Höhle.
Und es war still. Totenstill. Er hörte nichts außer seinem Atem. Nein, da war noch ein Geräusch. Da war noch ein anderer Atem.

»Hallo?«, rief Ponk. Seine Stimme hallte von Wänden wider. Der Raum musste groß sein. »Hallo. Ist da jemand?«
Der andere Atem war schwach, aber gleichmäßig.
Ponk hatte Kopfschmerzen. Sein Mund war ausgetrocknet und schmeckte bitter. Jetzt ein Schluck Wasser.
Er wollte mit der rechten Hand das Lager abtasten, ob da irgendwo eine Tasse oder eine Flasche stand. Er konnte den Arm nicht heben. Gefesselt. Der linke Arm auch. Und die Beine.
Wo war er? Vielleicht war er tot. Vielleicht war das hier der Vorhof zur Hölle. Aber es war eine kalte Hölle.
Da, ein neues Geräusch. Ein Tropfen platschte auf seine Stirn. Er reckte den Kopf – konnte er den Mund unter das tropfende Wasser bekommen?
Zentimeterweise schob er sich nach oben. Ein Tropfen traf seine Nase. Noch ein Zentimeter. Er öffnete den Mund so weit, dass es schmerzte. Der nächste Tropfen landete in seiner Kehle. Gewonnen. Er würde nicht verdursten. Er würde leben.
Ponk zählte die Tropfen. Fünf. Zehn. Zwanzig. Das Nass tat so gut. Einundzwanzig. Die Tropfen fielen langsamer. Zweiundzwanzig. War die Erfrischung schon zu Ende? Hatte irgendjemand die Quelle versiegen lassen? Dreiundzwanzig.
Wenn er die Augen schloss, wurde es hell. Hinter dem geschlossenen Auge ist es nie völlig dunkel. Unscharfe Bilder, Streifen, Punkte, Schlieren zogen an ihm vorbei. Und eine kleine Staubwolke.
Er war nicht tot. Er fühlte sich kräftiger. Und er fühlte die alten Ängste. Er würde sich nicht unterkriegen lassen.
Der Atem des anderen in der Dunkelheit ging schneller. Er stöhnte. Wie im Fieberwahn. Ob der Mann krank war? War es überhaupt ein Mann?
Ponk hielt den Atem an und horchte in die schwarze Dunkelheit. Aber da war nur der Atem. Kein weiteres Geräusch. Nichts. Auch kein Tropfen mehr.
Der Pfeifton aus dem Nichts traf ihn wie eine Explosion. Irgendwo musste ein Lautsprecher sein. Übersteuert. Das Pfeifen hörte auf. Ein Knacken. Eine Stimme.
»Ponk. Wie fühlen Sie sich?«
»Sie sind es?«

»Was glauben Sie, wer ich bin?«
»Nummer eins.«
»Möglich.«
»Wo bin ich?«
»Im Fegefeuer. Ponk. Im Fegefeuer. Es liegt an Ihnen, ob Sie zurück ins Leben oder in die Hölle gehen.«
»Lassen Sie mich frei. Ich bin bei Bewusstsein. Ich bin gesund. Sie können mich losbinden.«
»So einfach ist das nicht.«
»Wieso?«
»Sie müssen sich das verdienen.«
»Warum?«
»Sie haben den Falschen erschossen, Ponk. Sie haben versagt.«
»Ich verstehe nicht.«
»Auf dem Flughafen.«
»Ja?«
Es gab nur noch ein letztes Knacken, dann war wieder Stille. Totenstille.
»Nein!«, schrie Ponk. »Nein. Lassen Sie mich raus. Bitte!«

19

Georg und Rosa hatten einen gemütlichen Vater-Tochter-Sonntag hinter sich. Schlafen bis neun, Frühstück bis zwölf, Mittagessen um vier, diesmal hatte Georg gekocht, dazwischen ein bisschen Federball und »Mensch ärgere dich nicht«. Georg war ein guter Verlierer; wenn seine Tochter gewann, freute er sich mit.

Rita dagegen war schlecht gelaunt, als sie mit einer halben Stunde Verspätung vorfuhr, um Rosa abzuholen. Sie hatte einen neuen Wagen, schwarz und groß, Hausfrauenpanzer mit Audi-Gesicht. Ihr Neuer war wahrscheinlich so ein richtiger SUV-Kopp.
»Was ist los?«, fragte Georg.
»Ach, lass mich. Ärger. Mein Freund macht mir Vorhaltungen, dass ich Rosa zu dir ziehen lasse. Ich wäre keine gute Mutter. Muss ausgerechnet der sagen.«
»Wenn du es dir noch mal überlegen willst ...«
»Nein. Will ich nicht«, sagte Rita.

»Und ich will auch nicht«, rief Rosa. »Du hast mit mir einen Vertrag.«
»Ja. Weiß ich. Aber man wird doch noch reden dürfen.«
»Das kenn ich. Nix da. Am Ersten zieh ich zu dir.«
»Dann habe ich nächstes Wochenende noch mal frei.«
»Ich bringe Rosa am Mittwochabend. Achtzehn Uhr, ist das in Ordnung?«, fragte Rita.
»Ich denke, dass ich meinen Fall bis dahin gelöst habe.«
»Welchen Fall?«, fragte Rita.
»Das Attentat vom Flughafen.«
»Und dann bekomme ich ein Handy«, sagte Rosa, was Ritas Laune nicht verbesserte.
»Bis übernächsten Mittwoch«, sagte sie und packte Rosa auf den Rücksitz.
»Aber dann bitte pünktlich«, sagte Georg. »Achtzehn Uhr.«
Rita rauschte mit quietschenden Reifen ab.

20

Georg fuhr zu »Lena«. Die Gaststätte war Kult in Köln. Früher eine Tag- und Nachtkneipe am Mediapark, in der man bis weit nach Mitternacht Gulaschsuppe und dicke Schnitzel serviert bekam, lag Lenas neuer Laden heute ein paar Meter vom alten Standort entfernt direkt am Hansaring.

Montags bis samstags war von elf Uhr morgens bis drei Uhr nachts geöffnet, sonntags machte Lena erst um achtzehn Uhr auf. In der alten Kneipe war der Betrieb noch bis vier Uhr morgens gelaufen, »aber mit bald siebzig darf ich ja wohl kürzer treten«, sagte Lena und keiner ihrer Stammkunden protestierte.

Zur Neueröffnung hatte es das Kölsch für einen Euro und die Suppe für zwei Euro gegeben. Die alte Lena war da, aber die Atmosphäre war nicht mehr dieselbe. Statt kleiner dunkler Kneipenscheiben, durch die kein Blick hindurchging, saß man jetzt bei Rundumverglasung wie im Schaufenster. Rauchen durfte man nur noch draußen vor der Tür. Immerhin gab es einen Bereich mit Außengastronomie.

Sonntagabend schien nicht die beste Zeit für den Laden zu sein.

»Was krieg ich für die Story?«, fragte Silvia, als sie Georg ein Kölsch hinstellte.

»Was ist sie deiner Meinung nach denn wert?«

»Wie wär's mit dem Foto auf Seite eins? Mit Make-up und allem Drum und Dran.« Silvia stellte sich in Positur und zeigte, was sie zu bieten hatte.

»Kein Problem. Aber du weißt, das geht nur oben ohne.«

»Auch kein Problem«, lachte Silvia. »Und es gibt fünfhundert Euro Honorar?«

»Ja. Das ist der Tarif. Das Geld kommt allerdings nur, wenn das Foto auch gedruckt wird.«

»Wer entscheidet das?«

»Letztendlich der Chefredakteur. Wenn er will. Sonst der Bildchef gemeinsam mit dem Nachrichtenchef.«

»Und du, hast du dabei gar nichts zu sagen?«

»Ich kann ein gutes Wort für dich einlegen.«

»Dann leg mal«, sagte Silvia und erzählte von Jakob Winter, dem Taxifahrer, und seiner verflossenen Liebe, der Kanzlerin.

»Kölner Taxifahrer: Meine Ex ist Kanzlerin!« – Das wäre keine schlechte Schlagzeile. Und zu Dahms konnte er auch noch etwas sagen. Georg musste Winter sprechen. Aber das würde kein Problem sein; er kannte jemanden vom Taxiruf. Er würde herausbekommen, wo Winter wohnte.

Georg stellte sein halbvolles Kölsch-Glas auf die Theke. »Danke, Silvia. Bis bald.«

»Hey, was ist mit den Fotos?«

»Ich sag dem Fotografen Bescheid. Der meldet sich.«

»Ich dachte, du wärst bei den Aufnahmen dabei. Oder gefalle ich dir nicht?«

»Doch. Klar gefällst du mir.«

»Und warum haust du dann jetzt so schnell ab?«

»Ich muss Winter finden.«

21

Jakob Winter wohnte in einem denkmalgeschützten Altbau in der Balthasarstraße im Agnesviertel. Georg stieg drei Stockwerke hoch, es gab keinen Aufzug. Winter stand im Bademantel in der Tür. Offensichtlich hatte er eben geduscht.

»Georg Rubin, vom BLITZ. Ich war gerade bei ›Lena‹. Silvia hat mir von Ihnen erzählt. Und von der Kanzlerin.«

Winter fuhr sich durch die nassen Haare. »Kommen Sie rein«, sagte er.

Hinter der Wohnungstür ging es direkt ins Wohnzimmer, dahinter lag die Küche, durch die man hindurchmusste, um das Schlafzimmer zu erreichen. Auch der Zugang zum Bad erfolgte von der Küche aus.

»Entschuldigen Sie die Unordnung«, sagte Winter und bot Georg einen Platz auf einem roten Sofa an.

»Welche Unordnung? Ich finde es hier sehr aufgeräumt«, sagte Georg.

»Ich hasse es, wenn so viele Zeitungen auf dem Boden rumfliegen«, sagte Winter und verschwand Richtung Bad.

Georg sammelte die Blätter auf. Frankfurter Allgemeine Sonntagszeitung. Welt am Sonntag. Bild am Sonntag. Die Süddeutsche vom Samstag. Der Mann war eine Leseratte. Die Sonntagsausgabe des BLITZ war nicht dabei.

Der Altbau war nicht sehr geräuschgedämmt. Der Holzfußboden knarrte, wenn man sich bewegte. Winter ließ das Wasser laufen und putzte sich die Zähne, auch diese Geräusche drangen fast ungefiltert durch die Wände.

Georg vertiefte sich in die Frankfurter. Das Attentat wurde auf sechs großformatigen Seiten nachbereitet. Am interessantesten war der Kommentar. Der Kollege stellte eine bemerkenswerte These auf: Der Anschlag habe die Position der jungen Kanzlerin gestärkt. Sie habe spontan und mitfühlend reagiert. Sie sei dem Opfer ohne Rücksicht auf ihr eigenes Leben zu Hilfe geeilt. Ein Volk, das eine solche Kanzlerin habe, müsse sich vor der nächsten Krise nicht fürchten.

Winter kam ins Zimmer zurück. Statt des Bademantels trug er blaue Jeans und ein weißes T-Shirt. In der Hand hielt er einen großen Becher mit Kaffee.

»Wollen Sie auch einen?«, fragte er.

»Nein danke«, sagte Georg.

»Ich brauch das, um wieder einen klaren Kopf zu bekommen.«

»Sie hatten acht Kölsch.«
»Acht Kölsch. Klingt viel. Für einen Bayern wären das gerade mal anderthalb Maß. Ich verkrafte das schon. Zu viel zum Taxifahren, zu wenig, um wirklich betrunken zu werden. Was kann ich für Sie tun?«
»Silvia hat mir erzählt, Sie wären ein alter Freund der Kanzlerin.«
»Ein alter Freund der Kanzlerin. Wie das klingt. Wie ich Silvia kenne, hat sie gesagt: ›Der hat die Kanzlerin gevögelt.‹«
»Nein, hat sie nicht. ›Der hatte was mit der Kanzlerin‹, das waren ihre Worte.«
»Wie vornehm.«
»Und? Hatten Sie was mit der Kanzlerin?«
»Nein.«
»Wie jetzt?«
»Ich hatte etwas mit einer Studentin namens Barbara Lommertz. Ist fast dreißig Jahre her. Dass sie mal Kanzlerin werden würde, wusste damals niemand.«
»Gut. Also. Sie hatten etwas mit Barbara Lommertz. Was habe ich mir darunter vorzustellen?«
»Haben Sie keine Phantasie?«
»Herr Winter, was soll die Rumrederei? Ich glaube, dass Sie eine Geschichte zu erzählen haben. Dann erzählen Sie.«
»Was ist da für mich drin?«
»Nichts. Außer dass Sie in die Zeitung kommen.«
»Keine Kohle?«
»Von mir nicht.«
»Ich könnte zur Konkurrenz gehen.«
»Ja.«
»Und?«
»Ich kann Sie nicht daran hindern. Aber ich weiß, dass es für Ihre Story keine bessere Zeitung als den BLITZ gibt. Stern. Bunte. Talkshows, alles andere kommt danach. Das liegt dann an Ihnen. Aber der Startschuss, der sollte im BLITZ fallen.«

Winter stand auf und verschwand in der Küche. Georg bekam mit, dass er weiter ins Schlafzimmer ging, er hörte das Quietschen eines Schrankes oder einer Kommode, dann kam Winter zurück.

»Hier.« Er hielt Georg zwei mit dunkelgrünem Kunstleder bezogene Fotoalben hin.

Georg schlug eines davon auf. Die Fotos waren klein, in verblassenden Farben, sehr sorgfältig mit Fotoecken eingeklebt und beschriftet.

»Sylt 1983«, las er. Eine junge Frau, schlank, für heutige Verhältnisse etwas groß geschnittener roter Bikini, stand am Strand, die Haare wehten im Wind.

»Das ist sie«, sagte Winter.

»Schönes Foto. Die Frau sieht gut aus. Sexy.«

»Sie war zwanzig, ich war zweiundzwanzig«, sagte Winter.

Georg blätterte ein paar Seiten weiter.

»Halt«, rief Winter. »Wie finden Sie das hier?«

Georg schaute zweimal hin. Barbara Jung, damals noch Lommertz. Oben ohne. Von der Seite aufgenommen. Im Gegenlicht vor der untergehenden Sonne. Die Brustwarzen waren aufgerichtet. Das Foto hatte fast Playboy-Qualität.

»Haben Sie noch mehr davon?«, fragte Georg.

»Klar«, sagte Winter und zeigte Georg das nächste Bild. Barbara oben ohne beim Federballspielen am Strand.

»Wer ist der Mann, mit dem sie da spielt?«, fragte Georg.

»Das ist Ingo. Ingo Dahms. Der hatte das Haus auf Sylt und uns eingeladen. Haben wir natürlich angenommen.« Winter blätterte weiter. »Hier. Das ist das Haus, in dem wir damals waren.« Das Foto zeigte drei Männer.

»Der mit der Gitarre, das bin ich«, sagte Winter. »Das ist Ingo. Und das«, er zeigte auf einen deutlich älteren Mann, der seinen Arm auf Dahms' Schulter gelegt hatte, »das ist Roger. Damals hat es angefangen.«

»Roger? Sie meinen Roger Jung?«

»Genau. Der geile Professor.«

»Roger Jung und Dahms kannten sich privat? Schon vor der Hochzeit mit Barbara?«

»Jung war Dahms' Doktorvater. Der Alte war richtig jeck auf Ingo. Sehen Sie ja auf dem Foto. Aber rangemacht hat er sich dann an meine Freundin. Damals, auf Sylt, waren wir nämlich noch ganz offiziell und fest zusammen. Wir hatten sogar eine gemeinsame Wohnung. Nichts Großartiges. Zwei Zimmer, Küche, Diele, Bad. In Bickendorf.«

»Der Professor hat Ihnen die Freundin ausgespannt?«

»Kann man so sagen, ja. Nach dem Sylt-Urlaub hab ich ihr einen Heiratsantrag gemacht. Sie hat Nein gesagt. Sie wäre noch nicht so weit. Ein paar Wochen später ist sie ausgezogen. Noch im selben Jahr ist sie die Frau des Herrn Professor geworden. Verstehen Sie? Sie hat mich belogen. Sitzen lassen. Ich war vielleicht sauer. Sie hat mich dann zur Hochzeit eingeladen. Erst wollte ich nicht hingehen. Bin dann aber doch. Der Herr Professor hatte die halbe Stadt eingeladen.«

Auch auf den Hochzeitsfotos sah Barbara großartig aus. Winter hatte sie in allen möglichen Posen geschossen. Ihr Mann kam nur einmal vor und das verwackelt. »Das Bild habe ich nur behalten, weil ich da selbst drauf bin. Sehen Sie, hier, hinter Jung. Dahms hat das Foto gemacht. Aber der war betrunken.«

Winter blätterte weiter. »Hier. Das ist das Hochzeitsgeschenk von Jung an Barbara.«

Das Foto zeigte die Braut im weißen Hochzeitskleid vor einem knallroten Flitzer, einem Alfa Spider.

»Barbara stand schon immer auf Autos und auf alles, was aus Frankreich kam. Da lag ich mit meinem 2CV gut im Rennen. Dachte ich. Bis der Professor mit diesem roten Teil aus Italien auftauchte, das locker dreimal so schnell fuhr wie meine Ente. Der hatte einfach mehr Kohle als ich. Viel mehr Kohle. Frauen mögen so was. Na ja. Ist lange her.« Winter vertiefte sich in die Fotos.

»Wissen Sie, was komisch ist?«, fragte er nach einer Weile. »Wenn ich mir diese Bilder ansehe, dann meine ich, wir wären kein schlechtes Paar gewesen. Gut. Ist anders gekommen. Ich fand nicht, dass sie glücklich aussah. Am Dienstag. Am Flughafen.«

»Nein. Natürlich nicht. Aber es war ja auch ein ernster Anlass. Und dann noch die Schüsse. Der Tod von Dahms.«

»Arme Babs. Irgendein Irrer kann überall lauern. Um Ingo habe ich nicht getrauert. Ich mochte ihn nicht. Er war es, der Barbara und mich auseinandergebracht hat. Ohne den Sylt-Urlaub wäre alles anders gekommen. Jetzt ist er tot. Um seine Witwe tut's mir leid.«

»Sie kennen Frau Meyer-Dahms?«

»Ja. Ich hab sie oft gefahren. Dahms wusste, dass ich Taxifahrer bin. Wahrscheinlich fand er sich toll, wenn er mich immer wieder orderte. Vor Gästen nannte er mich schon mal ›seinen Taxifahrer«. Den Professor und Barbara habe ich auch manchmal gefahren. Köln ist ja ein Dorf. So gesehen. Aber nicht so oft wie den Dahms. Und seine Frau. Meistens ins Museum Ludwig. Sie hat sich im Café Ludwig mit Kunstmenschen getroffen. Also, ich meine, schon echte Menschen, Menschen, die sich für Kunst interessieren. Sie ist ja Kunsthändlerin. Sie rief mich an, wenn ich sie abholen sollte, ich hab dann in dem Tunnel zwischen Dom und Hauptbahnhof gewartet, und sie kam immer mit dem Lastenaufzug aus dem Museumscafé runter. Der ist sonst für Personenfahrten verboten. Für sie nicht. Beziehungen muss man haben. Ist alles kölscher Klüngel. Auch dass Dahms zu einem der fünf Weisen ernannt worden ist. Alles Klüngel. Hat er nichts mehr von.«

»Vielleicht ist das ja der Grund für die Schüsse auf ihn. Dass die Klüngelei nicht rauskommen sollte.«

»Die Schüsse galten doch der Kanzlerin.«

»Sagt man. Vielleicht war es ja anders.« Georg blätterte in dem Album. »Ich würde die Geschichte über Sie und die Kanzlerin gerne bringen. Darf ich mir ein paar Fotos ausleihen? Das im Bikini. Die beiden Oben-ohne-Bilder. Das Bild mit Ihnen, Dahms und Jung auf Sylt. Ein Hochzeitsfoto. Das Bild mit dem roten Sportwagen.«

»Nein. Kommt überhaupt nicht in Frage. Die Fotos bleiben hier. Das sind meine Bilder.«

»Klar sind das Ihre Bilder. Aber für die Story. Für die Zeitung.«

»Nein.«

»Darf ich denn wenigstens Fotos von den Fotos machen?«

»Meinetwegen. Aber die Fotos packen Sie nicht an. Die bleiben im Album. So wie sie sind.«

Georg holte seine Kamera aus dem Jackett und fotografierte sorgfältig die Seiten der Alben ab. Mit ein bisschen Nachbearbeitung in der Redaktion würde er sie schon druckreif bekommen. Und dass sie in diesem alten Album steckten, dass man die Fotoecken und die Beschriftungen sah, machte sie noch authentischer.

»So. Jetzt reicht's aber«, sagte Winter. »Brauchen Sie noch etwas von mir?«

»Ich denke, aus dem, was Sie mir erzählt haben, kann ich schon etwas Ordentliches zusammenschreiben. Wenn ich Fragen habe, dann melde ich mich noch einmal bei Ihnen.«

»Auf jeden Fall. Ich bestehe darauf, dass Sie mir den Artikel vorlesen, bevor er gedruckt wird.«

»Das machen wir eigentlich nie.«

»Ist mir egal. Ich bestehe darauf. Ohne meine Genehmigung dürfen Sie keinen Buchstaben drucken. Und die Genehmigung bekommen Sie erst, wenn ich weiß, was ich überhaupt genehmigen soll.«

»Sie sind ein ziemlicher Sturkopf, was?«

»Nein. Ich bin nur vorsichtig. Woher weiß ich denn, wer Sie sind? Wieso habe ich Sie überhaupt reingelassen? Weil irgendeine Kneipenbedienung Sie geschickt hat.«

»Silvia. Die ist doch sehr in Ordnung.«

»Ja. Nichts gegen Silvia. Ich glaube Ihnen ja sogar Ihre Story. Aber ich sehe auch das Glitzern in Ihren Augen. Und da will ich dabei sein. Nicht einfach abgehängt.«

»Passen Sie auf, Winter. Wir machen einen Deal. Wenn das wirklich eine große Story wird, dann sind Sie mit dabei. Ihre Aussage. Ihre Fotos. Schließlich haben Sie mich auf die enge Verbindung zwischen Dahms und der Kanzlerin gebracht. Egal, was danach kommt, Buch, Fernsehen, keine Ahnung, ich bring Sie da mit rein. Da kann dann auch Kohle fließen. Im Gegenzug geben Sie mir die Story exklusiv. Reden mit niemandem sonst darüber. Auch nicht mehr mit Silvia oder sonst wem an der Theke.«

»Was ist mit einem Vorschuss?«

»Keine Kohle. Jetzt nicht.«

»Dann mache ich nicht mit.«

»Zweihundert«, sagte Georg, nachdem er den Inhalt seines Portemonnaies gesichtet hatte.

»Tausend«, sagte Winter. »Ich weiß, wo der nächste Bankautomat ist.«

»Tausend«, sagte Georg. Er spürte, dass er Winter rumkriegen würde. »Aber nur, wenn ich die beiden Fotoalben mitnehmen darf. Zur Sicherheit.«

»Aber nur gegen Quittung.«

»Na klar gegen Quittung. Meinen Sie, ich gebe Ihnen tausend Euro ohne Quittung?«

»Also dann«, sagte Winter, steckte die beiden Fotoalben in eine Tüte und bat Georg zur Tür.

Georg setzte sich in Bewegung, ehe Winter es sich anders überlegte. Er hatte die Alben mit den Fotos der Kanzlerin. Mit Dahms. Mit Roger Jung. Und er hatte die Kanzlerin. Nackt.

Montag

22

Georg arbeitete die Nacht durch. Jedes einzelne Foto aus Winters Alben scannte er ein und versah die Dateien mit den nötigen Informationen. Am Ende hatte er einhundertdreiundzwanzig Fotos digital archiviert; ein Dutzend Aufnahmen hatte er besonders markiert, weil er sie für seine Recherchen und die Veröffentlichung nutzen wollte.

Um dreifach sicherzugehen, speicherte er alle gescannten Fotos nicht nur auf seinem Computer, sondern auch auf einem USB-Stick und schickte sie zusätzlich auf seinen Dropbox-Speicherplatz im Netz.

Er loggte sich ins Archiv des Verlages ein. »Suche alles über Ingo Dahms und Helena Meyer-Dahms«. Während er auf die Antwort wartete, fahndete er im Internet nach Informationen.

Wie könnte er mit Helena Meyer-Dahms in Kontakt treten? Sollte er einfach anrufen? Sicher nicht um diese frühe Uhrzeit.

Auf dem Bildschirm erschienen die Artikel aus dem Zeitungsarchiv, alles, was im BLITZ und in der Schwesterzeitung Kurier über das Ehepaar Dahms gedruckt worden war.

Über Ingo Dahms erfuhr er nicht viel Neues, dafür waren die Informationen über Helena Meyer-Dahms aufschlussreich. Sie war nicht nur »die Frau an seiner Seite«, sie hatte ihre eigene Welt, ihre eigenen Auftritte.

In der Sankt-Apern-Straße führte sie eine kleine Kunstgalerie, spezialisiert auf moderne chinesische Maler. Ihre Hauptbetätigung war allerdings nicht der Verkauf von Bildern, sondern die Kunstberatung großer Unternehmen. Welche Kunstwerke sollten das Vorstandsbüro schmücken? Welche Plastiken würden in welches Firmenfoyer am besten passen? Bei diesen Geschäften kamen ihr vermutlich die Kontakte ihres Mannes zugute.

Ob sie schon wieder arbeitete? Sollte er sie einfach in der Galerie besuchen? Was sollte er sagen? Dass er glaubte, ihr Mann sei gezielt getötet worden? Dass er wusste, dass der Mann der Kanzlerin der Doktorvater ihres Mannes war? Dass es verdächtig nach kölschem Klüngel roch, dass ihr Mann von der Bundesregierung zu einem der fünf Wirtschaftsweisen berufen worden war?

War so ein bisschen Klüngel Rechtfertigung genug, den Toten in die Öffentlichkeit zu ziehen? Müsste er nicht alles daran setzen, den Mörder zu finden, anstatt dem Opfer nachzuspionieren?

Er sah sich die Fotos von Helena Meyer-Dahms an. Eine bemerkenswerte Frau. Eine schöne Frau, nicht lieblich schön, eher herb schön.

Er dachte an Ricarda. Was sie wohl gerade machte?

Georg checkte seine Facebook-Seite. Er hatte tausendzweihundertzwanzig »Freunde« in diesem sozialen Netzwerk, von denen er etwa ein Drittel persönlich kannte. Ob Helena Meyer-Dahms auf Facebook war?

Er schrieb »Helena« in das Facebook-Suchfeld, und noch während er tippte, wurden ihm erste Vorschläge geliefert. Ganz oben erschien der Hinweis zu einer Band, ganz unten gab es einen Link zu einer Helena Meyer in Köln.

Er klickte den Link zu ihrem Profil an, bekam aber keine weiteren Informationen zu sehen. Diese Helena Meyer hatte alle persönlichen Daten für Fremde gesperrt.

Georg schickte ihr eine Freundschaftsanfrage, ohne mit einer positiven Antwort zu rechnen.

War Ricarda Pereyra auch auf Facebook? Ja, und sie war viel großzügiger mit ihren Informationen; Pinnwand und Fotos waren für jedermann einsehbar. Ihr letzter Eintrag stammte vom Sonntagmittag. »Köln hat sehr interessante Männer«, hatte sie geschrieben. Ob er damit gemeint war?

Ricarda nutzte Facebook, um für ihre Kurse als Tangolehrerin zu werben. Auch ihr schickte er eine Freundschaftsanfrage.

In der Facebook-Kopfleiste erschien ein Hinweis auf eine neue Nachricht: »Helena Meyer hat deine Freundschaftsanfrage bestätigt. An Helenas Pinnwand schreiben.«

Georg war baff. Diese Helena Meyer saß wie er nachts am Computer. War das die Helena Meyer-Dahms, die er suchte? Tatsächlich. Das große Foto ihrer Profilseite zeigte eine Ansicht der Galerie. Als Porträtfoto hatte sie einen Ausschnitt aus Edvard Munchs »Der Schrei« ausgewählt. Das berühmte Bild zeigte eine schreiende, die Hände an den Kopf haltende Figur auf einem Pier, im Hintergrund waren Spaziergänger und Boote auf dem Wasser zu sehen. Hatte Helena das Bild bewusst gewählt, um ihrer Trauer Ausdruck zu verleihen? Oder war es mehr ein berufliches Statement? Eine der vier Versionen des Bildes, die der norwegische Künstler gemalt hatte, war vor ein paar Monaten für hundertzwanzig Millionen Dollar versteigert worden.

Georg blätterte ein wenig durch die Seite von Helena Meyer-Dahms. Sie gab nicht viel über sich preis. Das Profil-Foto hatte sie vor drei Tagen ausgetauscht, wohl eine Reaktion auf den Tod ihres Mannes. Sogar den »Beziehungsstatus« hatte sie schon auf »verwitwet« geändert.

Georg schickte ihr eine persönliche Nachricht: »Sehr geehrte Frau Meyer-Dahms, ich bin Chefreporter des BLITZ und recherchiere den Tod Ihres Mannes. Ich würde gerne mit Ihnen sprechen. Wie kann ich Sie treffen? Mit freundlichen Grüßen, Georg Rubin«.

23

»Aufstehen, Ponk. Ihre Stunde hat geschlagen«, befahl die Lautsprecherstimme.

Wie sollte er aufstehen, wo er doch gefesselt war?

Scheinwerfer flammten auf, aus der tiefdunklen Nacht wurde gleißend heller Tag. Die Wände waren weiß gefliest wie in einer Schlachterei. Der Raum war kahl. Ponk lag in einer Art Krankenbett aus Metall.

Er versuchte sich aufzurichten – und es gelang ihm. Er war nicht mehr gefesselt. Er war frei.

Wie er vermutet hatte, war er nicht allein in diesem Raum. Gut sechs Meter entfernt stand ein weiteres Bett.

Ponks Arme und Beine schmerzten, als er aufstand. Langsam schleppte er sich in Richtung des anderen Bettes. Erst jetzt merkte er, dass er nackt war. Wo waren seine Kleider? Wo war er überhaupt?

In dem anderen Bett lag eine Frau. Sie war gefesselt, wie er gefesselt gewesen war. Sie schien zu schlafen. Oder war sie bewusstlos? Tot?

Er hob die Bettdecke leicht an. Auch die Frau war nackt. Er deckte sie zu und ging zurück zu seinem Bett.

In einer Ecke des weißen Raumes sah er eine Toilette und eine Dusche. Als er unter dem Wasserstrahl stand, schien die Frau aufzuwachen. Ponk hatte das Gefühl, als würde sie ihren Kopf leicht in seine Richtung drehen.

Auf einem Plastikstuhl neben der Dusche lag ein Handtuch. Ponk wickelte es sich um die Hüften und ging zurück ans Lager der gefesselten Frau.

Sie sah ihn verängstigt an, war aber anscheinend zu schwach, um etwas zu sagen.

Ponk überprüfte ihre Fesseln. Ihre Hände und Füße waren angekettet, da musste schon derjenige mit dem Schlüssel kommen, um sie zu befreien. Aber war er nicht auch befreit worden?

Die Stimme aus dem Lautsprecher meldete sich wieder. »Ponk. Nur Mut. Seien Sie nicht so schüchtern. Oder mögen Sie keine Frauen?«

Nein, das war nicht die Stimme von Nummer eins. Was wollte diese schmierige Stimme von ihm?

»Wo sind meine Sachen?«, fragte Ponk. »Ich will mich anziehen.«

»So einfach ist das nicht«, sagte die Stimme, wie sie es schon einmal getan hatte. »Sie müssen sich das erst verdienen. Sie haben versagt. Sie haben den Falschen erschossen.«

»Hören Sie auf damit.«

»Nein. Sie hören mir zu. Wie hieß der Befehl? Der Mann links neben der Kanzlerin. Wer war das, der Mann links neben der Kanzlerin? Wer stand links neben der Kanzlerin?«

Was wollte diese Stimme nur von ihm. Wer stand links neben der Kanzlerin? Links neben der Kanzlerin?

»Da war ein Gedränge. Erst stand da der Verteidigungsminister, dann Herr Jung, dann der Mann mit der bunten Krawatte. Er stand da, als Sie Ihren Befehl erteilt haben.«

»Sie haben einen Unschuldigen erschossen, Ponk. Sie sind ein Versager.«

»Sie meinen, ich hätte den Verteidigungsminister ...?«

»Das spielt jetzt keine Rolle mehr für Sie. Für uns sind Sie nicht weiter von Nutzen, Ponk. Das werden Sie verstehen.«

Mit einem Knack verschwand die Stimme. Ponk fröstelte. Hatte er wirklich den falschen Mann erschossen? Hätte er den Verteidigungsminister erschießen sollen?

Er wollte raus. Er untersuchte die gekachelten Wände. Irgendwo musste eine Tür sein. Er fand nichts, nicht die kleinste Ritze. Plötzlich ging das Licht wieder aus. Totale Finsternis. Ponk taumelte. Stieß gegen das Bett der gefesselten Frau. Er stürzte und krabbelte auf allen vieren weiter. Endlich fand er sein Bett und legte sich hinein.

Die Frau im anderen Bett atmete unruhig und laut. Wer mochte sie sein? Wie war sie hierhergekommen? Wie war er hierhergekommen?

Über sich nahm er mit einem Mal einen Lichtspalt wahr. Hoch in der Decke öffnete sich eine Luke, eine Leiter entfaltete sich, zwei uniformierte Gestalten stiegen herab.

Das Licht im weißen Kachelsaal ging wieder an, und Ponk sah, dass es ein Mann und eine Frau waren. Die Frau trat an das andere Bett heran. »Soll ich sie losbinden?«, fragte sie.

»Das muss Ponk entscheiden«, sagte der Soldat.

»Wieso ich?«, fragte Ponk.

»Weil das so befohlen ist«, sagte der Soldat.

»Was ist befohlen?«, fragte Ponk.

»Dass Sie über das Schicksal der Gefangenen entscheiden.«

»Dann bindet sie endlich los.«

»Ihnen ist bewusst, dass das Ihre Aufgabe erschweren wird?«

»Welche Aufgabe?«

»Sie zu töten.«

»Das mache ich auf keinen Fall!«

»Um Ihren Fehler wiedergutzumachen, werden Sie das tun müssen.«

»Sie ist eine Frau. Und wehrlos.«

»Es ist ein Befehl.«

»Warum soll ich sie töten?«

»Sie hat einen Fehler gemacht. So wie Sie.«

»Und wenn ich sie nicht töte?«

»Dann wird sie Sie töten.«

»Niemals.«

»Wir würden Sie wieder fesseln. Sie wären wehrlos. Und sie würde Sie töten. Weil es ihre einzige Chance ist, hier rauszukommen.

So wie es Ihre einzige Chance ist, hier rauszukommen, wenn Sie sie töten.«

»Nein, niemals. Hören Sie endlich auf!« Es sollte ein Aufschrei werden, aber Ponks Stimme war schwach.

»Wie Sie wünschen. Dann binden wir sie also nicht los.«

»Das habe ich nicht gemeint.«

»Sie haben Nein gesagt.«

»Weil ich sie nicht töten werde.«

»Also sollen wir sie losbinden?«

»Ja. Binden Sie sie endlich los.«

Die Soldatin machte sich am Bett der Frau zu schaffen, schloss tatsächlich die Hand- und Fußketten auf. Die Gefangene war zu erschöpft, um sich aufzurichten.

»Sie weiß noch nicht, dass sie Sie töten muss«, sagte der Soldat. »Sie bekommen eine halbe Stunde Zeit. Hier ist ein Hammer. Damit Sie sie nicht erwürgen müssen.«

»Ich werde nichts tun.«

»Wir werden sehen, Ponk. Wir werden sehen.«

Die beiden stiegen wieder nach oben, die Leiter wurde hochgezogen, die Klappe schloss sich, das Licht erlosch. Ponk und die Frau blieben allein zurück.

Der Hammer, ein schweres Werkzeug mit eisernem Kopf und einem Stiel aus Holz, lag neben seiner rechten Hand. Nein. Er würde nicht zum Mörder dieser Frau werden. Ganz bestimmt nicht. Aber er könnte den Hammer als Waffe gegen seine Peiniger einsetzen.

Vom Nachbarbett kam ein Seufzer. Ponk hörte eine schwache Stimme.

»Wer sind Sie?«

»Ich bin Ponk, Marcel Ponk. Stabsunteroffizier.«

»Ich weiß nicht, wer ich bin. Es ist ... zu viel passiert«, sagte die Frauenstimme.

»Sie sind frei«, sagte Ponk, »Ihre Fesseln sind gelöst.«

»Danke«, sagte die Frau, »aber ich glaube nicht, dass ich frei bin. Dass wir frei sind.«

Ein Scheinwerfer richtete sein Licht auf das Bett der Frau. Der Lautsprecher pfiff und knackte, eine Frauenstimme ertönte.

»Wie geht es Ihnen?«, fragte die Stimme kalt.

Ponk rief: »Lassen Sie uns endlich raus.«
»Ponk. Sie sind nicht gemeint. Sie haben Ihre Chance gehabt und nicht genutzt. Ich rede nicht mit Ihnen. Ich rede mit Frau Nummer acht.«
Die Frau auf dem Bett sagte: »Meinen Sie mich?«
»Ja. Frau Nummer acht.«
»Es geht mir nicht gut. Ich bin müde. Und schwach.«
»Bald wird es Ihnen besser gehen.«
»Warum bin ich hier?«
»Das wissen Sie doch. Sie haben ihn erkannt. Und Sie haben das auch noch verraten. Das ist zu gefährlich.«
»Er hat mich vergewaltigt.«
»Alle haben Sie vergewaltigt.«
»Aber er hat es befohlen. Ich hasse ihn.«
»Sie bekennen sich also schuldig?«
»Wessen?«
»Ihn zu hassen.«
»Ja. Aber das ist doch nicht meine Schuld.«
»Schuldig ist schuldig.«
»Er ist ein Schwein.«
»Wären Sie bereit zu töten?«
»Ja.«
»Dann tun Sie es.«
»Was?«
»Töten.«
»Wen?«
»Den Mann, der bei Ihnen ist.«
»Warum?«
»Er hat Sie vergewaltigt.«
»Aber nein, das ist nicht wahr! Ich war es nicht. Ich habe sie nicht vergewaltigt!«, schrie Ponk.
»Ponk. Seien Sie endlich still und hören Sie auf zu leugnen. Sie sind schuldig. Sie werden Ihre Strafe bekommen.«
»Ich glaube nicht, dass er mich vergewaltigt hat. Ich erkenne ihn nicht wieder«, sagte Frau Nummer acht.
»Da, da hören Sie es«, rief Ponk.
Ein Scheinwerfer richtete sich auf sein Bett, von irgendwoher kam ein kleiner Pfeil geflogen und traf ihn am linken Oberarm.

»Wir geben Ihnen eine kleine Beruhigungsspritze«, sagte die kalte Frauenstimme.
Ponk spürte einen brennenden Schmerz. Der Arm erlahmte sekundenschnell.
»Frau Nummer acht. Es liegt hier ein Gesuch vor, Sie zu begnadigen. Unter einer Bedingung.«
»Welche Bedingung?«
»Sie müssen den Mann, der bei Ihnen ist, töten. Wir haben den strikten Befehl, dass nur einer von Ihnen beiden begnadigt werden kann. Er wollte Sie nicht töten. Also müssen Sie ihn töten. Denken Sie daran. Er hat Sie vergewaltigt.«
»Habe ich nicht!«, schrie Ponk.
»Ich bin schwach. Ich kann ihn nicht töten. Ich will ihn nicht töten. Ich habe noch nie getötet.«
»Es ist Ihre freie Entscheidung. Er oder Sie. Oder Sie bleiben beide für immer dort unten. Sie haben die Wahl.«
Der weiße Raum versank wieder in Dunkelheit und Stille. Ponk fühlte den Hammer in seiner rechten Hand. Die Lähmung betraf nur seine linke Körperhälfte. Er würde sich wehren können, falls diese Frau über ihn herfiel. Aber warum sollte sie? Er hatte sie nicht vergewaltigt. Doch spielte das eine Rolle? Waren sie nur Marionetten in der Hand eines Irren? Das konnte nicht Nummer eins sein. Und wer war Frau Nummer acht?

24

Georg war müde und aufgedreht zugleich, als er in der Redaktion erschien. In den fünf Dutzend E-Mails, die sich übers Wochenende in seinem Postfach gesammelt hatten, fand er eine Notiz seines Chefredakteurs: »Mit dem Verleger ist alles klar. Wenn du bis Freitag zusagst, hast du den Job.«
Die meisten Nachrichten waren Spam, Werbemüll, der ihm gigantische Vermögen oder unermessliche Manneskraft verhieß und den Georg ungelesen im virtuellen Papierkorb versenkte.
Aber es gab auch eine Meldung, die ihn interessierte, Absender war die HMD-Galerie, Helena Meyer-Dahms. Sie schrieb: »Sehr geehrter Herr Rubin, ich würde mich freuen, Sie heute Nachmittag

um fünfzehn Uhr in meiner Galerie empfangen zu können. Mit freundlichen Grüßen ...«

Die Dame drückte sich gewählt aus. Sogar in E-Mails. Georg spürte die Erregung, die ihn immer dann ergriff, wenn er vor einer wichtigen Entscheidung oder Begegnung stand.

Helena Meyer-Dahms trug ein kleines Schwarzes. Außer ihr gab es keine weiteren Angestellten in der Galerie.

»Darf ich Ihnen etwas zu trinken anbieten?«, fragte sie mit angenehmer tiefer Stimme.

»Gerne. Cappuccino?«

Sie verschwand hinter einer weißen Wand, die vermutlich den Küchenbereich vom Rest der Galerie abtrennte.

Kern der Galerie war ein sehr großer Raum, der komplett weiß gestrichen und durch Stellwände gegliedert war. Im Nachbarraum sah Georg eine große Skulptur aus einem Dutzend kreisförmig ineinander verschraubter Fahrräder.

»Interessieren Sie sich für Kunst?«, fragte Helena Meyer-Dahms, als sie mit dem Cappuccino zurückkehrte. Auch das Geschirr war weiß, ebenso die Ledergarnitur und der Tisch, auf dem sie servierte; sogar der Fußboden war weiß.

»Ja«, sagte Georg, »ich interessiere mich für Kunst, aber ich verstehe nichts davon.«

»Die Fahrräder sind von Ai Weiwei.«

»Dem Ai Weiwei aus den Nachrichten?«

Sie nickte.

Den kannte sogar Georg. Chinas populärster Dissident, der in großem Umfang Steuern hinterzogen haben sollte. Aber das waren vermutlich vorgeschobene Anschuldigungen, um ihn einzuschüchtern.

»Sie wollten mich sprechen«, sagte Helena Meyer-Dahms.

»Ja.« Georg setzte sich in einen der weißen Ledersessel. Er hatte Kopien der alten Fotos mitgebracht, die Barbara Jung, geborene Lommertz, die heutige Kanzlerin, als Studentin mit Ingo Dahms zeigten. Auch Fotos von Dahms und Roger Jung waren dabei.

Helena Meyer-Dahms betrachtete die Aufnahmen interessiert, sagte aber nichts.

»Erkennen Sie jemanden auf den Fotos?«, fragte Georg.

»Ja, sicher. Das ist mein Mann. Daneben steht Professor Jung. Das ist Barbara Jung. Mein Mann und Frau Jung kannten sich seit der Uni.«

»Sind Sie mit der Kanzlerin befreundet?«

»Nein. Das kann ich nicht sagen. Sie war mit ihrem Mann bei unserer Hochzeit. Da war sie noch nicht Kanzlerin, nicht einmal Ministerin. Sonst gab es keine privaten Kontakte zu ihr.«

»Und zu Roger Jung?«

»Den habe ich öfter gesehen. Mein Mann hat bei ihm studiert, Roger war sein Doktorvater.«

»Roger, Sie duzten ihn?«

»Ja. Er duzte sich mit meinem Mann. Ich habe sozusagen in diese Duz-Freundschaft eingeheiratet.«

Georg trank einen Schluck Cappuccino. »Frau Meyer-Dahms, es ist jetzt fast eine Woche her, dass Ihr Mann erschossen wurde. Finden Sie es nicht merkwürdig, dass man so gut wie nichts über den Täter oder die Hintergründe der Tat weiß? Oder kennen Sie Details? Hat man Ihnen mehr als der Öffentlichkeit erzählt?«

Helena Meyer-Dahms stand auf und stellte sich ans Fenster, als ob sie jemanden auf der Straße suchen würde. »Wenn ich hier hinaussehe, sehe ich nur die Häuserwand gegenüber. Nichts Besonderes. Trotzdem weiß ich, dass dahinter der Dom liegt.«

Georg schwieg.

Sie kam zurück und setzte sich auf die weiße Couch. »Nein. Ich weiß nichts über den Tod meines Mannes. Gar nichts. Jeden Tag rufe ich den zuständigen Staatsanwalt an. Jeden Tag bekomme ich nur Ausflüchte zu hören. Man würde alles tun. Alle Dienste ermittelten mit Hochdruck. Wahrscheinlich wissen Sie und die anderen Journalisten viel mehr als ich.«

»Ich weiß zum Beispiel, dass Ihr Mann und Roger Jung seit Langem befreundet waren. Sie haben mir das soeben bestätigt. Ich weiß, dass Ihr Mann von der Regierung zu einem der fünf Wirtschaftsweisen ernannt wurde. Ausgerechnet der Mann, der beim Gatten der Kanzlerin promoviert hat, bekommt diesen hochinteressanten Job. Man kennt sich, man hilft sich. Das riecht nach Klüngel. Vielleicht sollte das nicht bekannt werden? Vielleicht musste Ihr Mann deswegen sterben?«

»Mein Gott, Herr Rubin, was haben Sie denn für kindische Vorstellungen? Klüngel, das ist doch ein läppischer Vorwurf. Recherchieren Sie einmal über meinen Mann. Er hatte die Berufung längst verdient. Die enge Bekanntschaft mit Professor Jung hat da eher geschadet. Ich hatte mir mehr von Ihnen erhofft.« Sie stand auf, um zu signalisieren, dass die Audienz vorbei war.

»Vielleicht habe ich doch noch etwas, was Sie interessiert.« Georg blieb unbeeindruckt sitzen.

»Und das wäre?«

»Ich habe konkrete Anhaltspunkte dafür, dass Ihr Mann gezielt getötet worden ist.«

»Wie bitte? Wie kommen Sie darauf?«

Georg erzählte von seinen Rechercheergebnissen.

»Sind Sie sicher, dass mein Mann mit einer Bundeswehrwaffe erschossen wurde?«

»Ich habe die Auskunft aus Polizeikreisen.«

»Das hat man mir verschwiegen.«

»Das hat man auch der Öffentlichkeit verschwiegen. Wenn Sie mich fragen, ich habe nicht den Eindruck, dass wirklich alles unternommen wird, die Wahrheit aufzudecken.«

»Und was könnte ich Ihrer Ansicht nach tun?«

»Helfen Sie mir, die Wahrheit zu finden. Geben Sie mir einen Hinweis. Wer könnte ein Interesse daran haben, Ihren Mann zu liquidieren? Die Kanzlerin?«

»Nein. Das kann ich mir nicht vorstellen.«

»Man sagt, Macht verdirbt den Charakter.«

»Man sagt viele dumme Sachen.«

»Dann sagen Sie mir etwas anderes. Es muss doch irgendetwas geben, wo ich ansetzen könnte.«

»Sie sind Journalist.«

»Ja. Und?«

»Ich will nicht, dass Sie meinen Mann in den Schmutz ziehen.«

»Ich will die Wahrheit herausfinden. Das wollen Sie doch auch.«

»Ja. Aber bevor Sie irgendetwas veröffentlichen, sprechen Sie mit mir.«

»Damit Sie dann Ihre Anwälte auf mich hetzen und mich hindern, meine Artikel zu schreiben? Nein, ich werde mich nicht davon abhalten lassen, die Wahrheit zu sagen.«

»Sie haben mich missverstanden. Ich will Sie nicht hindern. Im

Gegenteil. Ich will nur die Chance haben, meine Sicht der Dinge mitzuteilen. Und ich möchte Sie davor bewahren, Fehler zu machen, zu schnell die falschen Schlüsse zu ziehen.«

Konnte er sich darauf einlassen? Warum nicht? Er hatte nichts zu verlieren.

»Einverstanden«, sagte er. »Ich werde Ihnen alles mitteilen, was ich weiß. Vor einer Veröffentlichung.«

»Ich vertraue Ihnen«, sagte Helena Meyer-Dahms. »Ich habe mich über Sie erkundigt. Bei einem gemeinsamen Freund.«

»Wir haben gemeinsame Freunde?«

»Ja. Franck von Franckenhorst. Wir sind uns einmal bei ihm begegnet, als er seinen Freunden das Gerhard-Richter-Gemälde vorgestellt hat. Haben Sie damals nicht den Künstler interviewt?«

»Ja«, sagte Georg.

»Ich hatte Franck geholfen, das Bild zu kaufen. Kunstvermittlung ist mein Geschäft. Franck hält Sie für einen guten Journalisten.«

»Ich werde mich bei ihm bedanken. Aber jetzt sagen Sie mir bitte, ob Sie einen Verdacht haben?«

»Ich denke wie Sie, dass jemand ein Interesse daran hat, den Tod meines Mannes unaufgeklärt zu lassen. Ich will Sie nicht mit Vermutungen behelligen. Ich möchte, dass Sie sich intensiver um meinen Mann und Roger Jung kümmern. Nicht wegen Ihres Klüngelverdachts. Es gibt etwas anderes. Finden Sie heraus, was die beiden jeden Donnerstagabend gemeinsam unternommen haben. Sie waren jeden Donnerstag unterwegs. Schon bevor wir verheiratet waren, aber auch danach. Einmal die Woche gehörte mein Mann seinem alten Freund Roger Jung. Ingo hielt sich jeden Donnerstagabend frei.«

»Jeden Donnerstag«, wiederholte Georg. »Haben Sie irgendeine Ahnung, was die beiden gemacht haben?«

»Ja, habe ich. Aber ich wollte ihnen nie nachspionieren, deshalb ist alles, was ich weiß, nur Spekulation. Sie müssen das selbst herausfinden.«

»Haben Sie denn wenigstens einen Tipp, wo ich beginnen sollte?«

»Fangen Sie hier an. In der Galerie. Roger und Ingo haben sich meist hier verabredet. Roger kam oft schon gegen sechs Uhr, hat mit mir über Gott und die Welt geplaudert. Spätestens um sieben

kam Ingo dazu. Und dann zogen sie los. Zu Fuß. Aber ich weiß natürlich nicht, ob sie dann ein Taxi nahmen oder was auch immer.«
»Wie lange dauerten die Herrenabende?«
»Ich habe das nie kontrolliert. Ich wusste, dass das ein ehefreier Abend ist, also habe ich mein eigenes Programm gemacht. Ich habe Tango getanzt, im Tango Colón, einer Industriehalle in Ehrenfeld. Dort ist jeden Donnerstag Milonga. So heißen die Veranstaltungen, auf denen Tango Argentino getanzt wird. Es beginnt ab halb zehn, dauert bis in den Morgen. Ich habe meistens gegen ein Uhr Schluss gemacht, war gegen halb zwei zu Hause. Mein Mann war dann in der Regel noch nicht zurück.«
Tango Argentino, das erinnerte Georg an die Nacht mit Ricarda. Seit zwei Tagen hatte er nichts von ihr gehört.
Helena Meyer-Dahms schien zu spüren, dass er in Gedanken abschweifte. »Woran denken Sie?«, fragte sie.
»Ich stelle mir vor, was zwei Männer so unternehmen können. Waren Sie nie eifersüchtig?«
»Nein. Mein Mann war auch nicht eifersüchtig, wenn ich mit fremden Männern getanzt habe. Und beim Tango Argentino kommt man sich sehr nahe.«
»Ich weiß«, sagte Georg.
»Tanzen Sie auch Tango?«
»Nein. Ich habe eine Argentinierin getroffen, die mir ein paar Schritte gezeigt hat.«
»Ich kann Ihnen nur empfehlen, es zu lernen. Ich habe oft vor den Milongas noch am Fortgeschrittenen-Kurs teilgenommen. Man kann immer wieder neue Erfahrungen machen.«
»Später vielleicht. Jetzt will ich erst einmal den Tod Ihres Mannes aufklären.«
»Finden Sie heraus, was Ingo und Roger jede Woche gemacht haben. Ich bin sicher, dass dort der Schlüssel zu allem verborgen liegt.«

25

»Glückwunsch, Ponk. Sie haben es getan. Seien Sie willkommen in unseren Reihen.«

Er hörte die Stimme deutlich. Das war Nummer eins. Aber was sollte er getan haben?

Er lag noch immer in diesem weiß gekachelten Gefängnis. Das Nachbarbett war leer. Die Frau war verschwunden. Irgendjemand hatte Matratze und Bettzeug entfernt. Von den Stahlfedern tropfte eine rote Flüssigkeit zu Boden und bildete eine Lache.

»Ich habe gewusst, dass ich mich auf Sie verlassen kann. Ich will nicht verhehlen, dass andere hier Zweifel hatten, ob Sie je wieder funktionieren würden. Aber Sie haben den Test bestanden. Sie sind wieder gesund. Sie werden neue Aufträge bekommen.«

»Was ist mit der Frau? Wo ist sie?«, fragte Ponk.

»Sie haben sie der Gerechtigkeit zugeführt, Ponk. Sie hatte Sie beschuldigt, sie vergewaltigt zu haben. Das war eine Lüge. Sie haben die gerechte Strafe vollstreckt. Ihre Seele ist erlöst. Ihr Leib wurde, wie es geschrieben steht, von den Hunden zerrissen. Auf dass niemand mehr falsches Zeugnis ablege.«

Nein, das war nicht Nummer eins. Das war wieder diese andere, diese schmierige Stimme. Betrug, alles nur Betrug.

»Ich will hier raus«, sagte Ponk. »Ich will Nummer eins sprechen.«

»Ja, sicher. Das wollen alle. Aber nur wenige sind auserwählt.«

Über Ponk senkte sich die Leiter in den Raum, zwei Soldaten stiegen hinab.

»Kommen Sie mit. Sie sind gesund. Sie sind frei.«

Ponk stand auf, seine Beine fühlten sich kraftlos an, aber er musste es schaffen. Der Weg die Leiter hinauf führte in einen Umkleideraum wie in einer Turnhalle oder einer Kaserne. Die beiden Soldaten öffneten den Spind mit der Nummer 19, darin fand er eine Uniform und Zivilkleidung in seiner Größe. In einer Brieftasche steckten Papiere, er hieß jetzt Eberhard Sczymanek. Laut Personalausweis wohnte er in der Neusser Straße in Köln. Er hatte ein Auto, einen VW Polo, den er nur noch finden musste. Im Portemonnaie steckten zweitausend Euro in bar und eine EC-Karte der Deutschen Bank auf seinen Namen.

»Ihr Geburtsjahr, Ihr echtes Geburtsjahr ist die Geheimnummer«, sagte ihm einer der Soldaten.

»Ich werde es ausprobieren«, sagte Ponk, »darauf können Sie sich verlassen. Und Gruß an Nummer eins. Er soll mich nicht wieder so erschrecken. Gehört wohl alles zum Ausbildungsprogramm. Ganz schön hart. Aber ich habe es geschafft. Sagen Sie das Nummer eins.«

»Wie Sie meinen«, sagte der Soldat. »Wir verbinden Ihnen jetzt die Augen und setzen Sie in der Nähe Ihres Autos ab. Und machen Sie erst gar keinen Versuch herauszufinden, wo Sie hier sind.«

Ponk mobilisierte alle Sinne, um die kleinsten Details zu registrieren. Als er aus dem Umkleideraum herausgeführt wurde, roch es nach Diesel, wie in einer Werkstatt.

Draußen hörte er Straßengeräusche. Eine Kreuzung musste in der Nähe sein. Mit Ampelschaltung. Der Autolärm der beiden Straßen war unterschiedlich laut. Auf einer Straße musste eine höhere Geschwindigkeit als auf der anderen erlaubt sein. Wo konnte das sein? Innere Kanalstraße? Militärring?

Wenn der Verkehrslärm abebbte, glaubte Ponk Vogelstimmen zu hören. Das würde eher für den Militärring sprechen. Lag nicht an der Ecke Militärring/Brühler Straße die Konrad-Adenauer-Kaserne mit der Zentrale des Militärischen Abschirmdienstes? Je mehr Ponk darüber nachdachte, desto sicherer war er: Er musste auf dem MAD-Gelände sein.

Er wurde in einen Wagen verfrachtet und eine halbe Stunde lang durch die Stadt kutschiert. Er versuchte, die Route mitzudenken, war dann aber doch sehr überrascht, als er am Rudolfplatz abgesetzt wurde. Vom MAD bis zum Rudolfplatz fuhr man höchstens zehn, maximal fünfzehn Minuten. Hatte er sich getäuscht? Aber wahrscheinlich waren bewusst Umwege gefahren worden.

»Ihr Wagen steht in der Tiefgarage, hier ist der Parkschein«, sagte einer der begleitenden Soldaten. »Und hier ist Ihr neues Handy, das Sie niemals ausschalten dürfen. Sie unternehmen nichts, bis Sie neue Anweisungen erhalten.«

Das Handy war nicht wieder so ein geheimnisvolles Spezialgerät mit eingebauter Selbstzerstörung, sondern ein handelsübliches iPhone.

Ponk hatte Hunger. Bei McDonald's bestellte er zwei McDouble und eine kleine Cola. Während er aß, hantierte er mit dem neuen Handy. Eine weiße Sprechblase auf grünem Grund signalisierte, dass er eine Mitteilung erhalten hatte. »Haben Sie schon das Video gesehen? Sie finden es bei den Aufnahmen im Bereich Fotos. Berühren Sie die Sonnenblume, dann wird es gestartet.«

Ponk befolgte die Anweisungen. Das Video war in dem weiß gekachelten Raum aufgenommen worden. Er sah einen nackten Mann, der aussah wie er selbst. Nein, er sah nicht nur so aus, er war es tatsächlich. Er hatte einen schweren Hammer in der rechten Hand. Damit trat er an das zweite Bett heran, in dem die Frau lag. Die Frau war nicht mehr angekettet. Er riss die Decke weg. Die Frau war nackt. Sie schrie. Sie hatte ein Messer. Aber sie warf es weg. Er hob den rechten Arm hoch und ließ ihn auf die schreiende Frau niedersausen. Das Video brach ab. Eine blutrote Schrift flammte auf: »Fortsetzung folgt«.

Ponk stöhnte auf. »Nein, das habe ich nicht getan!«

»Ist Ihnen nicht gut?«, fragte einer der Bediensteten, der neben ihm sauber machte.

»Nein ... Danke ... Alles in Ordnung«, sagte Ponk und wankte aus dem Schnellrestaurant. Hatte er das wirklich getan? Hatte er die Frau erschlagen?

»Ich hasse dich«, sagte Ponk. Und er wusste nicht, ob er sich selbst meinte oder den Unbekannten, der ihn so weit getrieben hatte.

Eine neue Nachricht erschien auf dem Handy: »Hat Ihnen das Video gefallen? Wir haben noch mehr davon, Ponk. Wir haben noch mehr davon.«

26

Nachdem Georg die Galerie verlassen hatte, ging er die Sankt-Apern-Straße Richtung Ehrenstraße, setzte sich auf die Terrasse des Café Fromme und gönnte sich ein Stück Lübecker Sahne-Nuss-Torte.

Er kannte diese Ecke der Stadt gut. Etwas weiter Richtung Dom, wo die Ehrenstraße zur Breite Straße wurde, hatte das alte Druckhaus gestanden, in dem sein Vater als Metteur gearbeitet hatte. Dort hatte Georg die erste Zeitungsluft schnuppern dürfen, die ihn nie wieder losgelassen hatte.

Aber was war rund um die Sankt-Apern-Straße so spannend, dass es als Ausgangspunkt für eine Herrentour dienen konnte? Zur Magnusstraße hin stand das Pullman Hotel, in der Karnevalszeit die »Hofburg« des Kölner Dreigestirns. In der Session ging es dort hoch her, aber es war kaum vorstellbar, dass Dahms und Jung sich in Karnevalskreisen wohlfühlten.

Über die Magnusstraße kam man zur SPD-Zentrale, dahinter ging es weiter zur Friesenstraße mit einer jungen Kneipenszene. Vor Jahren ein Rotlichtviertel, heute in jeder Beziehung verkehrsberuhigt.

Georg kehrte in Gedanken in die Sankt-Apern-Straße zurück. Im gleichen Gebäudekomplex wie die Galerie befand sich die Buchhandlung Bittner, eine der besten Buchhandlungen der Stadt. An der Ecke Ehrenstraße und Albertusstraße stöberte Georg gerne in der Kunstbuchhandlung König. Auf der spitzen Ecke zwischen Albertus- und Sankt-Apern-Straße war der Laden, in dem Georg einen Großteil seiner Apple-Hardware kaufte.

Auf dem kleinen Platz gegenüber dem Café Fromme stand eine Bude, die eine sehr gute Bratwurst servierte. Georg stellte sich vor, wie die beiden Männer sich hier für die kommenden Stunden stärkten. Ja, das hätte was.

Links hinter der Bude, in der Gertrudenstraße, befand sich das Kabarett »Klingelpütz«, wo früher »Die Machtwächter« ihr Polit-Kabarett hatten. Im selben Haus war die Galerie Michael Werner, eine der wichtigen Galerien der Welt mit Filiale in New York, die die teuersten Künstler Deutschlands im Portfolio hatte, von Baselitz über Immendorff bis Lüpertz, Penck und Polke. In der Apostelnstraße lag das Gloria-Theater, das viel Comedy und Konzerte bot, aber vor allem wegen seiner schwul-lesbischen Programme bekannt war. Auf der anderen Straßenseite befand sich die alteingesessene Tanzschule Schulerecki.

Wo war der Startpunkt der beiden Männer gewesen? Der einfachste Weg wäre, Roger Jung direkt zu fragen. Aber warum sollte der Herr Professor ihm auch nur die kleinste Auskunft geben?

In diesem Augenblick flitzte BLITZ-Fotograf Heinz Kasperczak, der seit über drei Jahrzehnten bei der Zeitung arbeitete, auf Rollschuhen an ihm vorbei. Der quirlige Fotograf, den alle »Zack« nannten, kannte jeden, der wichtig war oder wichtig sein wollte.

»Zack, warte mal«, rief Georg.
Der Fotograf rollte zurück.
»Der Herr Chefreporter bei der Arbeit. Schmeck-et?«
»Hast du mal fünf Minuten für mich? Ich geb einen aus.«
»Ich trinke nur Wasser.«
»Ist mir bekannt«, sagte Georg. Er wusste, dass Zack zuletzt viele Wochen in Krankenhäusern verbracht hatte, weil er einen Herzschrittmacher brauchte. »Ich beschäftige mich mit dem Mord auf dem Flughafen. Kennst du Professor Jung?«
»Den Mann der Kanzlerin?«
»Ja, den meine ich.«
»Klar, kenne ich.«
»Und Ingo Dahms, den Mann, der am Flughafen erschossen worden ist, hast du den auch gekannt?«
»Sicher. Der war oft mit dem Jung unterwegs.«
»Jeden Donnerstag, hat man mir erzählt. Weißt du, wo die beiden rumgezogen sind?«
Zack schnallte die Rollschuhe ab. Es sah aus, als wolle er sich mehr als fünf Minuten Zeit nehmen.
»Erst mal hab ich ein paar Fragen an dich. Stimmt es, dass du Hendrik Münch absägen willst?« Er sah Georg forschend an.
»Wer sagt das?«
»Erzählt man sich auf dem Flur und in der Kantine. Also, ist da was dran?«
»Stein hat mir den Job als Politik-Chef angeboten. Ich habe noch nicht zugesagt. Bis Ende der Woche hab ich Bedenkzeit.«
»Ich finde das nicht gut, wie mit Münch umgegangen wird.« Zack nippte an seinem Wasser. »Die Alten werden immer mehr rausgedrängt. Geht mir genauso.«
»Ich säge Münch nicht ab. Ich habe mit ihm gesprochen. Er geht in Vorruhestand. Er hatte schon alles mit Stein und dem Verlag geklärt.«
»Ja, diese Art Vorruhestand kenne ich. Meinst du denn, Münch wäre von alleine auf die Idee gekommen, wenn man nicht Druck gemacht hätte?«
»Doch, ich glaube schon. Sein Lebenspartner ist schwer erkrankt. Münch will möglichst viel Zeit mit ihm verbringen.«
»Münch hat wenigstens jemanden. Noch.«

Georg wusste, dass Zack allein lebte. Wie alt mochte er sein? Sechzig?
»Glaub mir, Zack, ich habe es nicht auf den Job von Münch abgesehen. Im Gegenteil. Ich will Chefredakteur werden.«
»Du willst Stein absägen?«
»Ja. Aber Stein weiß das.«
»Und weiter?«, fragte Zack.
»Ich glaube, dass ich einer großen Geschichte auf der Spur bin. Was steckt hinter dem Anschlag auf die Kanzlerin in Köln? Warum wurde Ingo Dahms erschossen? Von wem? Du kannst mir bei der Aufklärung helfen.«
»Ich kann mein Archiv durchforsten. Ich habe bestimmt Aufnahmen von Dahms und Jung.«
»Und, wo sind sie donnerstags immer gewesen?«
»Das werde ich dir nicht sagen.«
»Wieso denn nicht?«
»Privatsache.«
»Mir kannst du vertrauen.«
»Darum geht es nicht. Es geht um das Privatleben von Dahms und Jung. Das ist nichts für die Öffentlichkeit. Du hast bestimmt auch Dinge, die du nicht in der Zeitung lesen willst.«
»Zack, ich habe Anhaltspunkte dafür, dass die Behörden den Mord an Ingo Dahms vertuschen wollen. Ich habe mit der Witwe gesprochen. Sie hat einen ähnlichen Verdacht. Wenn ich herausbekäme, was Dahms und Jung jeden Donnerstag unternommen haben, würde ich der Wahrheit vielleicht näherkommen. Wenn du was weißt, musst du es mir sagen.«
»Unter zwei Bedingungen.«
»Was du willst.«
»Erstens: Ich persönlich darf da nicht mit reingezogen werden.«
»In Ordnung. Und zweitens?«
»Zweitens: Wenn du Chefredakteur wirst, möchte ich wieder regelmäßig beschäftigt werden.«
»Gut, du wirst mein Chef-Fotograf. Aber dass ich den Job wirklich bekomme, steht noch nicht fest.«
»Du wirst dich schon durchbeißen.«
»Vielleicht. Aber jetzt rück endlich raus mit dem, was du weißt.«
»Aber du musst das nachrecherchieren.«

»Ja, sicher«, sagte Georg.

»Okay, die beiden sind ordentlich durch Kölns Schwulenszene gezogen. Ich habe sie oft in der Kettengasse gesehen, hier gleich um die Ecke. Dann in der Gay-Sauna in der Richard-Wagner-Straße. Und wo man sich sonst noch so trifft.«

»Du meinst, die beiden sind schwul?«

»Habe ich nicht gesagt. Ich habe nur gesagt, dass die beiden durch die Szene gezogen sind. Hast du doch wahrscheinlich auch schon gemacht?«

»Nein«, sagte Georg, »vom CSD mal abgesehen. Sonst gehe ich nicht einfach so Schwule gucken. Und warum sollten Dahms und Jung das tun? Die sind verheiratet. Mit Frauen.«

»Also, wenn du mich fragst, der Jung ist schwul. Beim Dahms bin ich nicht sicher.«

»Hast du Beweise?«

»Nein, aber ich weiß es einfach. Es gibt Menschen, die spüren das auf hundert Meter. Ich gehöre dazu. Ich erkenne das sofort.«

»Aber Jung wirkt ganz männlich, hat nichts Tuntiges an sich.«

»Du hast anscheinend wenig Ahnung, Georg. Die meisten Schwulen sind keine Tunten. Unter den Heteros gibt es auch den einen oder anderen, der ziemlich affektiert auftritt. Das ist nur eine Spielart von Homosexualität. Du würdest dich wundern, wer in unserer Stadt alles schwul ist.«

»Warum ist der Herr Professor dann nicht offen schwul? Heiratet einen Mann? Ist doch heute alles kein Problem.«

»Heute ginge das, siehe unseren Außenminister. Aber vor dreißig Jahren wäre er geächtet worden, wenn er sich geoutet hätte. Mit einer jungen Frau an seiner Seite sah das anders aus. Ich nehme an, Barbara war seine Sandfrau.«

»Seine Sandfrau? Was soll das denn bedeuten?«

»Die Frau an seiner Seite, die anderen Sand in die Augen streuen soll über die tatsächliche sexuelle Orientierung des Mannes.«

»Sandfrau, treffendes Wort, kannte ich nicht. Aber das würde bedeuten, dass die Kanzlerin weiß, dass sie mit einem schwulen Mann verheiratet ist.«

»Klar weiß sie das. Aber vielleicht ist sie ja mit der Politik verheiratet. So etwas soll es geben. Du zum Beispiel bist mit der Zeitung verheiratet, das ist auch nicht viel besser.«

»Zack, du phantasierst. Die Kanzlerin und ihre Partei stehen doch so auf Ehe, Kinder, Familie.«

»Wie hat schon Konrad Adenauer immer gesagt? Was schert mich mein Geschwätz von gestern.«

»Wenn ich mir das vorstelle: Der Mann der Kanzlerin ist schwul. Sein Liebhaber ist ein alter Studienfreund der Kanzlerin. Und dieser Mann wird beim ersten Besuch der Kanzlerin in ihrer Heimatstadt Köln erschossen. Zack, das ist ungeheuerlich oder völlig verrückt. Das muss unter uns bleiben, bis wir es handfest beweisen können.«

»Dann sei mal nicht so laut. Köln hat Ohren. Du meinst, dass du das alles veröffentlichen willst? Ich weiß nicht. Das kann man doch nicht machen.«

»Es geht um einen Mord. Und es geht um die Kanzlerin. Da muss ich doch dranbleiben. Hilfst du mir, wenn ich in der Gay-Szene recherchieren möchte?«

»Klar. Der Zack wird dich da schon durchlotsen.« Der Fotograf schnallte seine Rollschuhe an und machte sich wieder startklar. »Immer op Tour« war sein Motto, sogar mit Herzschrittmacher. Ein Original.

Georg wartete den Produktionsschluss ab, ehe er in Münchs Büro ging. Der Politik-Chef war bleich, übernächtigt.

»Georg, schön, dass du vorbeischaust. Was gibt es Neues? Hast du Stein zugesagt, dass du meinen Job übernimmst?«

»Hendrik, ich übernehme nicht deinen Job. Du hast gesagt, dass du in Vorruhestand gehst. Wenn du es dir anders überlegt haben solltest, sage ich Stein sofort ab.«

»Quatsch. Aber irgendwie empfinde ich das immer noch als meinen Job. Habe mein halbes Leben hier verbracht. Also, was kann ich für dich tun?«

»Ich brauche deinen Rat«, sagte Georg. »Fünf Minuten. Vielleicht zehn. Bitte.«

Er erzählte knapp, was er seit ihrem letzten Treffen am Freitagabend ermittelt hatte.

»Interessant«, sagte Münch. »Und wieso glaubst du, dass ich dir dabei helfen kann?«

»Könntest du dir vorstellen, dass Roger Jung schwul ist? Dass die

Ehe mit Barbara nur für die Öffentlichkeit bestimmt war? Dass sie seine Sandfrau ist?«
»Sandfrau. Woher kennst du diesen Ausdruck?«
»Ich sagte doch, ich habe recherchiert. Könnte da was dran sein?«
»Das scheint jetzt doch länger zu dauern. Ich hole mir einen Kaffee. Willst du auch einen?«
Georg nickte. Münch ließ sich Zeit, ehe er von der Kaffeemaschine zurückkehrte und zwei große Becher auf seinen Schreibtisch stellte.
»Du willst also wissen, ob Roger Jung schwul ist?«
»Ob du dir das vorstellen kannst.«
»Du meinst, weil ich dir gesagt habe, ich wäre schwul, muss ich jetzt der Experte sein.«
»Hendrik. Ich will nur deinen Rat. Du kannst mir auch sagen, dass ich spinne. Dann lasse ich dich in Ruhe.«
»Ich kann mir auch vorstellen, dass du schwul bist.«
»Ich bin aber nicht schwul.«
»Ja, ja. Du giltst mehr als der Frauenheld.«
»Vergiss es. Entschuldige, dass ich dich gefragt habe. War nicht böse gemeint.« Georg stand auf und ging zur Tür.
»Dein Kaffee«, rief Münch.
Georg drehte sich um, setzte sich wieder und trank. Wortlos. Bestimmt zwei Minuten lang schwiegen sie sich an.
»Wann, sagst du, hat Barbara den Professor geheiratet?«, fragte Münch endlich.
»1983.«
»Das war das Jahr mit der Kießling-Affäre.«
»Du hast dem General die Ehre gerettet.«
»Da waren schon noch ein paar mehr daran beteiligt.«
»Wie war das damals?«
»Eine schlimme Zeit, jedenfalls für Homosexuelle. Kaum einer wagte es damals, offen schwul zu leben. Kennst du die Geschichte des Paragrafen 175? Ich hab dazu mal etwas aufgeschrieben.«
Münch klickte sich durch ein paar Dateien. »Hier ist es. Erstmals tauchte der Paragraf 175 im Reichsstrafgesetzbuch von 1872 auf: ›Die widernatürliche Unzucht, welche zwischen Personen männlichen Geschlechts oder von Menschen mit Tieren begangen wird,

ist mit Gefängnis zu bestrafen.‹ – Kannst du dir vorstellen, wie ich mich gefühlt habe, als ich das las? Da wurdest du mit Tieren gleichgestellt. Ich druck dir das mal aus. Kannst du später lesen. Nazizeit. Adenauer-Zeit. Liberalisierung unter Willy Brandt. Es dauerte aber noch bis 1994, ehe der Paragraf 175 aus dem Strafgesetzbuch gestrichen wurde. In vielen Köpfen existiert er bis heute.«

Münch reichte Georg einen kleinen Stapel DIN-A4-Blätter. »Da steht noch mehr drin. Zum Beispiel, dass bis zum Jahr 2000 Schwule in der Bundeswehr nicht Offizier werden konnten.«

»Danke«, sagte Georg, »das kann ich für meine Recherchen gebrauchen. Aber zurück zu Jung. Glaubst du, der Mann ist homosexuell? Glaubst du, dass die Heirat 1983 mit Barbara erfolgte, um dem öffentlichen Gerede zu entgehen?«

»Möglich wäre es allemal. Aber was wäre an einer solchen Ehe auszusetzen? Es soll auch Hetero-Paare geben, die zusammenleben, ohne Sex zu haben. Ehe und Liebe sind doch wohl noch etwas mehr. Und nach allem, was man weiß, führen die beiden eine ziemlich harmonische Beziehung. Wir sollten uns da raushalten. Das ist kein Stoff für eine Zeitungsgeschichte.«

»Wie siehst du den Mord an Ingo Dahms? Was wäre, wenn er getötet wurde, damit seine Liebschaft mit Jung geheim bleibt?«

»Ich weiß nicht, Georg. Wenn der Mann erschossen wird, dann weckt er doch erst recht das Interesse der Öffentlichkeit, dann käme das, was man angeblich verheimlichen will, erst recht ans Tageslicht.«

»In diesem Fall scheint es anders zu sein. Die Ermittler finden überhaupt nichts heraus. Vielleicht ist nicht das Opfer interessant, sondern der Täter. Ein verrückt gewordener Bundeswehr-Scharfschütze.«

»Der von oben gedeckt wird.«

»Ja. Vielleicht ist das der Grund, warum die Öffentlichkeit nichts erfährt. Und wäre das nicht auch der viel gefährlichere Fall? Ein Soldat als Amokläufer?«

»Ja. In dieser Richtung würde ich suchen. Das G 22 der Bundeswehr. Der Schuss vom Kasernengelände. Der verschwundene Soldat. Das sind handfeste Spuren. Alles andere ist Spekulation.«

»Vielleicht wird die Kanzlerin erpresst? Vielleicht steckt sie selbst dahinter?«

»Georg, du spekulierst schon wieder. Halte dich an die Spuren. Und was die Kanzlerin angeht: Frag sie doch einfach selbst.«
»Klar. Ich rufe sie gleich an. Liebe Frau Jung, stimmt es, dass Sie aus Eifersucht den Liebhaber Ihres Mannes liquidieren ließen?«
»Das wird sie dir so nicht beantworten.«
»Eben.«
»Also musst du intelligenter vorgehen.«
»Danke für den Ratschlag. Sehr hilfreich.«
»Komm runter, Georg. Denk einen Augenblick nach.«
»Der Augenblick ist vorbei.«
»Und?«
»Nichts.«
»Was war am letzten Dienstag? Da wolltest du ein Interview mit der Kanzlerin machen.«
»Wie du weißt, ist nichts draus geworden.«
»Was nicht deine Schuld war.«
»So ist es.«
»Dann hast du also noch ein Interview gut.«
Georg sprang auf. »Du hast recht. Ich mache eine Story mit der Kanzlerin in Berlin. Interview im Kanzleramt. Das ist es. Sie kann PR in der alten Heimat brauchen. Und wenn ich erst mal da bin ...«
»Dann ist alles möglich«, beendete Münch den Satz.
»Danke«, sagte Georg und wollte das Büro verlassen.
»Hast du schon versucht, mit Roger Jung zu sprechen?«, fragte Münch. »Das solltest du tun, bevor du etwas über ihn schreibst.«
»Steht auf meiner Agenda.«
»Und noch was«, sagte Münch.
»Ja?«
»Wenn es dich wirklich interessiert: Ja, Roger Jung ist homosexuell. Ich weiß das positiv. Von der ›Intensivstation‹.«
»Intensivstation? Ist Jung krank?«
»Die ›Intensivstation‹ ist ein Fetisch-Club in der Pipinstraße. Ein extremer Ort, an dem längst nicht alle Schwulen verkehren. Genauso wenig, wie alle Heteros in Swinger-Clubs gehen. Aber da solltest du anfangen zu suchen.«
»Danke, werde ich mir ansehen«, sagte Georg.

Zu Hause benötigte Georg einige Stunden, um den Kopf wieder freizubekommen. Dann endlich formulierte er einen Brief an Siggi Gärtner, den stellvertretenden Regierungssprecher, mit der Bitte um ein Interview mit der Kanzlerin. Er hoffe auf eine baldige Antwort; die Leser des BLITZ fieberten darauf, mehr darüber zu erfahren, wie es »ihrer« Kölner Kanzlerin in Berlin ergehe.

Er druckte das Schreiben auf BLITZ-Briefpapier aus, setzte seine Unterschrift darunter und scannte das Papier ein. Dann schickte er die Datei als Anhang einer Mail auf die Reise.

Blieb die Frage, ob Gärtner der richtige Ansprechpartner war. Aber er war der Einzige im Regierungsapparat, mit dem Georg in Kontakt war. Natürlich hätte er eine hochoffizielle Anfrage direkt ans Kanzleramt richten können, aber dann würde er ganz sicher auf eine lange Warteliste gesetzt werden. Georg wollte möglichst schnell mit der Kanzlerin sprechen.

Was würde er ihr sagen? Was zeigen? Er sichtete noch einmal die Bilder, die er von Winter hatte. Das Bild im Bikini. Das Bild mit dem Alfa Spider. Das Bild von der Hochzeit. Diese drei würde er auf jeden Fall mitnehmen, um sich die Erlaubnis zu holen, sie abdrucken zu dürfen.

Und dann musste er eine Liste von Fragen ausarbeiten. Elf Fragen an die Kanzlerin. Elf war so eine schöne kölsche Zahl. Elfter im Elften. Elferrat. Elf Flammen im Kölner Wappen. Elf Artikel im kölschen Grundgesetz.

Ein mehrfaches Klingeln an der Tür riss ihn aus seinen Gedanken. Wer konnte das sein um elf Uhr abends? Frau Odenthal? Nein, die hatte einen Schlüssel, würde einmal kurz anklopfen und dann hereinstürmen. Menden? Ja, Menden sähe so was ähnlich. Der sollte ruhig noch etwas schmoren.

Betont langsam ging Georg zur Tür, drückte auf den Knopf der Gegensprechanlage und sagte nur: »Ja?«

»Ich bin's, Ricarda.«

Georgs Herz schlug schneller, freudig drückte er den Öffner und machte die Wohnungstür auf. Wütend stapfte Ricarda an ihm vorbei, klappte einen Regenschirm zu und hinterließ nasse Spuren auf seinen roten Fliesen.

Sie ging zielstrebig zum Computer, nahm den Packen gebrannter CDs mit den Tangostücken, legte ihre Visitenkarte auf seine Tastatur und sah ihn böse an. »Warum hast du dich nicht gemeldet?«

»Wieso ich? Du bist doch hier rausmarschiert ...«

»Du meinst, ich hätte mir deine Ex weiter antun sollen? Und warum, meinst du, habe ich die CDs vergessen und meine Visitenkarte dagelassen? Nicht mal angeguckt hast du sie.«

»Hab ich doch.«

»Und? Wieso hast du dann nicht angerufen? Nein, du musst mir gar nichts erklären. Ich weiß, woran ich bin. Der Herr hat einen One-Night-Stand genossen und macht sich wieder auf die Jagd.«

»Ich hatte ... hatte sehr viel zu tun.«

»Den ganzen Samstag? Den ganzen Sonntag? Den ganzen Montag? Jesus ist in drei Tagen auferstanden, und du kannst nicht mal telefonieren? Oder eine E-Mail schicken?«

»Ich habe dir eine Freundschaftsanfrage auf Facebook geschickt«, sagte Georg. »Du hast nicht reagiert.«

Sie reagierte auch jetzt nicht, nahm die CDs, klemmte sich den Regenschirm unter den Arm und marschierte ab.

Georg machte eine vorsichtige Bewegung, um sie aufzuhalten, aber sie schob ihn beiseite und knallte die Tür hinter sich zu, noch lauter als bei ihrem Abgang am Samstag.

Scheiße, dachte Georg.

Durchs Wohnzimmerfenster sah er, wie sie in ein Taxi stieg, das auf sie gewartet hatte.

Auf dem Bildschirm seines iMac flimmerte noch immer die Mail an den stellvertretenden Regierungssprecher. Georg drückte auf den »Senden«-Button und wartete gespannt auf den »Wusch«-Ton, der signalisierte, dass die Mail korrekt verschickt worden war. Wenigstens das klappte.

Vielleicht war es besser, wenn er weiter nur mit dem Job verheiratet blieb. Bigamie war nicht sein Ding.

Er wusste nicht, wie lange er reglos vor dem Rechner gesessen und auf irgendetwas gewartet hatte, das nicht passierte. Dann schrieb er eine neue E-Mail.

An: Ricarda Perera
Kopie: Georg Rubin
Betreff: Tango

*Liebe Ricarda,
ich würde gerne Tangostunden nehmen.
Wann? Wo?
Georg.*
Waren das die richtigen Worte? Sollte er mehr schreiben? Nein, das musste so raus. Alles andere würde er ihr sagen, wenn er die Chance dazu bekäme.

Er drückte auf Senden, wartete auf den Bestätigungston und fühlte sich besser – bis die Mail als unzustellbar zurückkam.

Hatte sie ihm eine falsche E-Mail-Adresse dagelassen? Womöglich auch eine falsche Telefonnummer?

Und dann entdeckte er den Fehler. Er hatte sich vertippt, »Perera« statt »Pereyra«.

Ein neuer Versuch. Und »Wusch«.

Dienstag

27

Am nächsten Morgen in der Redaktion startete Georg eine Internetrecherche. »›Intensivstation‹, ein extremer Ort«, hatte Münch gesagt.

Seine erste Google-Suche war nicht ergiebig. Da fanden sich, wenn man die Intensivstationen der Krankenhäuser überging, Allgemeinplätze wie: Köln wäre schließlich nicht Köln ohne den Ruf, eine Hochburg der Schwulenszene zu sein. Die »Intensivstation« habe mit Sicherheit ihren Teil dazu beigetragen.

Interessanter war die Website des Clubs selbst. Die Einstiegsseite warnte auf Englisch: »*This site contains images of naked men engaging in sex acts, including some gay sexually oriented material. Please leave now if you are offended by such material, or if you are under the age of 18.*«

Er entschied sich für die deutsche Version und klickte auf die Rubrik »Partys«. Zehn verschiedene Party-Variationen standen auf dem Programm und wurden detailliert beschrieben.

Was er las, war mehr, als er sich vorstellen wollte. Nein, das musste er nicht live erleben. Was sollte er auch sagen: »Ich bin nur zur Recherche hier?« Auslachen und ausziehen würden sie ihn. Und er hörte die Männer grölen: »Ja, ja, nur recherchieren. Das sagen alle beim ersten Mal.«

Zwei Mails lenkten ihn ab. Die erste war von Ricarda: »Tango Argentino – Schnupperstunde für Anfänger – Heute Abend, 21.30 Uhr, im Tango Colón.« Keine Anrede. Kein Gruß. Trotzdem schlug Georgs Herz wieder schneller.

Die zweite Mail ließ ihn fast vom Stuhl kippen: »Interview mit der Bundeskanzlerin bestätigt. Donnerstag, 14.30 Uhr, Bundeskanzleramt Berlin. Dreißig Minuten. Es können Fotos gemacht werden. Personalausweis mitbringen. Bitte Termin bestätigen.«

Georg druckte die Mail aus und lief ins Büro von Münch. »Du hattest recht. Ich kriege das Interview mit der Kanzlerin. Schon übermorgen.«

Münch schaute sich die Mail an. »Früher hat man so etwas gefaxt. Und lange gewartet. Musst du deine Fragen vorher vorlegen?«

»Nein, davon steht hier nichts.«
»Aber absegnen lassen musst du das Interview. Um Missverständnisse zu vermeiden. Danach kannst du sicher sein, einen autorisierten Text zu haben. Wir machen dann eine Vorankündigung und schicken sie an die Agenturen und die Fernseh- und Radiostationen. Es wird Zeit, dass der BLITZ mal wieder öffentlich zitiert wird.«
»Niemand wird berichten, dass die Kanzlerin dem BLITZ ein Interview gegeben hat. Sie gibt jeden Tag Interviews.«
»Deshalb musst du etwas mitbringen. Ein Satz genügt. Einen Satz der Kanzlerin, der eine Nachricht enthält, die man einfach drucken muss. Außenpolitik, Innenpolitik, denk dir was aus. Es liegt an dir, die richtige Frage zu stellen und eine gute Antwort zu bekommen.«
»Wie viele Kanzler hast du schon interviewt?«
»Einige. Willy Brandt. Helmut Schmidt. Helmut Kohl. Und einen Kanzlerkandidaten. Das war das einzige Interview, das später nicht autorisiert wurde. Dem Herrn hat plötzlich nicht mehr gefallen, was er gesagt hatte.«
»Und was hatte er gesagt?«
»Der Herr, nennen wir ihn Monsieur O., war damals Ministerpräsident. Wir fuhren in seine Landeshauptstadt. Ein tolles Interview, Monsieur O. war gut drauf. Wir hatten so viel Stoff, dass ich eine ganze Seite bekommen sollte. Viel Politik, aber auch viel Privates. Ich schickte den fertigen Text zum Gegenlesen, reine Routine, ich hatte einen Tonbandmitschnitt und wusste, dass ich korrekt zitiert hatte. Am Freitagabend kam ein Anruf. Ein Referent war dran. Das Interview dürfe nicht gedruckt werden. Welche Punkte kritisiert wurden, wollte er mir nicht sagen. Monsieur O. habe Bedenken angemeldet. Ich protestierte, es sei alles korrekt, und verlangte, dass er mir das selbst sagen solle.«
Münch hielt inne und versuchte sich genauer zu erinnern.
»Und, wie ging's weiter?«
»Eine halbe Stunde später rief Monsieur O. tatsächlich selbst an. Das Interview werde nicht erscheinen. Ich hätte es nur darauf abgesehen, ihm zu schaden. Ich protestierte wieder, bat um Beispiele, er druckste herum, machte ein paar kleinere Änderungsvorschläge, ich war einverstanden. Dann könnte das Interview ja jetzt in Druck gehen.«

Münch suchte in seiner Schreibtischschublade. »Ich habe die Originalfassung des Interviews aufgehoben. Muss hier irgendwo sein. Aber Monsieur O. war immer noch nicht zufrieden. Da wäre noch was. Ja, was denn, wollte ich wissen. Die Sache mit dem ›Goldenen Pflug‹ müsse raus. Der ›Goldene Pflug‹ in Köln-Merheim war damals eines der teuersten Restaurants Deutschlands. Drei Michelin-Sterne. Monsieur O. hatte mir erzählt, wie er einmal mit dem Chef der Grünen, dem späteren Außenminister, dort getafelt habe. Monsieur O. war bekannt für seine Schlemmerlust, auch der Grüne war kein Kostverächter. Alles das war bekannt. An diesem Abend aber wurde nicht nur edel gespeist, sondern auch proletarisch gesungen. Um Mitternacht ließen die Herren Politiker das Restaurant für andere Gäste sperren, einer holte eine Klampfe heraus, und es wurden Arbeiterlieder geschmettert, die ›Internationale‹ war wohl auch dabei.«

»Ich stell mir das gerade vor. Monsieur O. und der grüne Star schmettern ›Wacht auf, Verdammte dieser Erde, die stets man noch zum Hungern zwingt!‹ Und dazu gibt's Trüffeln, Kartoffelsuppe mit Blattgold und Champagner. Schöne Geschichte.«

»Ja. Dachte ich auch. Und ich hatte sie Wort für Wort aufgeschrieben, wie Monsieur O. sie mir erzählt hatte. Aber auch das sollte ich streichen. Ich habe mit ihm diskutiert. Er trete doch immer so für Ehrlichkeit in der Politik ein. Und dass Politiker auch Menschen sein dürften. Aber er ließ nicht mit sich reden. Erst war ich nur enttäuscht, dann empört. Das Interview wäre auch ohne diese drei Absätze noch lesenswert gewesen, aber es ist dann nicht erschienen.«

Münchs Miene verriet nicht, ob er bedauerte, damals nachgegeben zu haben. »Erst kam ich mir wie ein Versager vor. Bis ich begriffen hatte, dass mir in diesem Interview etwas Außergewöhnliches gelungen war, nämlich hinter die Maske zu kommen, hinter diese Fassade aus getünchter Ehrlichkeit. Damals habe ich gelernt, dass es Politiker gibt, denen es nur um ihre eigene Macht geht, die dich benutzen wie einen Fußabtreter.«

»Hoffentlich wird es mir mit der Kanzlerin besser gehen. Ich werde mir Fragen überlegen. Darf ich sie mit dir durchsprechen?«

»Klar. Ich helfe dir gerne, Herr Politik-Chef.«

28

Ponks neues Zuhause war eine modernisierte Drei-Zimmer-Wohnung in einem Altbau an der Neusser Straße in Nippes. Aus seinem Wohnzimmerfenster blickte er auf den Eingang einer gut frequentierten Buchhandlung. Im Umkreis von wenigen hundert Metern fanden sich alle Geschäfte, die man fürs tägliche Überleben benötigte; an Kneipen und Gaststätten war auch kein Mangel.

Was ihn beunruhigte, war das Handy, das er nicht ausschalten durfte. Für ihn war das der Beweis, dass ihn Nummer eins Tag und Nacht kontrollierte. Immerhin hatte er keine weiteren Droh-Mitteilungen bekommen, nicht einmal, nachdem er das Hammer-Video gelöscht hatte.

Der Schrank im Schlafzimmer enthielt Wäsche und Kleidung in seiner Größe. Sogar ein Anzug hing darin. In einer Schublade des Schrankes entdeckte er eine Pistole vom Typ Heckler & Koch P 12 mitsamt Munition. Ponk lud die Waffe und steckte sie ein.

Daneben lag ein Zettel, abgerissen von einem Notizblockwürfel mit aufgedrucktem Bundesadler, auf dem mit roter Tinte notiert stand: »Jakob Winter, Bei Lena«. Hinter dem Namen »Jakob Winter« prangte ein großes Kreuz wie auf einer Todesanzeige, darunter stand ein Datum wie ein Todesdatum: »Heute in sechs Tagen«. War Jakob Winter sein nächster Auftrag? Und wer war Lena?

Ponk streifte durch sein neues Viertel, das vor Lebensfreude vibrierte. Auch in den engsten Straßen hatten die Bewohner oder Gastwirte Tische und Stühle nach draußen gestellt. Vor einer Eisdiele standen Familien Schlange. Ponk reihte sich ein.

Viel junges Volk. Viele Nationalitäten. Viele Kinder. Ponk spürte Sehnsucht nach seinem Sohn und seiner Frau. Ob sie ihn vermissten? Wann würde er sie wiedersehen?

In der Warteschlange rückte er langsam bis zur Auslage vor. Welche Sorte sollte er nehmen? Die Eismacher ließen sich immer verrücktere Kompositionen einfallen.

Wenn er jetzt in Frankreich wäre, würde er gefragt werden: »*Quel parfum?*« Welches Parfüm? Er erinnerte sich an Ferien, die er mit seinen Eltern auf einem Zeltplatz an der Atlantikküste verbracht hatte. »*Quel parfum?*« Er war rot geworden, hatte nichts gesagt, war weggelaufen. Welches Parfüm? Er war doch nicht schwul. Damals war er neun Jahre alt gewesen. Lange her. Wieso blieben solche kleinen Verletzungen ewig im Gedächtnis?

»Vanille, Schokolade, Erdbeer«, sagte er, als er an der Reihe war, und bekam drei riesige Kugeln auf einem Hörnchen. Die Eisverkäuferin sah ihm in die Augen und lächelte ihn an. Ponk wich ihrem Blick aus und zwängte sich an den anderen Wartenden vorbei auf die Straße.

Das Eis schmeckte nach Familienglück. Ob Nummer eins Familie hatte?

Ponk biss in die Vanillekugel und spürte die Kälte an seinen Zähnen. Aber er spürte auch das gute Gefühl von Stärke. In ein Eis hineinzubeißen, früher war das eine Art Mutprobe gewesen, die er locker bestanden hatte. Nur Schwächlinge leckten ihr Eis.

Plötzlich knallte eine Hand auf seine Schulter. »Ponk, altes Haus, wie kommst du denn hierher?«, rief eine Stimme, an die er sich nur zu gut erinnerte: Wolfgang Zander, Ekel der Kompanie. Immer lustig. Immer gut drauf. Immer auf Kosten der anderen.

Zander trug eine schwarze Privatuniform, Stiefel im Sommer, die Haare kurz geschnitten.

»Na, pisst du dir wieder in die Hose?«, grölte Zander. »Vor Freude, dass du mich siehst?«

Ponk wich zurück. »Entschuldigen Sie. Sie verwechseln mich.«

Zander packte ihn am Arm, Ponks Eis fiel zu Boden. Dieser Arsch. Ruhig bleiben. Keinen Ärger anfangen. Er musste weg. Zander durfte ihn nicht auffliegen lassen.

Niemand der Umstehenden schien von ihnen Notiz zu nehmen. Ponk rammte Zander einen kurzen, schnellen Schlag in den Unterleib. Zander knickte ein, der Oberkörper kippte vornüber, Ponk verschwand um die nächste Ecke.

»Ponk, du Sau, das wirst du büßen!«, schrie Zander, als er wieder hochkam. Er drehte sich um, suchte Ponk, sah ihn nicht.

Ponk entsicherte die P 12 und drückte ab. Der Schuss hallte von den Häuserwänden wider. Zander ging zu Boden, fiel auf die Reste von Ponks Eishörnchen. Vanille. Schokolade. Erdbeer. Zander.

29

Georg saß in seinem Büro und brütete über den Fragen, die er der Kanzlerin stellen wollte, als Zack anrief.
»Ich glaube, ich habe, was du suchst.«
»Was meinst du?«
»Ich habe Fotos. Fotos von Jung und Dahms.«
»Komm rüber und bring sie mir.«
»Es sind nicht meine Fotos. Ich kann dir den Mann vorstellen, der sie hat und der dir mehr über Dahms und Jung erzählen kann.«
»Gut. Ich komme. Wo treffen wir uns?«
»Auf der Urwald-Terrasse.«
»Wo bitte?«
»In der großen Sauna am Rudolfplatz, Richard-Wagner-Straße. Beeil dich. Mein Kontaktmann hat noch was vor.«
»Sauna? Ich hab nichts dabei.«
»Kannst du alles leihen. Wie sehen uns auf der Urwald-Terrasse.«
Georg hoffte, dass es dort weniger gefährlich war als auf der »Intensivstation«. Gegen Sauna an sich hatte er nichts.

Die Urwald-Sauna lag im »Bermuda-Dreieck«, dem Kölner Viertel, in dem man in vielen schwulen Bars »verloren gehen« konnte. Als Chefreporter des BLITZ war Georg ab und zu hier gewesen, beispielsweise als eine Fernsehgröße ein eigenes Schwulen-Café eröffnete, das schlicht seinen Namen trug. Der Star war oft persönlich anwesend und empfahl seine Joghurt-Torten. Mancher Gay-Tourist kam zum Promi-Gucken, ähnlich wie die Freunde der Volksmusik sich einen Besuch in Heinos Konditorei in Bad Münstereifel gönnten.

Georg fuhr durch die Balduinstraße, die zum schwulen Einzugsgebiet gehörte. Am Standort von Haus Nummer 6 hatte sich das Geburtshaus von Konrad Adenauer befunden, das im Zweiten Weltkrieg zerstört und durch einen schlichten Neubau ersetzt worden war. Eine Klingel, die zu keiner bewohnten Wohnung führte, trug den Namen Adenauer, eine Gedenkplatte mit einer eingebetteten Skulptur Adenauers erinnerte an die Hausgeburt am 5. Januar des Jahres 1876.

In der Urwald-Sauna wurde Georg schon erwartet. Zack, neugierig wie immer, hatte es nicht auf der Sonnenterrasse ausgehalten, sondern begrüßte ihn lautstark, sodass jetzt alle gewarnt waren, dass der Chefreporter des BLITZ anwesend war.

Man wolle kein Aufsehen. Absolute Diskretion gehöre zum Geschäftsmodell des Hauses, sagte der Mann vom Empfang und bedachte Zack mit einem bösen Blick.

»Ich bin der Martin. Weißt du, wie das hier läuft?«, wandte er sich dann an Georg.

Georg schüttelte den Kopf, was den gut gebauten Mann veranlasste, eine kleine Rede zu halten.

»In unseren heiligen Hallen der Wärme und Glückseligkeit findest du nicht nur eine außergewöhnliche Atmosphäre mit interessanten Jungs und Männern, sondern auch ganz besondere Wellness- und Entspannungsangebote. Dich erwarten hier ein großer Wellness-Bereich mit einer Finnischen Sauna, einem Sanarium, einem Tepidarium und einer Chill-out-Lounge, die zur großen Urwald-Terrasse führt. Zum Ausruhen gehst du in die gemütliche Afrikanische Lobby oder aber, wenn du rauchen möchtest, in den Asiatischen Raum mit einem großen Flat-TV. Zusätzlich ist im Untergeschoss unsere Dampfsauna, die sich sehr großer Beliebtheit erfreut. Drumherum erwarten dich ein Whirlpool, eine Wartezone, ein Cruising-Bereich, ein Meeting Point, ein Kino, mehrere Liegeflächen und vieles mehr. Unser Massage-Team bietet dir nicht nur eine holistische Ganzkörpermassage und eine klassische medizinische Massage, sondern auch eine traditionelle thailändische Massage. Falls dich der kleine oder sogar große Hunger überfällt oder auch der Durst kommt, gibt es im Gastrobereich im Erdgeschoss die Möglichkeit, verschiedene Gerichte, Snacks und Getränke zu bekommen. Wir wünschen dir einen entspannenden Besuch. Und: Denk an deine Gesundheit! Wie soll ich dich nennen?«

»Georg«, sagte Georg nach diesem wasserfallartigen Vortrag, zahlte siebzehn Euro fünfzig Eintritt, zusätzlich einen Euro Leihgebühr für ein Handtuch, fünf Euro für Badesandalen und bekam den Schlüssel für einen Spind, in dem er seine Kleidung verstauen konnte.

»Georg, dein gesamter Aufenthalt bei uns verläuft bargeldlos.

Speisen und Getränke werden per Computersystem auf deinem Spindschlüssel erfasst und beim Verlassen der Sauna kassiert.«

Speisen und Getränke wurden sehr günstig angeboten. Für drei Euro achtzig gab es Suppen, das »Frühstück deluxe« kostete fünf Euro neunzig, Cola gab es für einen Euro sechzig, das mittelgroße Bier für zwei Euro siebzig.

Ich muss dringend mehr Sport treiben, dachte Georg, als er sich im Umkleidebereich auszog und im Spiegel betrachtete. Wieso trug Zack seine Klamotten noch?

»Ich geh nicht in die Sauna«, sagte er. »Ich vertrage das nicht. Ist nicht gut für meinen Herzschrittmacher.«

Und warum machte er dann diesen Zirkus mit? Hätte er auch angezogen auf die Urwald-Terrasse gehen können? Zu spät. Er knotete sein Handtuch um, nahm von seinen Sachen nur das Handy mit und ließ sich von Zack führen.

Die Urwald-Terrasse erwies sich als eine Oase mit viel Holz und großen tropischen Kübelpflanzen, die so angeordnet waren, dass sich zahlreiche lauschige Ecken ergaben, in denen man zurückgezogen relaxen konnte.

In einer dieser Ruheoasen saß der Mann, der ihm die Wahrheit über die Beziehung zwischen Roger Jung und Ingo Dahms erzählen sollte. Georg erschrak, als er ihn erkannte. Ein Fernsehgesicht. Ex-Politiker. Einer von denen, die mal eine große Karriere vor sich zu haben schienen und dann von der Alt-Kanzlerin kaltgestellt worden waren. Und das sollte der Kronzeuge sein?

Der Mann bemerkte Georgs Überraschung. »Zack hat mir gesagt, dass du Georg heißt. Ich bin der Hans. Kein anderer Name. So habe ich es auch am Eingang gesagt.«

»Hans, gut«, sagte Georg.

»Warum interessierst du dich für Roger und Ingo?«, fragte Hans mit unangenehm hoher Stimme.

»Ich war auf dem Flughafen, als Dahms erschossen wurde. Ich will seinen Tod aufklären. Ich suche nach einem Motiv. Und dabei bin ich darauf gestoßen, dass Dahms nicht nur Jungs Student war, sondern auch sein Geliebter.«

»Wenn dem tatsächlich so wäre, was schließt du daraus?«

»Dass Dahms erschossen wurde, damit die Beziehung zum Mann der Kanzlerin nicht öffentlich wird.«

»Unsinn. Barbara und Ingo waren alte Freunde aus Studienzeiten.«
»Zack hat mir gesagt, es gibt Fotos.«
»Ja, es gibt Fotos.« Hans zeigte Georg einen Briefumschlag. »Schwule feiern gerne, sie machen auch gerne Fotos von ihren Familienfesten. Da sind die Schwulen nicht anders als die anderen. Nur dass diese Fotos etwas schärfer ausfallen. Angucken erlaubt, veröffentlichen nicht.«
Hans hielt ihm den Umschlag hin wie einen Köder. Georg griff danach, öffnete ihn. Auf den ersten Blick sahen die Aufnahmen aus wie von einer Karnevalsfeier. Alle Abgebildeten waren kostümiert. Ärzte. Polizisten. Krankenschwestern. Stewardessen. Viele Uniformen. Dann wurde es freizügiger. Die Krankenschwestern waren Männer. Es waren überhaupt nur Männer auf den Fotos. Georg glaubte, in der Menge nicht nur Dahms und Jung zu erkennen, sondern auch andere bekannte Gesichter.
Es gab drei Fotos, die Jung und Dahms nackt und eng umschlungen zeigten. Jung trug ein Schwesternhäubchen, Dahms ein Stethoskop. Rektale Untersuchung. Kopulation. Dahms benutzte ein Kondom.
»Jetzt weißt du, was du wissen wolltest.« Hans nahm die Fotos wieder an sich.
»Ich möchte von drei Fotos Aufnahmen machen. Darf ich?« Georg zeigte auf sein Handy.
»Was willst du damit?«
»Ich weiß es noch nicht. Ich will sie als Beweise für meine Story haben.«
»Nein. Niemand darf erfahren, dass es diese Fotos gibt. Niemand darf erfahren, dass du mich hier getroffen hast. Ich weiß, dass du meinen richtigen Namen kennst. Außerdem glaube ich nicht, dass die Kanzlerin mit dem Mord an Dahms etwas zu tun hat.«
»Wer sonst?«
»Das musst du schon selbst herausfinden. Du bist doch ein guter Journalist, sagt man. Aber sei vorsichtig.«
Hans stand auf und verschwand hinter einer der Palmen. Zack blieb bei Georg sitzen.
»Hier, guck mal, er hat den Umschlag mit den Fotos vergessen.«
Der Umschlag war tatsächlich da, lag auf dem Sessel, auf dem

Hans gesessen hatte. Die Fotos waren darin. Georg beschlich ein ungutes Gefühl.

»Vielleicht hat er die Fotos nicht vergessen, sondern bewusst hiergelassen.«

Zack zuckte die Schultern. »Du hast gehört, was er gesagt hat: Sei vorsichtig.«

Georgs Handy klingelte. Menden war am Apparat. »Ich bin in Nippes. Tötung auf offener Straße. Cranachstraße Ecke Kempener Straße.«

Der Tatort »Eisdiele« in Nippes war immer noch abgesperrt, als Georg kam. Seinen Mini parkte er kurzerhand vor dem Flatterband, dann zückte er seinen Presseausweis und sagte: »Rubin vom BLITZ. Ich will zu Kommissar Menden.«

Die Leiche war bereits abtransportiert worden. Weiße Farbe markierte die Position des Opfers auf dem Asphalt. Hütchen mit Nummern wiesen auf Stellen hin, wo Spuren gefunden worden waren.

Menden saß im Innern der Eisdiele, die er zu seinem provisorischen Vernehmungszimmer gemacht hatte. Gerade unterhielt er sich mit zwei jungen Männern.

Als er Georg sah, schüttelte er den Kopf, was bedeutete, dass er nicht gestört werden wollte. Georg musterte die Gesichter der Neugierigen, die sich hinter der Absperrung drängten. Ein bunter Querschnitt der multikulturellen Nippeser Bewohner. Die meisten standen in Grüppchen zusammen und diskutierten. Ein Mann, salopp gekleidet mit Jeans und T-Shirt, sportliche Figur, stand etwas abseits und völlig allein. Er war wohl nicht von hier. Na ja, Georg war auch nicht von hier.

Er sah, wie Menden aufstand, den beiden jungen Männern die Hand gab und nach draußen kam. Knapp informierte er Georg über das, was er bisher ermittelt hatte.

»Fast eine Hinrichtung. Das Opfer trug eine Art Uniform. Wolfgang Zander. War bei einer Eliteeinheit der Bundeswehr. Verbindung zu rechten Kreisen. Von einem Schuss tödlich getroffen. Jede Menge Zeugen, die aber nichts oder jeder etwas anderes gesehen haben. Keine Täterbeschreibung. Ein Kind, ein siebenjähriges Mädchen, sagt, der Getötete habe einem anderen Mann ein Eis aus der Hand geschlagen. Der andere Mann sei dann wütend geworden. Es gibt aber niemanden, der diese Aussage bestätigt hat. Man erschießt doch niemand wegen eines Hörnchens Eis.«

»Nein, sicher nicht«, sagte Georg und machte Menden auf den allein stehenden Mann aufmerksam. »Hast du den auch vernommen?«

»Ja, habe ich. Hat sich sogar freiwillig gemeldet. Er hätte in der Schlange vor der Eisdiele hinter dem Getöteten gestanden. Der Zeuge heißt, lass mich nachsehen, war ein seltsamer Name, hier, Eberhard Sczymanek, wohnt in der Neusser Straße. Nein, er hatte leider auch nichts Wichtiges zu erzählen. Wieso kommst du gerade auf ihn?«

»Weiß nicht. Mir fiel auf, wie genau er hier alles beobachtet. Und dass er ganz allein ist. Alle anderen scheinen sich zu kennen.«

»Kein Wunder«, sagte Menden, »der Mann ist gerade erst hierhergezogen. Ich nehme an, dass es ein ziemlicher Schock ist, festzustellen, dass man in einer Gegend wohnt, in der man einfach so abgeknallt werden kann.«

»Du willst doch nicht Nippes zum Klein-Chicago ernennen«, sagte Georg, »oder darf ich das als offizielle Polizeimeinung verbreiten?«

»Untersteh dich. Nein, natürlich ist Nippes ein ganz friedliches Viertel. Aber noch friedlicher wäre es, wenn wir den Schützen finden würden.«

Georg sah, wie der Fremde abdrehte und Richtung Neusser Straße ging. Am linken Ohr hielt er ein Handy. Georg hätte gerne mitgehört.

30

Ponks Handy vibrierte. Er sagte nur »Ja«, dann hörte er die Stimme von Nummer eins.

»Ponk, sind Sie wahnsinnig geworden? Sie können doch nicht jeden über den Haufen schießen, der Ihnen über den Weg läuft.«

»Der Mann hatte mich erkannt.«

»Klar hatte er Sie erkannt. Das war sein Auftrag. Er sollte Sie mit Ihrem echten Namen ansprechen, um zu testen, wie Sie darauf reagieren.«

»Wie, Zander arbeitete auch für Sie?«
»Für uns, Ponk, für uns. Zander war einer von uns. Sie haben ihn auf dem Gewissen. Wieder ein Minuspunkt für Sie.«
»Das habe ich nicht gewusst.«
»Das spielt überhaupt keine Rolle, ob Sie etwas wissen oder nicht, Ponk. Sie haben zu gehorchen. Hatten Sie den Befehl, Zander zu töten?«
»Nein.«
»Was haben Sie für Befehle?«
»Auf Ihren Befehl zu warten.«
»Richtig. Gehorsam, Ponk, Gehorsam ist es, was zählt.«
»Ja«, sagte Ponk, »Gehorsam.«
»Immerhin haben Sie sich nicht kriegen lassen. Aber passen Sie auf, Ponk, dass man Ihnen nicht auf die Spur kommt.«
»Ich bin ganz sicher, dass niemand gesehen hat, dass ich geschossen habe. Keiner hat einen Verdacht.«
»Wollen wir hoffen, dass das so bleibt. Um Zander ist es nicht wirklich schade. Der Mann war unzuverlässig. Kollateralschaden. So ist das im Krieg. Und wir sind im Krieg, Ponk, das dürfen Sie nie vergessen.«
»Zu Befehl. Krieg.«
»Wenn Sie die P 12 gefunden haben, haben Sie auch den Zettel gefunden.«
»Ja, habe ich.«
»Jakob Winter. Bei Lena.«
»Heute in sechs Tagen.«
»Richtig. Nächsten Montag. Waren Sie schon bei Lena?«
»Nein. Wo ist das?«
»Das ist eine Kneipe. Am Ring in der Nähe des Mediaparks. Jakob Winter verkehrt da. Ein Taxifahrer. Das ist Ihr Mann.«
»Soll ich ihn töten? Heute in sechs Tagen?«
»Vielleicht. Sie sollen ihn finden. Und herausfinden, was er gegen die Kanzlerin in der Hand hat. Es gibt beunruhigende Hinweise. Geben Sie dem Mann ein paar Bier aus, dann wird er gesprächig.«

31

Von Nippes aus war Georg in die Redaktion gefahren und hatte einen kurzen Artikel über die Schüsse vor der Eisdiele geschrieben. Zu Hause war er unter die Dusche gestiegen und hatte sich frisch gemacht für das letzte Abenteuer des Tages, seine erste Tangostunde. Endlich ein Wiedersehen mit Ricarda.

Das Tango Colón lag wie Georgs Wohnung an der Vogelsanger Straße in Ehrenfeld, allerdings ein gutes Stück weiter stadtauswärts in einer Industrielandschaft, die nicht zu seinem üblichen Revier gehörte.

Der Weg führte von der Inneren Kanalstraße über den Gürtel und die Äußere Kanalstraße hinaus, dann rechts in eine Anliegerstraße mit alten und neuen Gebäuden und Hallen. Wenn hier irgendwo eine Tanzschule sein sollte, dann ganz bestimmt keine feine und traditionelle wie van Hasselt in Lindenthal, die er aus seiner Schülerzeit kannte. Tango Argentino war wohl eher etwas für die Hinterhöfe.

Ein Vorteil dieser abseitigen Lage war, dass es keine Not an Parkplätzen gab. Georg stellte seinen Mini ab und machte sich zu Fuß auf die Suche.

Der Zugang versteckte sich in einem kleinen Hof, in dem außerdem noch ein Kfz-Handel, ein Rechtsanwalt und zwei weitere kleine Betriebe untergebracht sein mussten, so signalisierten jedenfalls die aufs Mauerwerk geschraubten Schilder. Unter dem zum Tango Colón stand der Hinweis: »Bitte nicht im Hof parken!«

Zwischen zwei stillgelegten Autos ohne Kennzeichen hindurch führte der Weg zum Eingang der Tangoschule. Georg zögerte, ob er hineingehen sollte. Eine junge Frau ging an ihm vorbei, sagte »Guten Abend« und nahm ihm die Entscheidung ab, als sie vor ihm eintrat und ihm die Tür aufhielt.

»Danke«, sagte Georg.

Das Tango Colón war viel größer, als er vermutet hatte. Hinter dem Eingangsbereich mit Garderobenständern links und einer Theke rechts gelangte man in eine Art offenes Wohnzimmer mit Tischen und Holzstühlen, eingerahmt von ein paar gemütlichen Sofas und Sesseln mit kleinen Tischchen.

Gegenüber ging der Blick in eine hohe Industriehalle, weiß gestrichene Wände, Fenster nur im Dach, Lichterketten, rote Papierlampions, am Ende ein Leuchtband geformt zum Wort »Colón«.

An den Wänden Bilder und Fotos, davor verschlissene Sofas, Sessel, Stühle, Tische unterschiedlichster Stile zusammengewürfelt, in der Mitte die Tanzfläche, groß und bereits gut gefüllt.

»Wohnzimmer« und Tanzsaal waren optisch voneinander getrennt, als Raumteiler diente wieder ein Sofa, über dem von der Decke herab ein goldener Bilderrahmen hing, der allerdings kein Bild enthielt und so das Geschehen auf der Tanzfläche einrahmte. Daneben ein Stehtisch, ein schmaler Durchgang, ganz rechts das Mischpult, von dem aus die Musik gesteuert wurde.

Ein Stück, das Georg kannte, »Mi noche triste«, »Meine traurige Nacht«. War ihm die Atmosphäre dieser Halle auch fremd, so war ihm die Musik vertraut.

Wieso hatte er niemals vorher den Versuch unternommen, Tango tanzen zu lernen? Wahrscheinlich hatte er den Anstoß durch Ricarda benötigt. Wo war sie überhaupt?

Hinter den Garderobeständern entdeckte Georg kleine Regale, in denen Schuhe aufbewahrt wurden. Tanzte man Tango in Buenos Aires nicht auf den Straßen? Hier schien es so zu sein, dass man besondere Tanzschuhe benötigte und seine Straßenschuhe in den Regalen deponierte.

Über den Schuhregalen führte eine stählerne Leiter auf eine Art Empore, die das Dach über dem »Wohnzimmer« war.

Eine junge Frau, fast so hochgewachsen wie er selbst, sprach ihn an. »Hallo, ich bin Ulla. Kommst du zum Anfängerkurs?«

»Ja«, sagte Georg. »Ricarda hat mich auf den Kurs aufmerksam gemacht. Kennen Sie Ricarda?«

»Klar kenne ich Ricarda. Aber sie unterrichtet dienstags nicht. Heute unterrichte ich, zusammen mit Stevan. Ricarda hat dich angekündigt. Wir haben dir eine Partnerin besorgt.«

Ulla zeigte auf die junge Frau, die mit ihm gemeinsam angekommen war und sich gerade rote hochhackige Tanzschuhe anzog. »Das ist Julia. Sie tanzt seit einem Jahr. Komm, ich stell sie dir vor. – Julia, das ist Georg. Georg, das ist Julia. Wenn ihr wollt, könnt ihr euch schon mal eintanzen. Der andere Kurs ist gleich zu Ende.«

Julia reichte ihm die Hand. »Du bist heute zum ersten Mal hier? Keine Angst. Das wird schon. Hier sind alle sehr nett.«

Georg nickte, aber seine Stimmung hatte einen Dämpfer bekommen. Wieso hatte Ricarda ihn hierhergelockt und dann versetzt?

Julia lächelte ihn an und wartete darauf, dass er endlich etwas sagte.

»Hallo, Julia. Ja, es ist meine erste Stunde. Ich habe früher mal Tanzstunden gehabt, Rumba, Walzer, Disco-Fox. Ich tanze eigentlich ganz gerne. Hoffentlich trete ich Ihnen nicht auf die Füße.«

»Wir sollten uns duzen.« Julia lächelte wieder.

»Ja. Klar. Danke, dass du mit mir tanzt. Machst du das öfter?«

»Ja. Sehr oft«, lachte Julia. »Man muss tanzen, viel tanzen, wenn man im Tango besser werden will. Hier ist es ganz praktisch. Wenn man einen kompletten Kurs für hundert Euro gebucht hat, kostet der zweite Kurs nur noch die Hälfte und der dritte nur noch zehn Euro. Wenn man zwei Kurse voll bezahlt, sind alle weiteren Kurse der Woche frei. Man kann auch Einzelstunden buchen. Heute, wo ich als Tanzpartnerin einspringe, muss ich gar nichts bezahlen. Ich mache drei Kurse die Woche. Mindestens.«

»Dann wird es dir mit mir als Anfänger kaum Spaß machen.«

»Nein, nein, mach dir keine Sorgen. Das Spannende am Tango ist doch, dass man improvisiert, dass man oft die Tanzpartner wechselt. Das sind neue Erfahrungen, auf die man sich einstellen muss. Ich lerne immer dazu, ich werde auch von dir lernen können.« Sie nahm ihn an der Hand. »Komm, wir versuchen es einfach.«

Die Musik stoppte, die Teilnehmer des anderen Kurses kamen ihnen entgegen, schließlich standen Georg und Julia mit vier anderen Paaren auf der Tanzfläche, die wie sie auf ihre erste Stunde warteten.

Der Tangolehrer hieß Stevan, Stevan mit »v«, und hielt eine kurze Einführungsrede. Er versammelte sie alle im Kreis um sich, und jeder stellte sich vor. Es gab noch ein zweites Paar, das mit Hilfe der Tanzschule für den Kurs zusammengestellt worden war, auch in diesem Fall war der Neuling ein Mann, dem eine erfahrenere Tänzerin zur Seite stand.

»Ich dachte immer, beim Tango gebe es einen Frauenüberschuss«, sagte Georg.

»Das kann ich nicht bestätigen«, sagte Julia. »Es heißt zwar allgemein, dass Männer weniger tanzen als Frauen, aber in der Kölner Tangoszene ist das Verhältnis sehr ausgeglichen.«
Die erste Übung schien einfach. Umarmung, spanisch Abrazo. Partnerin in Tanzhaltung anfassen, vorsichtig das Gewicht auf das linke Bein verlagern, dann auf das rechte Bein und wieder zurück. Georg ging die Sache mit Schwung an, Julia wollte ihn bremsen, was dann jedoch Stevan übernahm.
»Mit dem Oberkörper nicht so schaukeln. Das Becken ist ein Podest, auf dem der Oberkörper ruht.«
Georg überlegte, welchen Körperteil Stevan mit »Becken« meinte. Er reduzierte seine Bewegung.
»Ja, so ist es besser«, sagte Julia.
Stevan und Ulla zeigten einen ersten Schritt. »Die Führenden gehen nach vorne, die Folgenden gehen nach hinten. Für den Mann: Erst Gewicht verlagern, dann den Schritt setzen. Und die Verkehrsregel beachten, es wird gegen den Uhrzeigersinn getanzt.«
Georg sah auf seine Füße, und er sah Julias Füße, die in vorne offenen High Heels steckten. Nur nicht auf die Zehen treten. Vorsichtig schob er den rechten Fuß nach vorne, wartete, ob sie ihren linken Fuß zurücksetzte, ja, tat sie, dann dasselbe mit links. Das fühlte sich sehr wackelig an und passte überhaupt nicht zum Takt der Musik.
»Erst das Gewicht verlagern, dann den Fuß setzen, nicht umgekehrt«, mahnte Stevan und zeigte mit Ulla, wie es richtig ging. »Also: Der Oberkörper beginnt mit der Vorwärtsbewegung, die Frau nimmt das Signal mit ihrem Oberkörper oder ihren Händen auf, setzt ihren Fuß zurück, dann folgt der Fuß des Mannes. Und niemals auf den Boden sehen. Der Körper weiß schon, wie das funktioniert.«
»Schließ einfach die Augen«, empfahl Julia.
Wie sollte das gehen?
Georg versuchte es. Er schloss die Augen, hörte auf einmal die Musik viel deutlicher, nahm Julia in seinen Armen wahr.
Er rekapitulierte die erste Übung. Gewicht verlagern. Vorsichtig. Auf links. Auf rechts. Er spürte, wie Julia reagierte. Jetzt der erste Schritt. Er hatte das Gewicht auf links verlagert, also musste er mit dem rechten Fuß gehen. Er schob seinen Brustkorb leicht nach vorne, dann setzte er den rechten Fuß, wunderbar, kein Ze-

henalarm, und jetzt dasselbe noch einmal mit links. Es funktionierte. Er öffnete die Augen, Julia war zufrieden.

»Sehr schön. Du lernst schnell.«

Georg packte der Ehrgeiz. Weitere Schritte. Versuchen, im Takt zu bleiben. Es klappte. Aber wahrscheinlich klappte es vor allem deshalb, weil Julia wusste, wie man richtig tanzte.

Ulla gesellte sich zu ihnen. »Ihr macht das sehr gut. Ein Tipp: Dein freier Fuß muss immer ganz nah am Standbein vorbei. Nicht breitbeinig tanzen.«

Ulla schlüpfte in die Männerrolle und zeigte mit Julia, was sie meinte. Es sah toll aus.

»Und jetzt du«, sagte Ulla.

Gewicht verlagern, links, rechts, links, Vorwärtsimpuls im Oberkörper, rechten Fuß vor, Impuls im Oberkörper, linken Fuß vor, eng am rechten Fuß vorbei. Und weiter.

»Ja, das wird«, sagte Ulla und wandte sich dem nächsten Paar zu.

Georg war überrascht, wie schnell er Fortschritte machte. Tatsächlich lernten sie sogar noch weitere Schritte. Eine Art Abschlussschritt, linker Fuß vor, rechter Fuß zur Seite, linker Fuß ran.

Es wurde komplizierter. Rechts, stopp und zurück, Wiege nach links, Abschlussschritt. Den Rückschritt nach dem Stopp in doppeltem Tempo tanzen.

Beat und Beat. Nicht nur Beat, Beat, Beat, Beat.

Und dann das Finale: langsam nach unten und langsam zur Seite nach links, den Schritt über den Boden ziehen, langsam wieder hochkommen, rechten Fuß ran.

»Ja, schön«, sagte Stevan. »In dieser Figur dürft ihr euch viel Zeit nehmen. Erst wenn es weitergeht, müsst ihr wieder den Rhythmus spüren und mit dem Rhythmus tanzen.«

Georg genoss das Tanzen. Vor allem der große, langsam gezogene Schritt nach links gefiel ihm. Julia war eine tolle Tanzpartnerin, aber auf einmal spürte er eine leichte Unsicherheit bei ihr. Es schien, als wollte sie die Führung übernehmen und ihn in eine bestimmte Richtung lotsen.

Georg hielt dagegen und steuerte genau die andere Richtung an. Dann sah er sie. Ricarda. Sie stand im »Wohnzimmer« und sah durch den glaslosen Spiegelrahmen auf die Tanzfläche. Ihre Blicke trafen sich. Sie drehte ab und verließ die Tangohalle.

»Ricarda«, sagte Georg.
»Ja, ich habe sie gesehen«, sagte Julia.
»Kennst du sie?«
»Natürlich. Sie ist doch Tanzlehrerin hier. Stevan unterrichtet jeden Tag, aber die Tanzlehrerinnen wechseln. Montags tanzt er mit seiner Frau Britt, dienstags mit Ulla. Mittwochs mit Nikki und donnerstags mit Ricarda. Sie hat dich und mich hier zusammengebracht.«
»Ja. Ich dachte eigentlich, ich könnte mit ihr tanzen.«
»Ich weiß. Sie hat mir so einiges erzählt. War es mit mir denn so schlimm?«
»Nein. Überhaupt nicht. Es war toll, danke. Was hat sie denn alles erzählt?«
»Nur Gutes«, sagte Julia und lächelte.
Stevan und Ulla läuteten das Ende ein. »Das war eure erste Tangostunde. Ich tanze seit fünfundzwanzig Jahren«, sagte Stevan, »und entdecke jeden Tag neue Möglichkeiten. Was könnt ihr im Kurs erwarten? Den Grundschritt ...«

Die Tanzlehrer demonstrierten, was Stevan sagte. Ochos rückwärts, die kannte Georg von Ricarda. Ochos vorwärts. Andere Figuren mit unbekannten Namen.

Das sah alles so leicht und elegant aus. Georg wollte es auch können. Irgendwann würde er den Tango mit Ricarda tanzen.

Mittwoch

32

Es wurde wieder eine fast schlaflose Nacht. Bis weit nach drei Uhr hatte Georg wach gelegen und die Ereignisse der letzten Tage gedanklich sortiert. Und es war noch vor sieben Uhr, als er aufstand und sich zu Hause an den Computer setzte.

Morgen war der wichtigste Tag seiner bisherigen Reporter-Karriere: Er würde die Bundeskanzlerin treffen. Und er würde sie mit seinen Recherchen konfrontieren. Mit seinem Wissen über ihre Studentinnenzeit, ihre Hochzeit mit dem Professor, von dem sie wusste, dass er schwul war. Wie lebt es sich so als Sandfrau, Frau Bundeskanzlerin? Endlich mal ein Blick hinter die geheimsten Kulissen, den er seinen Lesern verschaffen konnte.

Dann würde er ihr erzählen, was er über den Todesschuss vom Flughafen wusste. Dass Dahms mit einer Bundeswehrwaffe erschossen worden war. Dass der Schuss mit größter Wahrscheinlichkeit vom benachbarten Kasernengelände aus abgegeben wurde. Dass ein Bundeswehrsoldat auf mysteriöse Weise verschwunden war. Was sie darüber wisse?

Steins Sekretärin orderte den Flug Köln–Berlin und zurück. »Das ist alles völlig chaotisch«, sagte sie. »Eigentlich sollte der neue Flughafen Berlin-Schönefeld schon lange in Betrieb sein, stattdessen wird immer noch gebaut und gebastelt. Du landest in Tegel.«

Münchs Gesicht verfinsterte sich, als Georg ihm die Fotos zeigte. »Die Privatfotos von früher sind ja vielleicht noch in Ordnung. Aber auch nur dann, wenn sie ihre Genehmigung zur Veröffentlichung gibt. Die Fotos von Dahms und Roger Jung kannst du nicht benutzen.«

»Ich will sie nicht benutzen, wie du das nennst. Ich will ihr nur klarmachen, welche Fotos in Umlauf sind.«

»Sind sie das wirklich? Wer hat sie denn in Umlauf gebracht? Warst du es nicht selbst, der ganz gezielt nach solchen Fotos gesucht hat? Hast du dich mal gefragt, warum ausgerechnet du an die Fotos gekommen bist? Da will doch jemand der Kanzlerin schaden, und du machst dich zu seinem Werkzeug. Diese Fotos reicht man nicht einfach so rum, wenn man keine bösen Absichten hat.« Georg rief sich die Szene auf der Urwald-Terrasse noch einmal in Erinnerung. Ja, es war wirklich viel zu einfach gewesen, an die Fotos zu kommen. Wollte dieser Hans ihn für seine eigenen Zwecke benutzen?

»Wenn ich dir einen Tipp geben darf ...«, sagte Münch.

»Ja bitte.«

»Lass das mit den Fotos von Jung und Dahms. Die alten Fotos kannst du ihr zeigen. Schau erst mal, dass du eine Story mitbringst. Nichts ist katastrophaler für einen Journalisten, als wenn er von einem Supertermin zurückkommt und nichts zu erzählen hat. Also erst einmal die unverfänglichen Sachen fragen. Wie sich ihr Leben als Kanzlerin verändert hat. Was sie sich alles vorgenommen hat. Wie es ihrer Katze geht. Ob sie den Kölner Dom vermisst. Meinetwegen auch ob Konrad Adenauer ihr Vorbild ist.«

»Meinst du wirklich?«

»Ja, unbedingt. Du musst ihr und ihren Leuten das gute Gefühl geben, dass du zurück nach Hause fährst und eine große Geschichte schreibst: Unsere Kanzlerin in Berlin ist die beste, aber manchmal hat sie Heimweh nach Köln.«

»Und dann schmeißt sie mich raus, und ich bekomme mein ganzes wichtiges Material nicht mehr an die Frau gebracht.«

»Das musst du eben richtig timen. Heb dir das für die letzten Minuten auf. Frag erst kurz vor Schluss nach dem Attentat und nach Ingo Dahms. Sie wird lobende Worte über ihn sagen. Dann kommst du: Man sagt, Herr Dahms war der Liebhaber Ihres Mannes. Und erschossen wurde er mit hoher Wahrscheinlichkeit von jemandem, der mit der Bundeswehr zu tun hatte. Was wissen Sie darüber?«

»So direkt soll ich vorgehen?«

»Du musst einschätzen, wie die Lage ist. Aber wenn du nicht konkret fragst, bekommst du auch keine konkrete Antwort.«

Stein rief an, Georg solle in sein Büro kommen. Georg ließ ihn fünf Minuten warten.

»Ich höre, du bist morgen in Berlin. Bei der Kanzlerin. Dann bist du also schon ganz auf Politik eingestellt?«

»Ich bin immer noch an dem Mord an Ingo Dahms dran. Ich will die Kanzlerin dazu befragen.«

»Was soll denn dieser Unsinn, Georg? Als ob du da etwas aufklären könntest, was unsere Behörden nicht längst wüssten.«

»Man hat nicht den Eindruck, dass unsere Behörden überhaupt etwas wissen. Das Attentat ist mehr als eine Woche her, und noch immer haben wir keinen Hinweis auf den Täter.«

»Der wird längst irgendwo zu Hause in Afghanistan oder Pakistan sein, was weiß ich.«

»Und wie ist er dahingekommen? Wo wir doch die allerbesten Sicherheitsvorkehrungen haben? Und wieso gibt es kein Bekennerschreiben? Wieso gibt es nichts? Gar nichts?«

»Und du, du weißt etwas? Du hast irgendwelche Beweise, oder was willst du mir damit sagen?«

»Ich habe eine Theorie.«

»Ach ja, eine Theorie.«

»Und ich habe Beweise. Und Hinweise.«

»Und wo weisen die hin?«

»Das erfährst du, wenn ich die Geschichte rund habe. Wenn ich aus Berlin zurückkomme, schreibe ich alles auf. Die Story wird der Hammer.«

»Georg, übernimm dich nicht. Mir würde es völlig ausreichen, wenn du ein schönes Foto von der Kanzlerin und dir mitbringst und ich die Schlagzeile machen kann: ›Kanzlerin – endlich Besuch aus der Heimat. BLITZ-Besuch in Berlin‹. Wen nimmst du als Fotografen mit?«

»Zack fliegt mit mir. Die Tickets haben wir schon.«

»Ausgerechnet Zack. Kommt nicht in Frage. Da muss jemand Seriöses ran. Jemand, der sich in Berlin auskennt.«

»Zack hat den Job verdient. Er hat bei den Recherchen geholfen.«

»Georg, das entscheide ich. Zack ist nicht der richtige Mann. Die Kanzlerin gibt uns keine zweihundert Schuss und stellt sich auch nicht zwanzigmal in Pose.«

»Warum nicht? Sie kennt Zack aus ihrer Kölner Zeit. Sie weiß, wie er ist. Und er würde sofort für lockere Stimmung sorgen. Ich dachte sowieso, dass ich zuerst die Fotos machen lasse und dann erst zu den harten Interview-Fragen komme.«

»Harte Fragen? Du willst harte Fragen stellen?«

»Ja. Die Kanzlerin wird überrascht sein.«

»Na, dann lass ich mich auch mal überraschen.«

»Und ich nehme Zack mit. Vielleicht ist der stellvertretende Regierungssprecher bei dem Interview dabei. Der war mal beim BLITZ. Der kennt Zack noch aus dieser Zeit.«

»Du machst ja doch, was du willst. Aber wehe, aus den Fotos wird nichts.«

»Plan schon mal die Titelseite und mindestens zwei Seiten im Innenteil ein.«

»So viel Politik von Georg Rubin? Dann kann ich also dem Verleger melden, dass du den Job als Politik-Chef übernimmst? Du wolltest dich bis Ende der Woche entscheiden.«

»Wir haben erst Mittwoch. Ende der Woche sage ich Bescheid. Dann habe ich die Kanzlerin-Story im Sack.«

»Mach's nicht so spannend. Ich sehe dir doch an, wie ehrgeizig du bist. Politik-Chef.«

»Chefredakteur«, sagte Georg.

»Politik-Chef«, sagte Stein.

»Abwarten«, sagte Georg.

Die Universität zu Köln war verpackt, als wäre sie eine Skulptur von Christo. Riesige weiße Planen verdeckten das Hauptgebäude und die angrenzenden Neubauten, auch alle Fenster waren abgedeckt. Die Planen reichten bis zur Skulptur von Albertus Magnus, dem Namenspatron der Uni, der das Gewimmel der Studenten und Professoren mit steinerner Gelassenheit ertrug.

Georg liebte diese Atmosphäre. Es war noch nicht so lange her, dass er selbst hier studiert hatte; er erkannte vieles wieder, aber es hatte sich auch manches verändert. Es schien, als wäre die Uni nicht nur äußerlich größer geworden, sondern auch innerlich. Seit Juni gehörte Köln zum handverlesenen Kreis der sogenannten »Elite-Universitäten«, was nicht nur hohe Ehre, sondern vor allem sehr viel Geld bedeutete.

Georg war auf der Suche nach Roger Jung, dem Mann der Kanzlerin. Er hatte versucht, den Professor telefonisch zu erreichen, was ihm nicht gelungen war, aber er wusste, dass Jung seit Anfang der Woche seinen Dienst wieder aufgenommen hatte.

Georg steuerte die Pressestelle an; der Pressesprecher, hochgewachsen wie Chefredakteur Stein, aber sympathischer, erwartete ihn bereits.

»Sie haben Glück, Herr Rubin, ich habe Professor Jung aufgespürt. Er erwartet Sie im Café Krümel.«

Das »Krümel«, an der Zülpicher Straße Ecke Weyertal, auf halbem Weg zwischen Hauptgebäude und Uni-Kliniken gelegen, war eine Institution, ein Treffpunkt von Studenten, Professoren, Ehemaligen und Anwohnern.

Auch Georg war hier regelmäßig; vor allem an Samstagen genoss er das Frühstück, das bis zwei Uhr mittags serviert wurde.

Jung saß an einem der Außentische. Er trug Schwarz, auch ein schwarzes Hemd, aber das musste nicht unbedingt für Trauer stehen. Georg selbst war auch immer schwarz gekleidet.

Jung war in eine Zeitung vertieft.

»Herr Professor Jung?«, fragte Georg.

Jung schaute auf, erhob sich, gab Georg die Hand. »Sie müssen Herr Rubin sein. Sie wurden mir angekündigt.«

»Ja. Ich wollte Sie sprechen. Danke, dass Sie sich Zeit für mich nehmen.«

»Die Zeit, Herr Rubin, auch die Zeit, die man sich nimmt, sie verrinnt trotzdem. Ich kenne niemandem, dem es gelungen wäre, sie festzuhalten.«

Jung sah Georg in die Augen, als suche er darin eine Antwort.

Ein schöner Mann, stellte Georg fest. Die braunen Haare halblang und gewellt, an den Schläfen grau meliert, wache, freundliche graublaue Augen, ein Mund, dem man ansah, dass er häufig lachte. Auf dem Tisch stand ein Glas Weißwein, von dem Jung offenbar noch nicht getrunken hatte.

»Ich treffe mich morgen mit Ihrer Frau im Kanzleramt in Berlin«, sagte Georg.

Jung war überrascht. »Davon hat sie mir nichts erzählt. Wir haben noch gestern Abend lange telefoniert.«

»Sie wird das nicht so wichtig nehmen«, sagte Georg.

»Besuch aus der Heimat nimmt sie immer wichtig.«

»Ich bin gespannt. Ich denke, es könnte ein sehr aufregendes Interview werden.«

»Warum aufregend?«
»Ich war auf dem Flughafen, als Ingo Dahms erschossen wurde. Ich habe Beweise, wer ihn erschossen haben könnte. Beweise, die von den Behörden verheimlicht werden.«
Jung war leicht zusammengezuckt, als Georg den Namen Ingo Dahms genannt hatte.
»Herr Dahms war Ihr Student, richtig?«, fragte Georg.
»Das ist lange her, dass er mein Student war. Er war mein Freund. Mein bester Freund.«
»Ich weiß«, sagte Georg.
»Was wissen Sie?«
»Alles.«
Jung nahm das Weinglas, drehte es vor seinen Augen, nahm einen Schluck, war nicht ganz zufrieden. »Ich hätte früher trinken sollen. Jetzt ist der Wein zu warm geworden.«
»Wir waren bei Ingo Dahms«, sagte Georg.
»Sie glauben, alles zu wissen, Herr Rubin. Aber die Wahrheit können Sie nicht kennen.«
Georg wählte seine Worte ganz bewusst. »Ich weiß, dass Sie ein Liebespaar waren.«
»Ja. Wir waren ein Liebespaar. So, wie Sie es sagen, klingt es richtig. Nicht so schmutzig, wie andere über uns reden.«
»Wie kam Ihre Frau damit klar?«
»Sie wusste es von Anfang an. Sie war eine Kommilitonin von Dahms. Wir lernten uns in einem Urlaub auf Sylt kennen.«
»Sie war damals mit Jakob Winter zusammen.«
»Jakob, Jacques. Er war nett, aber er hatte nicht ihr Format.«
»Wieso haben Sie ihr einen Heiratsantrag gemacht?«
»Es war 1983. Eine ganz andere Zeit als heute. Da konnte man sich nicht einfach so outen. Ich wäre erledigt gewesen.«
»Aber der Paragraf 175 war doch längst geändert worden.«
»Mein junger Freund, der Paragraf war geändert worden, aber damit hatte sich doch die Gesellschaft noch nicht geändert. Und glauben Sie nicht, dass es heute keine Vorurteile mehr gäbe.«
»Das mag so sein.«
»Herr Rubin, ich glaube nicht, dass Sie die Situation damals wirklich einschätzen können. Wann sind Sie geboren?«
»1978.«

»Dann waren Sie gerade mal fünf Jahre alt und hatten hoffentlich eine glückliche Kindheit.«

Georg nickte.

»Ich war damals neununddreißig, Professor, karrieremäßig nicht schlecht, aber privat musste ich mich immer verstecken. Es ging sicher nicht mehr um Leben und Tod. In der Nazizeit wurden Homosexuelle in Konzentrationslager verschleppt, mit einem rosa Winkel gebrandmarkt, viele wurden ermordet. Aber auch in der Bundesrepublik galt noch die Nazi-Version des Paragrafen 175. Die Regierung Konrad Adenauer rechtfertigte dessen Aufrechterhaltung wie folgt: *Wo die gleichgeschlechtliche Unzucht um sich gegriffen und großen Umfang angenommen hat, war die Entartung des Volkes und der Verfall seiner sittlichen Kraft die Folge.* Haben Sie genau zugehört? Entartung des Volkes. So etwas sagte die Adenauer-Regierung achtzehn Jahre nach dem Ende der Nazi-Diktatur und meinte damit die Homosexuellen.«

»Warum verstecken Sie sich immer noch? Heute könnten Sie sich problemlos outen«, sagte Georg.

»Ich wollte mich scheiden lassen. Meine Frau und ich hatten das schon besprochen. Aber dann wurde sie Kanzlerin. Völlig überraschend. Das hat alles geändert. Nicht nur für sie, auch für mich. Ich habe darauf bestanden, nicht ständig bewacht zu werden, ich habe kein politisches Amt. Aber immer wenn meine Frau in Köln ist, sind die Bewacher dabei. Und unser Haus ist natürlich hochgesichert. Ich hatte immer das Gefühl, dass mir jemand folgt. Das ging so weit, dass ich mich mit Ingo nicht mehr unbelastet treffen konnte. Aber eine Scheidung hätte meiner Frau schaden können. Das wollte ich nicht. Wir wollten einen geeigneten Zeitpunkt abpassen. Nicht so kurz nach ihrer Wahl.«

»Wusste Herr Dahms, dass Sie sich scheiden lassen wollten?«

»Ja. Ich hatte mit ihm darüber gesprochen.«

»Und er?«

»Er hätte sich nicht scheiden lassen. Er wollte bei seiner Frau bleiben. Er liebte Helena mindestens so, wie er mich liebte. Vielleicht wäre unser Verhältnis auch zu Ende gegangen, wenn ich frei gewesen wäre. Aber Freunde wären wir immer geblieben.«

»Hat Ihre Frau in der Ehe nie etwas vermisst?«

»Wir wussten, was wir aneinander hatten und was nicht. Sie hat sich ihre Freiräume genommen wie ich mir meine. Das war in Berlin für sie sogar einfacher als zu ihrer Kölner Zeit. Da kannte sie ja niemand, bis sie Ministerin wurde. Jetzt als Kanzlerin ist das natürlich schwierig.«

»Sie hat einen Freund?«

»Wir haben uns versprochen, nie über das Liebesleben des anderen zu sprechen. Sie müssten sie schon selbst fragen. Aber ich schätze, dass sie Ihnen darauf keine Antwort geben wird.«

»Vermutlich nicht«, sagte Georg. »Lassen Sie uns über Dahms reden. Ich habe Beweise, dass die Tatwaffe aus Beständen der Bundeswehr stammt und dass sie vom Gelände der Bundeswehrkaserne am Flughafen aus abgefeuert wurde. Ist es nicht höchst verdächtig, dass der Täter aus diesem überwachten Gelände spurlos entkommen konnte und dass die Öffentlichkeit darüber gar nichts weiß?«

»Ich mache mir Vorwürfe, Herr Rubin. Ich habe Ingo Dahms richtiggehend überredet, mit mir zum Flughafen zu kommen. Er war gar nicht auf eine Totenfeier vorbereitet. Unbewusst war das wohl ein Versuch von mir, ihm zu zeigen, dass ich mich auch öffentlich zu ihm bekennen wollte. Vielleicht hätte er sich ja doch scheiden lassen und mich geheiratet. Er ist mitgekommen, nicht wegen mir, wie er sagte, sondern wegen Barbara, die er ja tatsächlich noch länger als ich kannte. Er wollte bei ihrem ersten Heimatbesuch als Kanzlerin dabei sein. Ich war stolz, ihn an meiner Seite zu haben. Er wollte sich im Hintergrund verstecken, ich habe ihn dann zu mir in die erste Reihe gezogen und zwischen Barbara und mich gestellt. Ich habe sogar den Verteidigungsminister zur Seite gedrängt. Dann fiel der Schuss ...«

Georg war elektrisiert über das, was er da hörte: Sollte womöglich gar nicht Dahms erschossen werden, sondern der Verteidigungsminister?

Jung sah ihn traurig an. »Ob Ingo noch leben würde, wenn ich das nicht getan hätte? Bin ich schuld an seinem Tod?«

Jung richtete diese letzte Frage mehr an sich selbst als an Georg. Dann stand er auf, reichte Georg die Hand und sagte: »Bestellen Sie meiner Frau einen Gruß von mir. Und wenn sie fragt, was ich sonst noch gesagt hätte, dann sagen Sie: Ich liebe sie.«

Donnerstag

33

Zack war immer für eine Überraschung gut, wie Georg feststellte, als sie sich eine Dreiviertelstunde vor der Zeit am Kölner Flughafen trafen. Der Fotograf hatte sich in Schale geworfen: Er trug zwar Rollschuhe, wie immer, dazu aber Anzug und Krawatte.

In seinem schweren Fotokoffer hatte er gleich drei Kameras und mehrere Objektive, was ihm eine Sonderbehandlung an der Sicherheitskontrolle einbrachte.

Zack protestierte, das sei lebensgefährlich, und zückte seinen Herzschrittmacherausweis. »Bitte vorsichtig. Ihre Kontrollgeräte können die Einstellung meines Schrittmachers verändern. Wollen Sie das riskieren?«

Der Mann am Metalldetektor war auf diese Situation nicht vorbereitet. »Warten Sie hier, ich muss meine Vorgesetzten fragen.« Es dauerte einige Minuten, bis er zurückkam. »Bitte gehen Sie vorne in Reihe eins, dort haben wir das Kontrollgerät so eingestellt, dass keine Gefahr für Sie besteht.«

Der Flug verlief problemlos, die Maschine landete pünktlich in Berlin-Tegel.

Sie nahmen ein Taxi ins Regierungsviertel. »Setzen Sie uns am Reichstag ab«, sagte Georg zu dem Taxifahrer, der Deutsch mit russischer und mit Berliner Färbung sprach.

Die Luft war lau, als sie am Reichstag ausstiegen. Besuchergruppen standen Schlange auf der Wiese vor dem Glaskuppel-Bau, der in jeder zweiten Tagesschau zu sehen war.

Das Kanzleramt lag gleich gegenüber. Ein gewaltiger Komplex, der noch in der Amtszeit von Helmut Kohl errichtet, aber erst von dessen Nachfolger Gerhard Schröder bezogen worden war. Nach Schröder und Angela Merkel war Barbara Jung die dritte, die hier residierte, in diesem Koloss, der achtmal größer war als das Weiße Haus des amerikanischen Präsidenten in Washington.

Um Viertel nach zwei meldeten sie sich an der Sicherheitsschleuse. Ihre Namen und die Nummern der Personalausweise waren vorgemerkt. Nach der obligatorischen Kontrolle durften sie eintreten.

»Bitte warten Sie hier, Sie werden abgeholt.«

Drei Minuten vor der vereinbarten Zeit erschien Siegfried Gärtner, der stellvertretende Regierungssprecher, und umarmte Zack. »Dass ich das noch erleben darf. Du in Berlin im Kanzleramt. Du fotografierst doch sonst nur Stars und Sternchen.«

»Du bist doch jetzt auch so etwas wie ein Star«, sagte Zack. »Und erst die Kanzlerin. Et Barbara. Die fand ich schon immer jut. Aber dat die so weit nach oben kommt, dat hätt ich nit jedacht. Siggi, du kennst doch Georg Rubin, unseren Chefreporter. Der macht bestimmt auch noch mal Karriere.«

Gärtner gab Georg die Hand. »Willkommen in Berlin. Wie geht es Ihrem Vater?«

»Danke, er lässt Sie grüßen. Obwohl Sie seiner Meinung nach in der falschen Partei sind.«

»Der alte Sozi.«

Gärtner lotste sie zu einem Aufzug. »Die Kanzlerin hat ihr Büro im siebten Stock. Da darf nicht jeder rein. Das ist eine Auszeichnung für Sie, eine Reverenz der Kanzlerin an ihre Heimat.«

Im siebten Stock herrschte hektischer Betrieb. Georg fragte sich, ob es Mitarbeiter der Kanzlerin oder Sicherheitsleute waren. Gärtner sprach vertraulich mit einem Mann.

»Die Kanzlerin wird sich um einige Minuten verspäten. Wir können schon in ihr Büro. Herr Rubin, stellen Sie sich darauf ein, dass das Gespräch pünktlich um fünfzehn Uhr beendet wird. Die Minuten, die vorne fehlen, lassen sich nicht dranhängen.«

Das Büro der Kanzlerin war riesig.

»Hundertfünfundvierzig Komma fünf Quadratmeter«, sagte Gärtner, als könne er Georgs Gedanken lesen.

Sehr großer schwarzer Schreibtisch. Ein schwarzer Bürostuhl auf Rollen, auf dem Tisch ein schwarzer Flachbildschirm, ein schwarzgoldener Globus, eine schwarz-goldene Schreibtischlampe. An der Wand hinter dem Schreibtisch hing ein großformatiges Ölgemälde, das Konrad Adenauer zeigte.

»Das Bild hat Oskar Kokoschka gemalt«, erklärte Gärtner. »Der Alte kann so immer ein Auge auf sie werfen.«

Der Alt-Kanzler hatte die Hände vor dem Bauch ineinandergelegt. Er trug einen blauen Anzug, der Oberkörper war leicht nach rechts gedreht, das Gesicht über die linke Schulter dem Betrachter zugewandt, die Augen in der Farbe des Anzugs waren dunkle Flecken, die eine gewisse Traurigkeit ausstrahlten. Im linken Auge schien ein Licht zu flackern, als wollte Adenauer ihm zublinzeln.

Das Gemälde war in expressionistischer Kokoschka-Manier gemalt, hingeworfene Striche und Farben, bewusst nicht naturalistisch und dennoch den typischen Ausdruck Adenauers unverwechselbar getroffen.

Gärtner und Zack standen vor einer schwarzledernen Sitzgruppe an einem Fenster, das bis zum Boden ging und einen grandiosen Blick auf den Reichstag bot. Das Büro hatte außerdem Platz für einen Konferenztisch für acht bis zehn Personen, ein Bücherregal, Flachbildfernseher, Europa- und Deutschlandfahne.

Georg schaute auf seine Armbanduhr. Schon sieben Minuten über der Zeit. Bekäme er alles abgefragt in nur zwanzig Minuten? Und bliebe dann noch Zeit für die Fotos?

Zack schien seine Wunschpositionen gefunden zu haben. Einmal am Schreibtisch, die Kanzlerin in ihrem Bürostuhl, das Adenauer-Porträt im Rücken, Georg schräg in einem Stuhl davor. Direktes Gesprächsfoto an der Sitzgruppe. Zack würde das Fenster im Rücken haben, Kanzlerin und Georg gegenüber. Weitere Aufnahme, ähnliche Position, aber diesmal auch den stellvertretenden Regierungssprecher mit im Bild.

»Einverstanden«, sagte Gärtner, »aber entscheidend wird sein, was die Kanzlerin will.«

Es war vierzehn Uhr einundvierzig, als Barbara Jung erschien. »Entschuldigen Sie die Verspätung, meine Herren, als Kanzlerin ist man selten Herrin des eigenen Terminplans.«

Sie lächelte, aber Georg spürte, dass sie unter Anspannung stand. Ihre Augen waren gerötet, als hätte sie geweint.

Sie trug ein dunkelrotes Kostüm und dunkelrote Schuhe mit Pfennigabsatz, nicht extrem hoch, sehr elegant.

Sie ging auf Zack zu. »Schön, Sie hier zu treffen. Ein Gesicht aus der Heimat.«

Der Fotograf wollte sie hinter den Schreibtisch dirigieren, aber sie winkte ab. »Nein. Keine Fotos. Jetzt nicht. Vielleicht am Ende des Gesprächs.«

Zack sah Georg fragend an, er zuckte mit den Schultern, nickte trotzdem, um zu signalisieren, dass sie unbedingt Fotos benötigten und er in Bereitschaft bleiben müsse.

Die Kanzlerin kam zur Sitzgruppe. Ihr Händedruck war fest. »Ich habe einige Sachen von Ihnen gelesen«, sagte sie. »Seit wann schreiben Sie über Politik?«

Georg war verblüfft. Er wollte doch hier die Fragen stellen. Aber er fing sich schnell. »Ich schreibe über alles, was interessant und lesenswert ist. Und Sie als Bundeskanzlerin aus Köln sind für unsere Zeitung natürlich besonders spannend. Darf ich das Gespräch aufzeichnen?«

Die Kanzlerin sah zu Gärtner und einer jungen Frau hinüber, die mit ihr gekommen war und die Frage mit einem Nicken beantwortete. »Das ist meine Referentin, Frau Krems. Herr Gärtner ist auch einverstanden. Sie dürfen das Gespräch mitschneiden.«

»Danke«, sagte Georg. Sein Aufnahmegerät besaß eine wunderbare Funktion: Wenn er den Aufnahmeknopf drückte, wurden zusätzlich auch die zwei Sekunden vor dem Knopfdruck gespeichert, was praktisch war, weil man in der Hektik eines Gespräch schon mal den richtigen Einsatz verpassen konnte.

»Ich soll Ihnen schöne Grüße von Ihrem Mann ausrichten. Ich habe ihn gestern getroffen.«

»Danke. Was hat er noch gesagt?«

»Ich liebe sie, also nicht ich, er liebt sie. Er hat gesagt, dass ich Ihnen das sagen soll.«

Die Kanzlerin schmunzelte. »Sagen Sie ihm, falls Sie ihn noch einmal sehen: Ich liebe ihn auch. Jetzt aber zum Interview. Wir haben nicht viel Zeit.«

»Haben Sie sich in Berlin schon eingelebt?«, fragte Georg.

Die Kanzlerin nahm einen Schluck Wasser, ehe sie antwortete. »Eingelebt? Ja, sicher. Ich bin ja schon länger in der Hauptstadt.«

»Ich meinte als Kanzlerin?«

»Ich mache das jetzt seit sechs Wochen. Eine hektische Zeit. Euro-Krise und kein Ende. Ein neuer Präsident in Frankreich. Neue Regierungen in Griechenland. Auslandsreisen, um mich vorzustellen. Innenpolitisch muss vieles angepackt werden. Aber ich kann etwas bewegen. Das treibt mich an.«

»Da bleibt sicher wenig Zeit fürs Privatleben.«

»Privatleben haben Sie als Kanzlerin nicht. Aber damit habe ich kein Problem. Mein Mann ist und bleibt in Köln, ich habe meine kleine Wohnung in Berlin. Ich habe hier ein paar gute Freunde, als Kanzlerin ist man sehr begehrt, mehr als mir manchmal lieb ist. Ich habe ein Bild des Kölner Doms zu Hause, ich habe Konrad Adenauer hier im Büro. Ich habe ...«, sie stockte einen Sekundenbruchteil, »... ich hatte meine Katze hier.«

»Was ist mit Ihrer Katze?«

»Sie ist tot. Die Nachricht habe ich erhalten, kurz bevor Sie gekommen sind.«

Barbara Jung wischte sich eine Träne aus dem Auge. »Deshalb wollte ich nicht, dass Zack fotografiert. Und jetzt muss ich schon wieder weinen. Entschuldigen Sie.«

Die Referentin reichte der Kanzlerin ein weißes Taschentuch.

»Ist schon gut. Geht schon wieder«, sagte Barbara Jung. »Hier, sehen Sie, ich habe ein Foto von meiner Katze. Steht auf meinem Schreibtisch. Verrückt, nicht?«

Sie schickte Gärtner los, das Foto zu holen. »Sie war keine Schönheit. Eine ziemliche Straßenmischung. Aber wir mochten uns.«

Das Bild zeigte eine schwarz-weiß getigerte Katze mit einem rötlichen Fleck im Fell. Germany's first cat.

»Selbstverständlich habe ich auch ein Bild meines Mannes auf dem Schreibtisch.« Die Kanzlerin hatte sich wieder gefangen.

»Frau Bundeskanzlerin, darf ich ein Foto von Ihnen und dem Bild Ihrer Katze machen?«, fragte Zack und passte damit den richtigen Moment ab.

Barbara Jung nickte, hielt das Bild mit der Katze mit ausgestreckten Händen vor sich, Zack dirigierte Georg hinter den Sessel der Kanzlerin, sodass er über ihre Schulter hinweg zu sehen war, und schoss Fotos im Sekundentakt aus den unterschiedlichsten Positionen.

»Wie hieß Ihre Katze? Wie ist sie gestorben?«, fragte Georg.

»Sie hieß Piaf, wie Edith Piaf. Sie hieß schon so, als ich sie bekommen habe. Es war ein ... es war ein Unfall, über den ich nicht sprechen möchte.«

»Frau Bundeskanzlerin, vor einer Woche waren Sie in Köln. Wie haben Sie das Attentat erlebt?«

»Das war ein trauriger Tag, an dem ich einen guten Freund verloren habe. Ich habe noch versucht, ihm zu helfen, aber es war hoffnungslos. Ich hätte mir gewünscht, etwas mehr Zeit zu haben, um zu trauern. Wir waren Studienfreunde.«

»Was hat sich seit diesem Tag für Sie verändert?«

»Was meinen Sie?«

»Sind die Sicherheitsvorkehrungen verstärkt worden? Haben Sie mehr Angst als vorher?«

»Die Bewachung ist noch engmaschiger geworden. Aber damit muss man leben. Angst? Die hatte ich, als der Schuss fiel. Aber ich habe heute nicht mehr Angst als vorher. Ich wusste immer, dass Kanzlerin ein gefährliches Amt ist.«

»Es scheint überhaupt keine konkreten Hinweise auf den oder die Täter zu geben.«

»Ich vertraue den ermittelnden Behörden. Es wird alles Nötige getan. Auskünfte dazu bekommen Sie vom Bundesinnenminister und vom Bundesverteidigungsminister.«

Die Kanzlerin wich aus. Georg ging zum Angriff über. »Ich habe Beweise, dass der Schuss aus einem Bundeswehrgewehr abgegeben worden ist und dass der Schütze vom Gelände der benachbarten Bundeswehrkaserne aus geschossen haben muss. Das müssten Sie doch wissen.«

Siegfried Gärtner intervenierte. »Herr Rubin, das geht zu weit. Was äußern Sie da für Unterstellungen? Auskünfte zu diesem Thema bekommen Sie, wie die Bundeskanzlerin gesagt hat, von den zuständigen Ministern. Oder auch nicht, wenn es die Geheimhaltung gebietet.«

Georg holte die Fotos, die er von Jakob Winter erhalten hatte, aus seinem Rucksack. »Frau Bundeskanzlerin, ich soll Ihnen Grüße von einem alten Kölner Freund ausrichten. Er hat mir diese alten Fotos für Sie mitgegeben.«

»Jacques«, sagte die Kanzlerin. »Der gute Jacques. Fährt Taxi, oder?«

»Ja.«

Sie betrachtete das Bikini-Foto. »Gärtner, schauen Sie mal, hatte ich nicht eine tolle Figur?«

Der stellvertretende Regierungssprecher antwortete mit einem Kompliment. »Wieso hatte, Frau Jung?«

»Mein erster Alfa.« Die Kanzlerin betrachtete das Bild des roten

Spider. »Ein phantastisches Auto. Ich bin schon immer gerne und schnell Auto gefahren.«

»Unfallfrei?«, hakte Georg nach.

Die Kanzlerin zögerte, ehe sie sagte: »Unfallfrei. Seit über zwanzig Jahren.«

»Hier habe ich noch ein Foto.« Georg zeigte ihr das Foto ihrer Hochzeitsfeier, ihr Mann Arm in Arm mit Ingo Dahms.

Die Kanzlerin sah das Foto sehr lange an.

»Es gibt ein Gerücht in Köln«, sagte Georg. »Das Gerücht besagt, dass Ingo Dahms der Liebhaber Ihres Mannes gewesen sei. Ihr Mann sei schwul, Sie hätten das immer gewusst und führten nur eine Scheinehe.«

Die Referentin sprang auf. »Herr Rubin, das Gespräch ist beendet. Herr Gärtner, begleiten Sie die Herren zum Ausgang.«

»Setz dich bitte wieder, Antonia«, sagte die Kanzlerin. »Sie sagen, es gebe ein Gerücht. Haben Sie meinen Mann darauf angesprochen?«

»Ja«, sagte Georg, »er hat mir alles gesagt.«

»Wir haben uns in die Hand versprochen, nie über das außereheliche Leben des anderen zu sprechen. Wenn er es Ihnen selbst gesagt hat, ist das etwas anderes. Es stimmt. Mein Mann ist homosexuell. Und? Finden Sie nicht, dass das unsere Privatsache ist? Ist daran irgendetwas Verbotenes oder auch nur Verwerfliches? Meinen Sie, Sie hätten das Recht, daraus eine Schmutzgeschichte zu machen?«

»Ich plane keine Schmutzgeschichte. Ich versuche nur herauszufinden, wer ein Motiv gehabt haben könnte, Herrn Dahms zu erschießen.«

»Und, haben Sie eine Vermutung?«

»Nein. Aber ich frage Sie direkt: Wäre es für Sie nicht unangenehm, wenn die Verbindung Ihres Mannes zu Herrn Dahms bekannt würde?«

»Das wäre schon möglich. Aber wir leben in einer aufgeklärten Zeit. Der Außenminister ist bekennender Homosexueller. Der Regierende Bürgermeister von Berlin ist schwul. Im katholischen Köln hat die CDU einen schwulen Kandidaten für die Wahl zum Oberbürgermeister aufgestellt. Sie sind da vielleicht etwas rückständig, Herr Rubin.«

Die Kanzlerin reagierte souverän.
»Wahrscheinlich haben Sie recht. Ich versichere, von mir haben Sie nichts zu befürchten. Aber vielleicht gibt es ja jemanden, der Sie erpressen will?«
Statt der Kanzlerin antwortete Gärtner. »Herr Rubin, jetzt reicht es wirklich. Das Gespräch ist beendet.«
Zack protestierte. »Ich brauche noch Fotos.«
Er ließ sich weder von Gärtner noch von der Referentin bremsen, sondern ging unbeirrt auf die Kanzlerin zu. »Es geht ganz schnell, Frau Jung, nur eine Sekunde, bitte einmal hinter den Schreibtisch setzen. Direkt vor das Bild von Herrn Adenauer.«
Die Kanzlerin ließ sich wie gewünscht platzieren und posierte mit ihrem attraktivsten Plakat-Gesicht. Wieder hatte Georg das Gefühl, das Adenauers linkes Auge blinzelte.
»Jetzt bitte noch Herrn Rubin mit ins Bild«, sagte Zack.
»Nein«, lehnte die Kanzlerin ab. »Es ist fünfzehn Uhr. Die Zeit ist um. Mit Herrn Rubin gibt es das Gesprächsfoto, das muss reichen. Und außerdem, Herr Rubin: Ich erwarte, dass Sie den Text vor Veröffentlichung mit uns abstimmen. Herr Gärtner und Frau Krems übernehmen das. Es wird nur gedruckt, was ausdrücklich genehmigt worden ist. Guten Tag, die Herren, und grüßen Sie mir Köln.«
Die Kanzlerin verließ das Büro, die Referentin im Schlepptau.
Gärtner war empört. »Rubin, was haben Sie sich bei Ihren Attacken gedacht? Das können Sie nicht einfach so auftischen. So schnell werden Sie kein Interview mehr bekommen, ich jedenfalls werde Ihnen dabei nicht mehr helfen. Und Sie haben es gehört, ich bekomme den Text zum Absegnen. Wenn Sie schlau sind, lassen Sie von sich aus gleich alles weg, was wir ohnehin streichen werden.«
»Gut«, sagte Georg. Er wusste, dass er sehr weit gegangen war, vermutlich zu weit. »Selbstverständlich bekommen Sie das Interview zum Gegenlesen. Ich schicke Ihnen die Fassung im Laufe des morgigen Tages zu.«
»Morgen ist Freitag. Vor Montag werden Sie den Text nicht zurückbekommen«, sagte Gärtner.
»In Ordnung. Dann planen wir das Interview für die Dienstagsausgabe ein.«

»Einverstanden.«

»Danke. Trotz des Ärgers, den ich Ihnen bereitet habe, vielen Dank für alles«, sagte Georg.

Gärtner ging missmutig vor ihnen her. »Hören Sie auf mit Ihrer Herumstocherei. Seien Sie froh, wenn Sie hier unbehelligt rauskommen. Obwohl ich mir nicht vorstellen kann, dass das kein Nachspiel haben wird.«

Zack und Georg bekamen noch die Nachmittagsmaschine und landeten um kurz nach sechs Uhr abends in Köln/Bonn. Schon während des Fluges hatte sich Georgs Laune aufgehellt.

Er würde Stein zwei Storys anbieten, einmal seine Recherchen über das Attentat und seine Ermittlungen. Die brauchte er noch nicht einmal mit Gärtner und der Kanzlerin abzustimmen. Als zweite Story käme das große Interview mit der Kanzlerin, nur der private Teil, mit den drei Fotos aus ihrer Jugendzeit und den aktuellen Aufnahmen aus dem Kanzleramt. Die einsame Kanzlerin in Berlin, sogar den Tod ihrer Katze musste sie verkraften. Das war doch eine perfekte Mischung. Kleinkinder und Tiere gingen immer. Wenn schon keine Babys, dann wenigstens eine Katze. In diese Story könnte er auch sein Interview mit Jakob »Jacques« Winter packen: »Meine Ex ist Kanzlerin, ich liebe sie immer noch.«

Die Liebschaft zwischen Dahms und Jung würde er nicht erwähnen. Vielleicht eine versteckte Andeutung über die Männerfreundschaft, mehr nicht.

Zacks Fotoausbeute war gigantisch. Der Schlawiner hatte nicht nur die gesamte Zeit über fotografiert, er hatte auch noch mit seinem Handy, das er auf dem großen Schreibtisch platziert hatte, das Interview gefilmt und dabei immer nur die Kanzlerin im Bild gehabt. »Ich dachte mir, das kann nicht schaden, oder?«

Das Video gab Georg die Möglichkeit, nachträglich im Gesicht der Kanzlerin zu lesen. Wie hatte sie auf seine Fragen reagiert? Während des Gesprächs hatte er sie nicht immer im Auge gehabt, manchmal hatte er auf seine Unterlagen geschaut oder auch schon mal zu Gärtner oder der Assistentin hinübergesehen.

Zwei Reaktionen der Kanzlerin waren auffällig. Als sie vom Tod ihrer Katze sprach, zeigte sie mehr Erschütterung, als man beim Ableben eines Tieres eigentlich vermuten würde. Ihr Blick weitete sich, ihre Geste war fahrig. Georg kannte Fälle von abgöttischer Katzenliebe, aber das passte nicht zu einer Frau, die Bundeskanzlerin war.

Die zweite Reaktion hatte er während des Gesprächs überhaupt nicht wahrgenommen, weil Gärtner dazwischengegangen war. Georg hatte gefragt: »Aber vielleicht gibt es ja jemand, der Sie erpressen will?«

Die Kanzlerin hatte nicht mit Worten geantwortet, aber mit einer interessanten Reaktion. Sie wurde sichtbar nervös, drehte den Kopf leicht, als wollte sie ihre Referentin wie eine Mitverschwörerin um Hilfe bitten, dann stand sie auf und verschwand aus dem Bild, weil Zack sie zur Fotosession an den Schreibtisch dirigierte.

Sie hatte die Erpressung nicht zurückgewiesen. Auch Gärtner hatte nichts dementiert, sondern nur gesagt: »Herr Rubin, jetzt reicht es aber wirklich. Das Gespräch ist beendet.« Dementis hörten sich anders an.

Wieder zu Hause setzte er sich an den Rechner. Wie sollte er die Geschichte über den Mord an Dahms aufziehen? Wie könnte die Schlagzeile lauten? Was waren die wichtigsten Botschaften, die er vermitteln wollte?

Georg startete einige Versuche. Formulierte. Löschte. Formulierte neu. Am Ende war er mit seiner Lösung zufrieden:

DAS ATTENTAT AUF DIE KANZLERIN
Todeswaffe stammt aus dem Bestand der Bundeswehr
Scharfschütze traf aus 900 Metern Entfernung
Täter versteckte sich in Luftwaffenkaserne

Was er über den Fall ermittelt hatte, schrieb sich schnell runter. Er stellte seine eigenen Erkenntnisse den spärlichen offiziellen Mitteilungen gegenüber und kam so schlüssig zu der Frage: Wer hat ein Interesse daran, die Wahrheit zu verschweigen?

Hier konnte er noch einfügen, dass die Ermittlungen nicht von der Kölner Polizei geführt wurden, sondern vom Bundeskriminalamt und verschiedenen Geheimdiensten.

Dann kam der schwierige Teil des Artikels: Er musste den Bogen zu Ingo Dahms schlagen. Die Fakten zu seiner Person waren klar. Dann die Information, dass er ein Studienfreund der Kanzlerin war, dass er bei Roger Jung studiert und promoviert hatte. Sollte er es dabei bewenden lassen? Oder konnte er schreiben, dass die beiden Männer gut befreundet gewesen waren? Ja, das konnte er sicher. Wie war es mit der Mitteilung, dass Jung und Dahms sich jeden Donnerstag einen gemeinsamen Herrenabend gegönnt hatten? Ja, auch das wäre noch unverfänglich.

Abschließen würde er den Artikel mit der These von Gerald Menden, im Artikel nicht namentlich genannt, sondern nur als ein »Experte der Kölner Polizei« zitiert: Wenn es stimmte, dass der Attentäter ein Scharfschütze war und ein G22 der Bundeswehr benutzt hatte, dann war Dahms kein zufälliges Opfer. Ein Scharfschütze verfehlt sein Ziel nicht um über drei Meter – auch aus neunhundert Metern Entfernung nicht. Ingo Dahms war gezielt erschossen worden. Der Anschlag galt nicht der Kanzlerin, es sei denn, sie sollte eingeschüchtert und erpresst werden.

Georg wies auf das Gedränge hin, das es kurz vor dem Attentat gegeben habe. An der Stelle, an der Dahms erschossen worden war, habe kurz vorher noch der Bundesverteidigungsminister gestanden. Vielleicht hatte das Attentat ja dem Politiker gegolten, sicherlich jedoch nicht der Kanzlerin.

Georg feilte an seinem Artikel, las sich den Text laut vor, änderte, formulierte um, las noch einmal laut und war endlich zufrieden.

Was würde Stein zu dem Text sagen? Würde er sich trauen, ihn so abzudrucken? Würde er die Rechtsabteilung hinzuziehen? Georg musste sich auf Fragen vorbereiten und seine Beweise parat haben. Die Schallanalyse des Attentat-Videos beim WDR, die Berechnung der Schuss-Entfernung, Mendens Aussage, es habe sich bei der Tatwaffe um ein G22 der Bundeswehr gehandelt. Er war gut präpariert.

Blieb noch das Gespräch mit Helena Meyer-Dahms. Er hatte ihr versprochen, ihr seinen Artikel vor Drucklegung zu zeigen. Musste er das tun? Sollte er das tun? Vielleicht hatte sie in der Zwischenzeit etwas Neues erfahren. Außerdem musste er ihr sagen, was er über die Donnerstagabende ihres Mannes mit Roger Jung herausgefunden hatte. Und dass es eindeutige Fotos der beiden gab.

Georg wählte ihre Handynummer. Sie ging nicht dran. Er sprach ihr auf die Mailbox, dass er mit seinen Recherchen weitgehend fertig sei und den Entwurf eines Artikels geschrieben habe, den er möglichst noch heute mir ihr besprechen wollte.

Zehn Minuten später erhielt er als Antwort eine SMS. »Bin auf dem Weg zum Tango Colón. Milonga ab 21:30. Bleibe sicher bis Mitternacht. HMD«.

34

Um kurz nach zehn Uhr erreichte Georg das Tango Colón. Im Innern der Halle herrschte sehr viel mehr Betrieb als am Dienstag bei seiner ersten Kursstunde. Eine junge Frau stand hinter der Theke, um Getränke auszugeben und fünf Euro Eintritt zu kassieren. Georg bestellte ein Glas Rotwein.

Im »Wohnzimmer« waren Plätze frei, das Verhältnis von Frauen und Männern war ausgeglichen.

Georg suchte sich einen Stuhl an einem der größeren Tische, von denen aus man das Geschehen auf der Tanzfläche beobachten konnte. Vorsichtig ließ er seinen Blick über die anwesenden Frauen schweifen. Er erkannte Ulla, die Tangolehrerin, die ihn anlächelte und zu ihm kam.

»Schön, dass du dir das mal ansiehst. Trau dich ruhig auf die Tanzfläche, zu Beginn des Abends ist eine gute Zeit für Anfänger. Später wird es voll, da hättest du deine Schwierigkeiten.«

Nett gesagt, aber mit wem sollte er tanzen? Wenn Julia da wäre, sie würde er auffordern. Oder Ricarda. Aber bei ihr würde er sich vermutlich einen Korb holen. Und Helena Meyer-Dahms? Tanzte wahrscheinlich auch in einer völlig anderen Liga. Nein, mit ihr würde er über seine Recherchen sprechen, ihr den Artikel zeigen, und – vielleicht – auch die Fotos von ihrem Mann und dem Mann der Kanzlerin.

Er entdeckte sie. Sie tanzte mit einer Frau, die von hinten aussah wie Ricarda. Von vorne auch. Georg hatte schon am Dienstag mitbekommen, dass die Tanzlehrer ganz selbstverständlich die Rollen von Mann und Frau, von Führendem und Folgendem, wechseln konnten. Und natürlich beherrschte Ricarda auch die Männerschritte.

Helena Meyer-Dahms trug ein rotes Top, eine weite schwarze Tangohose mit Seitenschlitzen, rote Schuhe. Georg fand es ungewöhnlich, dass sie gerade mal neun Tage nach dem Tod ihres Mannes zu einer Tanzveranstaltung ging. Vielleicht war es ihre Art zu trauern. Es war Donnerstag. Ihr Mann war jahrelang jeden Donnerstag mit seinem Lover um die Häuser gezogen, sie hatte die Abende beim Tango verbracht, warum dann nicht auch jetzt?

Sie tanzte hingebungsvoll, die Augen geschlossen, die Stirn an Ricardas Schläfe gelehnt, die selbst in flachen Schuhen etwas größer als Helena auf ihren Neun-Zentimeter-Absätzen war.

Stevan saß am Mischpult und hatte die Rolle des Tango-DJs übernommen. Auch er lächelte Georg freundlich zu, was ihm ein gutes Gefühl gab.

Er versuchte, den einen oder anderen Schritt wiederzuerkennen, den er am Dienstag gelernt hatte, und er wurde sogar fündig. Das Vorwärtsgehen des Mannes schien ein oft getanzter Tangoschritt zu sein. Und der Abschlussschritt, links vor, rechts seit, links ran, kam immer wieder vor, die letzten beiden Schritte oft in doppeltem Tempo getanzt.

Mehr als ein Dutzend Paare bewegte sich zur selben Musik, und dennoch tanzte jedes Paar seinen ganz eigenen Tanz. So sah das also aus, wenn improvisiert wurde. Jeder Tango entstand jeweils neu auf dem Parkett.

Ricarda und Helena harmonierten wunderbar miteinander. Anders als in den Standardtänzen bewegten sich die beiden oft völlig unterschiedlich, insbesondere dann, wenn keine reinen Gehschritte getanzt wurden, sondern Drehungen, Stopps und immer wieder Ochos, die Achten, die die Füße der Folgenden auf den Boden zeichneten, obwohl die Oberkörper weiter eng aneinandergelehnt blieben.

Als das Stück zu Ende ging, verharrten die beiden Frauen in einer besonderen Pose, Ricarda stoppte mit ihrem rechten Fuß den von Helena, drehte sie kurz nach links und gleich zurück nach rechts, sodass Helenas linker Fuß fast schwerelos zurückschwang und sich um Ricardas rechtes Bein legte. Sehr eindrucksvoll.

Die Musik wechselte, statt Tango erklang Rockmusik, für die Tänzer das Signal, dass diese Tanzrunde zu Ende war und man an den Platz zurückgehen konnte, um für die nächste Runde die Partner zu wechseln. Gut die Hälfte der Paare verließ die Tanzfläche, die anderen plauderten ein wenig und bereiteten sich auf weitere Tänze mit demselben Partner vor.

Ricarda und Helena hielten zielgerichtet auf Georg zu, das hatte aber nur bedingt etwas mit ihm zu tun. Tatsächlich hatte er offenbar den Stuhl belegt, auf dem vorher Ricarda gesessen hatte. Er stand auf, Ricarda umarmte ihn, gab ihm Küsschen links und Küsschen rechts, was nichts zu bedeuten hatte, denn sie zog gleich weiter, um eine Reihe anderer Gäste küssend zu begrüßen.

Helena blieb bei Georg stehen und gab ihm die Hand.

»Sollen wir vielleicht irgendwo anders ...?«, sagte Georg.

»Nein, das ist schon in Ordnung hier. Das ist ja fast mein Zuhause«, sagte sie. »Wir können uns auf eins der Sofas in der Ecke zurückziehen. Diese prominenten Plätze mit Blick auf die Tanzfläche überlässt man während einer Milonga den tanzwilligen Damen, die ohne Begleitung gekommen sind. Man muss ja gesehen werden, bevor man aufgefordert wird.«

»Sind die Regeln so streng?«

»In Deutschland nicht unbedingt. Da fordern manchmal auch die Frauen auf. Aber in Argentinien, im traditionellen Tango, geschieht das Auffordern nur durch die Männer mit dem sogenannten Cabeceo. Erst gibt es einen Blickkontakt, die Mirada, dann den Cabeceo, ein leichtes Nicken des Kopfes. Mit etwas Übung, nein, mit viel Übung, kann man damit perfekt auffordern. Die Mirada geht oft von der Frau aus. Finden sich zwei Augenpaare, dann fordert der Mann mit dem Cabeceo auf. Willigt die Frau ein, lächelt sie oder nickt ganz leicht zurück. Dann geht der Mann auf sie zu und bittet sie auf die Tanzfläche. Man kann das Augenspiel und das Kopfnicken jederzeit abbrechen, so vermeidet man, einen Korb geben zu müssen, wenn man einmal nicht tanzen will. Ich liebe diese Art des Aufforderns. Auch wenn es äußerlich so aussehen mag, als fordere der Mann die Frau auf, habe ich als Frau immer die Möglichkeit, mit meinen Blicken denjenigen selbst auszuwählen, von dem ich aufgefordert werden möchte.«

Sie nahm ihr Wasserglas vom Tisch und ging voran bis zu einer schwarzen Ledercouch, die neben einem Klavier an der Wand des »Wohnzimmers« stand. Georg folgte mit seinem Rotweinglas. Er spürte, wie ihr Rückzug von den anderen beobachtet wurde, vor allem Ricarda warf ihm einen Blick zu, den er nicht als Aufforderung zum Tanz interpretieren konnte.

Er setzte sich neben Helena auf die Couch, die so durchgesessen war, dass sie fast darin versanken und nach hinten an die Lehne kippten. Die Schlitze in Helenas Tangohose öffneten sich und zwangen Georg damit fast dazu, auf ihre langen schlanken Beine zu schauen. Er versuchte, sich nach vorne zu beugen und sein Glas zu nehmen, um ein wenig Zeit vor dem Gespräch zu gewinnen. Wie sollte er anfangen?

Helena nahm ihm diesen schwierigen Teil ab. »Sie wundern sich vermutlich, dass ich in der Trauerzeit tanzen gehe, oder?«

Georg schüttelte den Kopf, sagte aber: »Ja.«

»Sie wundern sich nicht?«, fragte Helena.

»Doch. Aber dann habe ich mir gedacht, dass heute Donnerstag ist und dass Sie donnerstags immer zum Tango gegangen sind, weil Ihr Mann mit Roger Jung unterwegs war. Dass das also auch eine Möglichkeit ist, an die vergangene Zeit zu denken.«

»Das ist richtig, aber so ist es nicht. Tango zu tanzen ist etwas anderes als ein normales Tanzvergnügen. Für mich jedenfalls. Tango ist ein trauriger Gedanke, den man tanzen kann. Das stammt nicht von mir, sondern von Enrique Santos Discépolo, einem Komponisten. Vielleicht kennen Sie einige seiner Tangos, ›Cambalache‹ oder ›Cafetin de Buenos Aires‹.«

»Ja, ›Cafetin‹ sagt mir etwas.«

»Tango, ein trauriger Gedanke, den man tanzen kann. Der Satz passt zu mir und meiner Art, Tango zu erleben. Tango ist Trauer.«

Sie nahm ihr Wasserglas und setzte es wieder ab. »Würden Sie mir ein Glas Wein holen? Rotwein?«

»Aber sicher«, sagte Georg und hievte sich aus der tiefen Sofakuhle.

Als er zurückkam, war Helena verschwunden, dafür saß Ricarda auf der Couch und sah ihn mit großen grünbraunen Augen an, als könnte sie in seine Seele blicken.

»Wo ist Frau Meyer-Dahms?«

»Du meinst Helena?«

»Ja. Wohin ist sie? Ich sollte ihr einen Wein holen.«

»Ganz der Kavalier, was?«, sagte Ricarda.

»Immer«, sagte Georg.

»Ich denke, sie macht sich hübsch. Für dich. Sie wird schon wiederkommen.«
»Darf ich dir auch einen Wein holen?«
»Ja, gerne. Ich glaube, ich hätte Lust, mich zu betrinken.« Ricarda schlug die Beine übereinander. Sie trug einen kurzen schwarzen Rock und ein schlichtes schwarzes T-Shirt mit rundem Ausschnitt.

Georg drehte sich um und bestellte an der kleinen Theke ein weiteres Glas Rotwein. »Du trinkst aber schnell aus«, sagte die junge Bedienung.
»Das ist für Frau Pereyra.«
»Ricarda trinkt hier niemals Wein.«
»Doch. Heute Abend schon.«
»Dann sei vorsichtig.« Die junge Frau lächelte ihn vielsagend an, als sie ihm das Glas reichte.

Als er zurückkam, waren beide Frauen verschwunden. Er stellte das neue Rotweinglas auf den Tisch neben die beiden anderen. Was für eine Installation. Da standen jetzt drei Gläser mit Rotwein, zwei davon fast bis an den Rand gefüllt, in der Mitte sein eigenes Glas halb leer.

Er ließ sich in die Couch sinken, schloss die Augen und sah sich im Büro der Kanzlerin sitzen. Sie blickte ihn traurig an, fast so traurig wie Helena Meyer-Dahms.

Musik im Dreivierteltakt erklang, kein Wiener Walzer, sondern Tango Vals, mit Klavier, Geige und Bandoneon, getanzt mit ähnlichen Schritten wie beim Tango Argentino.

Die Tanzfläche hatte sich gefüllt, Ricarda und Helena waren nicht zu sehen.

Georg schaute sich um, ob irgendeine der anwesenden Frauen ihm einen einladenden Blick gönnte, aber das war nicht der Fall. Warum sollte man ihn auch auffordern, wo man ihn hier noch nie hatte tanzen sehen, von den Paaren in der Anfängerstunde abgesehen. Und warum sollte man ihn auffordern, wo er doch erkennbar gleich mit zwei Frauen zu tun hatte, mit denen er auch noch nicht auf der Tanzfläche gewesen war. Nein, er musste sich gedulden.

Ansonsten schien das Spiel des geheimen Aufforderns durch Blickkontakt und Kopfnicken gut zu funktionieren, auch wenn Georg die Kontaktanbahnung in den seltensten Fällen mitbekam.

Er nippte immer wieder mal an seinem Rotwein, leerte es, holte sich ein neues Glas, und als er zurückkehrte, waren die beiden Frauen einträchtig vereint wieder da.

»Prost«, sagte Georg und setzte sich auf einen Sessel vor der Couch.

»Prost«, sagte Helena und schien mit der Qualität des Weines nicht zufrieden. »Der ist etwas warm geworden.«

Georg verkniff sich eine Erwiderung.

»Ich bin überrascht, Herr Rubin, Sie kennen meine Tangolehrerin.«

»Ich bin auch etwas überrascht. Aber eigentlich auch wieder nicht, nachdem ich wusste, dass Sie beide regelmäßig ins Tango Colón gehen. Ich wollte Ihnen zeigen, was ich über den Tod Ihres Mannes geschrieben habe. Und dann wollte ich Ihnen noch einige vertrauliche Dinge mitteilen. Da wäre es vielleicht besser ...«

Ricarda unterbrach ihn. »Ja, ja. Habe schon verstanden. Der Herr meint, ich störe hier.« Ohne ihn noch eines Blickes zu würdigen, stand sie auf und ging davon.

»Ricarda, warte. Wann ...«, rief Georg ihr hinterher.

Sie drehte sich nicht um.

Helena lächelte ihn freundlich an. »Sie müssen das etwas lockerer angehen. Ricarda mag Sie, glauben Sie mir. Und dass Sie sie mögen, haben alle längst mitbekommen, außer Ricarda vielleicht.«

»Das sieht man mir an?«

»Ja. Macht Sie sympathisch.«

Georg holte den ausgedruckten Artikel aus seinem Jackett und faltete die Blätter auseinander. »Ich hatte Ihnen versprochen, Ihnen den Text vor dem Druck zu lesen zu geben. Hier ist er. Lassen Sie sich Zeit.«

Helena kramte in ihrer kleinen Handtasche und fand darin eine randlose Brille. Sie stand ihr gut.

»Ich war heute Nachmittag in Berlin«, sagte Georg. »Interview mit der Kanzlerin. Der habe ich von meinen Recherchen erzählt. Sie hielt das alles für Spekulation und hat mich mehr oder weniger rausgeworfen.«

Helena legte die Blätter auf ihre Knie. Sie las aufmerksam, blätterte vor, blätterte noch einmal zurück. Dann kam sie an die Stelle, wo Georg über das Verhältnis ihres Mannes zu Roger Jung geschrieben hatte. Den Schluss überflog sie bloß.

»Schöner Artikel, Herr Rubin«, sagte sie. »Aber warum so vorsichtig? Warum verschweigen Sie die Wahrheit, die Sie doch kennen? Ingo und Roger – gut befreundet. Gemeinsame Herrenabende. Wie das klingt. Oder haben Sie wirklich nicht mehr herausgefunden?« Sie sah ihn erwartungsvoll an.

»Doch«, sagte Georg. »Ich habe noch etwas.« Er griff in seine Jackentasche und holte den Umschlag mit den drei Nacktfotos des männlichen Liebespaares heraus.

Helena griff nach dem Umschlag, öffnete ihn hastig, betrachtete die Fotos und lachte. »Mein Gott, die beiden mit ihren Doktorspielchen. Zum Totlachen. Roger als Krankenschwester. Hat mein Mann nicht einen schönen Schwanz? Immerhin, ein Kondom.«

Sie sprach immer lauter, schwenkte die Fotos triumphierend hin und her, lachte immer hysterischer, bis Georg ihr die Fotos abnahm. Sie wehrte sich, schlug um sich, ehe ihr Lachen in ein Schluchzen überging und sie an Georgs Brust sank.

Stevan kam zu ihnen und fragte, ob alles in Ordnung sei.

»Ja«, sagte Georg und streichelte Helena übers Haar, was sie zu beruhigen schien.

Ricarda, die sie aus der Ferne beobachtet hatte, brachte ein Glas mit einer hellen Flüssigkeit. »Trink, das wird dir guttun«, sagte sie zu Helena, die sich folgsam aufrichtete.

»Was ist da drin?«, fragte sie.

»Nichts Verbotenes. Trink. Und beruhige dich.«

Nach nur wenigen Minuten hatte Helena ihren kleinen Anfall überwunden. »Ich verstehe jetzt, warum Sie so zurückhaltend waren«, sagte sie zu Georg. »Sie hätten mir die Fotos nicht zeigen sollen. Sorgen Sie dafür, dass sie niemals jemand zu Gesicht bekommt.«

»Bei mir sind sie sicher. Aber ich weiß natürlich nicht, wie viele Abzüge davon in Umlauf sind.« Georg vergewisserte sich, dass der Umschlag mit den Aufnahmen in seiner Jackentasche steckte.

»Was für Fotos?«, fragte Ricarda.

»Nichts, worüber ich reden will«, sagte Helena.

Ricarda schien über den schroffen Ton beleidigt.

Helena besänftigte sie. »Bitte nimm das nicht persönlich. Herr Rubin hat einen Artikel über den Mord an meinem Mann geschrieben. Er war auf dem Flughafen, als es passierte. Es gibt Fotos, die will man einfach nicht sehen. Man muss den Toten ihre Ruhe gönnen. Und den Lebenden auch.«

Ricarda war versöhnt. »Das verstehe ich. Dann lasst uns von etwas anderem reden. Helena, das ist Georg, Georg, das ist Helena. Wie wär's mit Tango?«

Georg schüttelte den Kopf. »Ich fange doch gerade erst an. Ich verspreche, ich werde trainieren, und dann wollt ihr mit keinem anderen mehr tanzen.«

»Helena, du merkst, Georg hat den Sinn des Tangos nicht verstanden«, sagte Ricarda. »Aber vielleicht ist er ja auch nur ein schlimmer Lügner. Er hat die tollste Sammlung von Tango-Argentino-Stücken zu Hause, und trotzdem behauptet er, noch niemals Tango getanzt zu haben. Ich kann es kaum glauben.«

»Er ist ein Mann«, sagte Helena, und Georg fragte sich, was das heißen sollte.

Helena sah ihn an. Er nickte. Sie stand auf und ging Richtung Tanzfläche. Es dauerte, bis er begriff, dass er gerade seine erste Aufforderung per Cabeceo erlebt hatte.

Stevan legte einen sehr langsamen Tango auf. Georg umarmte Helena, wie er es in der ersten Tangostunde gelernt hatte. Sie hielt Abstand zu ihm, offene Tanzhaltung.

Er verlagerte das Gewicht vom rechten auf das linke Bein, Helena antwortete mit Leichtigkeit. Sie spürten den Rhythmus. Jetzt, jetzt würde er den ersten Schritt wagen. Leichter Druck mit dem Oberkörper, dann den Fuß nach vorne. Er tanzte. Sie tanzten. Na ja, eigentlich gingen sie nur. Fiel ihm vielleicht noch eine Abwechslung ein? Wie wäre es mit einem Rückwärtsschritt? Er stoppte, machte eine kleine Pause am Platz und setzte dann einen großen Schritt zurück – und trat einer Frau, die hinter ihm tanzte, auf den großen Zeh.

»Au«, rief sie, »pass doch auf.«

»Ich wollte dich noch zurückhalten, aber du bist zu stark«, sagte Helena. »Mit Rückwärtsschritten muss man im Salon sehr vorsichtig sein. Eigentlich tanzt man sie gar nicht, es sei denn, man sieht genau, dass man Platz hat.«

»Ich hab ja gesagt, dass ich Anfänger bin«, sagte Georg.

»Du machst das schon. Du wirst mal ein guter Tänzer. Ich liebe gute Tänzer. Immer wieder. Für drei Minuten. Auf der Tanzfläche. Und dann gibt es eine neue Liebe.«

Georg war das zu viel Philosophie, und außerdem fühlte er sich unsicher. Er wollte keine weiteren Zusammenstöße mehr. »Lass uns aufhören«, sagte er. Helena willigte ein.

Inzwischen waren einige weit fortgeschrittene Tanzpaare auf der Tanzfläche. Ein Mann, kleiner als Georg, südländischer Typ, Pferdeschwanz, fiel auf. Er tanzte mit besonderer Eleganz. Vor allem eine Figur faszinierte Georg: Der Mann schraubte sich nach links und ließ dann den linken Fuß in einer großen Halbkreisbewegung über das Parkett streicheln, während seine Partnerin in völlig anderen Bewegungen, Ochos vorwärts, Seitwärtsschritten, Ochos rückwärts, um ihn herumtanzte.

»Wie heißt dieser Schritt?«, fragte Georg.

»Enrosque con Lapiz. Lapiz heißt Bleistift, damit beschreibt man die ausholende Bewegung des freien Beines, das wie ein Bleistift einen Kreis in den Boden schreibt. Enrosque heißt diese Drehung, bei der sich die Füße irgendwie einzurollen scheinen, ehe sich das freie Bein dann löst und den Lapiz beschreibt. Das ist eine ziemlich schwierige Figur, man lernt sie erst in den Fortgeschrittenen-Kursen. Sie hat den Vorteil, dass der Mann sie alleine zu Hause üben kann, bis er nicht mehr umfällt. Die Frau tanzt dazu eine Molinete, also eine kleine Windmühle.«

»Enrosque con Lapiz«, wiederholte Georg. »Und wenn ich Privatstunden nehme? Wie lange brauche ich dann, um das tanzen zu können?«

»Frag Ricarda. Sie ist die Tangolehrerin. Vielleicht gibt sie dir Unterricht.«

»Ich weiß nicht. Irgendetwas hakt zwischen ihr und mir. Ich muss erst mal die Story um den Tod deines Mannes zu Ende bringen. Hast du noch irgendetwas von offizieller Seite gehört? Wer der Täter sein könnte? Was genau passiert ist?«

»Nein. Nichts. Und wenn ich darüber nachdenke, was du herausgefunden hast, glaube ich auch nicht, dass ich noch viel erfahren werde. Und dann diese Fotos. Wo hast du die bloß her?«

»Es ist besser, wenn du das nicht weißt.«

»Sag mir nicht, was besser für mich ist. Das weiß ich selbst. Ich bin groß genug.«

»Reg dich nicht auf. Du weißt, dass das anders gemeint war.«
»Weiß ich nicht. Ich weiß nur, dass du keine Ahnung von Frauen hast.«
»Was soll das denn jetzt? Was hat das mit den Fotos zu tun?«
Helena drehte den Kopf und wies Richtung Ausgang. Georg sah, wie Ricarda mit dem Mann mit dem Pferdeschwanz verschwand, der so beeindruckend getanzt hatte. Enrosque con Lapiz. Was wollte der Typ mit Ricarda? Der brauchte doch gar keine Privatstunden mehr. Jedenfalls keine Tangostunden.

Freitag

35

Als Georg am Freitagmorgen in der Redaktion eintraf, wurde er bereits von Stein erwartet.

»Wie war's bei der Kanzlerin?«

»Ganz nett«, sagte Georg.

»Ganz nett? Zack hat mir die Fotos gezeigt. Grandios. Kanzlerin trauert um ihre tote Katze. Da machen wir einen Aufruf draus: ›Köln schickt der Kanzlerin eine neue Katze‹.«

»Die Geschichte kann frühestens in der Dienstagsausgabe erscheinen. Das Kanzleramt will den Text vorher sehen. Vor Montag wird es keine Antwort geben. Ich werde das Interview am Wochenende schreiben.«

»Dienstag, ist ja nicht gerade der Super-Zeitungstag.«

»Ich hab noch was Besseres. Einen richtigen Politik-Hammer. Hier, lies.«

Georg gab Stein seinen Artikel über das Attentat. Stein las die Überschrift und die Unterzeilen laut vor, als wollte er sie abschmecken, dann vertiefte er sich in den Text. »Kannst du das alles beweisen?«, fragte er, als er die Lektüre beendet hatte.

»Was heißt beweisen? Ich habe genau beschrieben, woher ich welche Informationen und wie ich was ermittelt habe. Das ist hieb- und stichfest.«

»Aber der Kripobeamte, der dir das mit dem Bundeswehrgewehr erzählt hat, will anonym bleiben.«

»Er ist absolut vertrauenswürdig.«

»Trotzdem. Mir ist das zu heiß. Wir müssen da auf Nummer sicher gehen. Wir brauchen eine eidesstattliche Erklärung. Und dann will ich, dass die Story von Münch gegengecheckt wird.«

»Der Polizist ist über jeden Zweifel erhaben. Dass Münch versucht, das zu überprüfen, damit bin ich einverstanden. Aber ich will, dass die Story in der Montagsausgabe erscheint. Da können wir dem SPIEGEL mal die Schau stehlen und am Sonntagabend einen Vorabtext an die Agenturen rausgeben.«

»Einverstanden, solange du kein Extrablatt druckst.«

»Keine Angst, notfalls schicke ich dir eine SMS.«
»Schluss mit dem Flachs. Was ist mit deiner Beförderung? Wir haben Ende der Woche. Du musst dich entscheiden. Politik-Chef, ja oder nein?«

Georg ging in Steins Büro auf und ab, genoss es, den Chefredakteur zappeln zu lassen.

»Ja oder nein?«, fragte Stein noch einmal.
»Steht der Sekt kalt?«
»Nein. Diesmal nicht.«
»Gut so. Ich mach's nicht.«
»Du lehnst ab?«
»Ja. Ich habe es mir lange überlegt. Ich kann das nicht. Meiner Tochter zuliebe. Sie zieht nächste Woche zu mir. Ich bekomme das volle Sorgerecht. Und sie will auf keinen Fall nach Berlin.«
»Du spinnst. Wie kommst du auf Berlin?«
»Ich hab da was läuten hören, dass die Politikredaktionen zusammengelegt werden sollen.«
»Von Berlin war nie die Rede.«
»Sorry. Ich bleibe dabei. Ich mach's nicht. Ich bringe jetzt noch die Kanzlerin-Geschichte zu Ende, dann kannst du mich wieder als Chefreporter einsetzen.«

»Georg, ich fasse es nicht. Immer, wenn es ernst wird, ziehst du den Schwanz ein. Ich bin enttäuscht. Ich dachte, du hättest dich geändert. Aber du hast es nicht drauf. Wolltest du nicht sogar Chefredakteur werden?«

»Darüber können wir reden.«
»Nein. Das ist vorbei. Wenn du jetzt Nein sagst, wird es für dich keine weiteren Chancen beim BLITZ geben. Weißt du, was du mir antust? Ich muss das jetzt dem Verleger erklären. Der hatte auf dich gesetzt. Georg, du machst einen Riesenfehler. Die Entscheidung wirst du bereuen.«

»Nein, Wolfgang, ich mache keinen Fehler. Und bereuen würde ich nur, wenn ich meine Tochter enttäuschen würde. Und wenn du meinst, ich sollte mir etwas anderes suchen, weiß ich, woran ich bin. Wird sich schon was finden. Mit der Attentat-Story und dem Kanzlerin-Interview im Rücken mach ich mir keine Sorgen.«

»Du bist nicht der Erste, der ein Interview im Kanzleramt gemacht hat.« Stein wies großspurig auf seine Fotowand.

»Ich setze mich an den Computer und schreibe das Interview. Gib mir den Attentat-Artikel, ich bringe ihn dann zu Münch rüber.«
»Nein«, sagte Stein, »lass mir die Blätter hier. Mach ihm einen neuen Ausdruck oder schick ihm gleich die Datei.«
»Auch gut. Wir sehen uns am Sonntag in der Redaktion. Schönes Wochenende.«
»Ganz sicher nicht. Ich muss zum Verleger. Der wird nicht begeistert sein.«
»Ich kann ihm das selbst erklären, dann ersparst du dir den Ärger.«
»Kommt nicht in Frage. Das ist mein Job. Ich bin der Chefredakteur. Ich rede mit dem Verleger. Niemand sonst.«
»Na dann, viel Spaß.«

»Ich habe abgelehnt, Politik-Chef zu werden«, sagte Georg, als er Münchs Büro betrat.
»Das hätte ich nicht erwartet.«
»Bist du positiv oder negativ überrascht?«
»Ich habe mir abgewöhnt, in diesen Kategorien zu denken. Ich glaube, dass du für dich persönlich die richtige Entscheidung getroffen hast. Aber ich frage mich auch, was ohne dich aus der Politik im BLITZ werden soll.«
»Vielleicht verlängert Stein deinen Vertrag.«
»Wohl kaum. Außerdem ist für meinen Vorruhestand alles unterschrieben. Ich hab dir erzählt, dass ich mich um meinen Mann kümmern möchte. Dabei bleibt es.«
»Stein hat mindestens noch einen Auftrag für dich. Er will, dass du einen Artikel liest, überprüfst, gegencheckst, was auch immer. Bis Sonntag sollst du ihn so abgeklopft haben, dass man ihn in der Montagsausgabe drucken kann.«
»Welchen Artikel?«
»Meinen Artikel.« Georg holte seinen USB-Stick aus dem Portemonnaie, reichte ihn Münch und berichtete ihm kurz von seinem Besuch bei der Kanzlerin und dem Stand seiner Recherchen.
Münch las den Artikel. »Saubere Arbeit. Mein Okay hast du. Das kann so in Druck gehen.«
»Willst du nicht nachrecherchieren?«

»Wie soll ich das denn anstellen? Dein Polizist will anonym bleiben, da muss ich dir also glauben. Die Schallanalyse beim WDR ist klar beschrieben. Die Schlüsse, die daraus gezogen werden, sind überzeugend.«
»Also keine Fragen?«
»Doch. Du stellst keine Vermutungen über das Motiv für den Mord an. Du verschweigst die homosexuelle Beziehung zwischen Dahms und Jung.«
»Hattest du mir geraten.«
»Ja, habe ich. Aber in deinem Artikel fehlt jetzt jeder Versuch, den Grund für den Mord zu analysieren. Wenn es nicht Al Qaida war, wer war es dann?«
»Wenn der Artikel erst mal erschienen ist, wird es Reaktionen geben. Neue Spuren. Wir werden den Täter finden.«
»Nicht wir, sondern du, Georg. Ich habe die Rente durch. Das musst du alleine machen. Aber eins kann ich noch tun. Lass dich überraschen.«
»Danke«, sagte Georg.
»Nichts zu danken«, sagte Münch.
Georg wollte gehen, als Münch ihn noch einmal zurückrief.
»Ich hoffe, du bist dir im Klaren, was du auslösen wirst. Die Öffentlichkeit wird sich auf dich stürzen, die einen werden dich zum Helden machen, die anderen zum Vaterlandsverräter. Glaub nicht, dass das eine einfache Zeit wird.«
»Ist doch nur eine Zeitungsgeschichte.«
»Nein, das ist nicht nur eine Zeitungsgeschichte. Du legst dich mit den Mächtigen an. Mit der Kanzlerin, mit dem Militär, mit den Geheimdiensten, mit unbekannten Strippenziehern, mit Scharfschützen, mit Mördern.«
»Hast du Angst gehabt, als du damals General Kießling entlastet und den Bundesverteidigungsminister belastet hast?«
»Ja«, sagte Münch.
»Aber du hast dich nicht abhalten lassen, die Wahrheit zu schreiben.«
»Ich habe geschrieben, was ich wusste.«
»Eben. Und diesmal ist es an mir. Diesmal muss ich schreiben, was ich weiß. Deshalb sind wir Journalisten.«
»Hast du die Nummer deines Rechtsanwalts parat? Hast du dei-

ne Unterlagen gut gesichert? Hast du Duplikate bei vertrauenswürdigen Personen hinterlegt? Hast du dein Testament gemacht? Nein, das war jetzt ein blöder Spaß. Aber bereite dich darauf vor, dass etwas passiert, mit dem du nie gerechnet hättest. Befürchte das Schlimmste. Dann kannst du dich freuen, wenn es nur halb so schlimm kommt.«

»Du alter Schwarzseher. Es wird wirklich Zeit, dass du in Rente gehst.«

»Sag ich ja.«

Münch lachte und hob die Rechte. Georg gab High-Five zurück.

Samstag

36

Am nächsten Morgen saß Georg schon früh an seinem Computer und schrieb das Interview mit der Kanzlerin. Sein Digitalrekorder, diese kleine Wunderkiste, konnte Aufnahmen auch langsamer abspielen, ohne die Tonhöhe des Sprechenden zu verändern. Georg stellte das Gerät so ein, dass er das Gespräch bequem mitschreiben konnte.

Die Kanzlerin sprach fast druckreif, kaum ein Zögern, keine »Ähs« und »Hms«, die man bei anderen Interviewpartnern so oft hörte. Auch mit seinen eigenen Fragen war Georg ganz zufrieden. Das las sich ordentlich; was allerdings fehlte, war eine überzeugende Dramaturgie.

Er konnte schlecht den echten Schluss aufschreiben, als ihn die Kanzlerin und der Regierungssprecher praktisch hinausgeworfen hatten.

Seine erste Frage war gewesen: »Haben Sie sich in Berlin schon eingelebt?« Keine sehr intelligente Frage, denn Barbara Jung lebte schon seit vielen Jahren in Berlin. Aber so etwas konnte man als Zeitungsjournalist ja problemlos umschreiben.

Hatte sie nicht gesagt »Endlich ein Gesicht aus der Heimat«, als sie Zack gesehen hatte? Vielleicht sollte er damit anfangen: Die Kanzlerin freut sich, jemanden aus Köln zu sehen. Dann würde er mit dem Ausblick auf ihren nächsten Besuch in Köln schließen können. So wurde die Story rund.

Dazu die Fotos von früher und heute. Nicht die Oben-ohne-Fotos, aber die Kanzlerin im Bikini. Die Kanzlerin mit ihrem roten Alfa Spider. Die Kanzlerin als Braut. Die Kanzlerin im Kanzleramt vor dem Bild Konrad Adenauers. Die Kanzlerin mit dem Bild ihrer toten Katze. Die Kanzlerin mit Georg beim Interview. Das war Stoff für zwei Seiten.

Plötzlich klingelte es Sturm an der Tür, Georg ließ sich aus seiner Arbeit reißen und öffnete. Rosa strahlte ihn an.

»Ich bringe schon mal ein paar Sachen vorbei, dann habe ich am Mittwoch nicht mehr so viel.«

Georg freute sich, seine Tochter zu sehen. Hoffentlich würde er es schaffen, demnächst etwas mehr Zeit für sie zu haben.

»Was hast du denn alles dabei?«, fragte er.

»Nur ein paar Anziehsachen und was zum Spielen und ein paar Bücher und Sportsachen. Das meiste ist noch im Auto. Mama wartet, dass du kommst und die Sachen holst.«

So war das also. Die Dame war sich wohl zu fein zum Schleppen.

Rita saß in ihrem viel zu großen Audi. »Entschuldige, ich weiß, wir hatten Mittwoch ausgemacht, aber Rosa war nicht zu halten. Sie wollte unbedingt schon heute mit ihrem Umzug beginnen. Im Kofferraum sind noch zwei Taschen von ihr. Am Mittwoch kommt noch mal das Doppelte.«

»Es wäre schön gewesen, wenn du mich vorgewarnt hättest. Wo soll ich denn mit dem ganzen Krempel hin? Ich weiß nicht mal, ob Frau Odenthal schon alles vorbereitet hat.«

»Du weißt seit einer Woche, dass Rosa zu dir zieht.«

»Ja. Weiß ich. Ich komme schon klar. Ohne dich.«

Georg knallte die Hecktür fester zu, als nötig gewesen wäre, und trug die Taschen nach drinnen.

Rosa hatte Frau Odenthal rausgeklingelt, und die hatte Kleider und Spielzeug bereits verstaut, als Georg noch überlegte, wo er die Sachen zwischenlagern sollte.

»So, ich muss gehen. Mama wartet. Ist heute unser letzter Samstag«, sagte Rosa, gab Frau Odenthal die Hand und Georg einen Kuss. »Bis Mittwochabend sechs Uhr. Nicht vergessen!«

»Wie könnte ich ein Date mit einer so reizenden jungen Dame vergessen?«

Rosa gefiel das. Lachend lief sie durch den Flur nach draußen.

»Und grüß Ricarda von mir.«

»Ricarda?«, fragte Frau Odenthal. »Ist das eine Marotte von Ihnen, dass alle Ihre Frauen einen Namen haben, der mit R anfängt?«

»Nein, Frau Odenthal. Das ist Zufall. Wie heißen Sie eigentlich mit Vornamen?«

»Gertrud. Aber Sie können auch Rud sagen, wenn Ihnen das lieber ist. Und wollen wir uns nicht endlich duzen? Wo ich doch bald die Ersatzmutter Ihrer Tochter bin?«

»Sie könnten auch meine Ersatzmutter sein.«

»Ein bisschen galanter bitte, Herr Rubin. Also, ich heiße Gertrud.«

»Georg«, sagte Georg. »Komm rein, Gertrud, darauf trinken wir einen.« Er holte eine Flasche Champagner aus dem Kühlschrank und goss zwei Gläser ein.

»Prost«, sagte Gertrud, hakte ihren Arm in seinen, und sie tranken Brüderschaft.

»Geht das überhaupt, dass Männer und Frauen Brüderschaft trinken?«, fragte Georg. »Ist vielleicht politisch nicht korrekt. Trinken wir also Schwesternschaft.«

»Denk nicht so viel. Ich bin emanzipiert, ich brauche so einen Quatsch nicht. Du kannst mit mir ruhig Brüderschaft trinken.« Gertrud leerte ihr Glas und ließ es sich von Georg neu füllen.

»Prost, Rud!«

»Auf die R-Frauen.«

»R wie rassig.«

»Romantisch.«

»Raffiniert.«

»Betrunken.«

»Das ist kein R-Wort.«

»Aber die Wahrheit. Prost.«

Gertrud machte Anstalten, auf Georgs Stuhl einzuschlafen. Der Champagner zeigte Wirkung. Georg bot ihr seinen Arm und hievte sie in die Höhe.

»Das schaff ich schon alleine«, sagte sie, als Georg sie auf die Füße gestellt hatte. Gertrud schwankte bedenklich, als würde sie von einem Sturm geschüttelt, aber dann setzte sie sich in Bewegung und schaffte es in den Hausflur und zur gegenüberliegenden Wohnung.

Georg schloss seine Tür erst, als sie das Schlüsselloch gefunden hatte und in ihren Räumen verschwunden war.

Sonntag

37

Georg kam um kurz vor elf ins Pressehaus. An Sonntagen fiel die normale Frühkonferenz aus; erst um zwölf Uhr traf man sich, um die Themen des Tages zu besprechen.

Stein war schon da, und auch Münch saß an seinem Schreibtisch. Der letzte Sonntagsdienst des Kollegen. Münch winkte Georg zu, er winkte zurück und ging in Gedanken versunken weiter bis zu seinem gläsernen Büro. Das Telefon klingelte. Es war Münch.

»Ich winke dir nicht einfach so zum Spaß zu. Ich möchte, dass du mal rüberkommst. Ich hab was für dich.«

Münch schwenkte ein Blatt Papier, als Georg sein Büro betrat. »Lies das.«

Eidesstattliche Versicherung
Ich versichere an Eides statt, dass es Hinweise darauf gab und gibt, dass bei dem Attentat auf die Bundeskanzlerin in Köln, bei dem Herr Ingo Dahms tödlich getroffen wurde, ein Gewehr des Typs G22 aus Beständen der Bundeswehr benutzt worden ist.
Diese Versicherung unterliegt der Geheimhaltung (streng geheim) und darf nur in Geheimverfahren benutzt werden.
Unterschrift
– den Namen hatte Münch geschwärzt –
Amt für den Militärischen Abschirmdienst
Abteilung II, Extremismus-/Terrorismusabwehr
Konrad-Adenauer-Kaserne
Brühler Straße 300
50968 Köln

»Hendrik, das ist großartig. Wie kommst du an den Mann, und direkt vom MAD? Besser geht es nicht.«

»Ich habe meine Quellen. Und diese bleibt geheim. Das Original liegt bei einem Notar, der seinerseits versichert hat, dass er die Identität des Informanten überprüft hat. Das reicht für unsere Zwecke. Und wenn es vor Gericht gehen sollte, dann wäre ein solcher Prozess sowieso geheim, dann würde mein Mann auch aussagen.«

»Danke. Kennt Stein das Papier schon?«

»Nein. Ich wollte dir den Triumph gönnen.«

»Lass uns gemeinsam gehen. Du hattest den Auftrag, meine Story zu überprüfen, dann sollst du auch das Ergebnis vortragen.«

»Ich dräng mich nicht vor. Ich habe Zeit bis zur Konferenz. Stein scheint beschäftigt zu sein. Hier, das ist deine Kopie der eidesstattlichen Erklärung, und in diesem Umschlag ist der Name des Notars. Pass gut darauf auf. Wo hast du die Unterlagen zu dem Fall?«

»Zu Hause. Teils hier im Büro.«

»Sicherheitskopien?«

»Ja. Mehrere.«

»Du musst unbedingt dafür sorgen, dass du jederzeit an das Material kommst. Hast du einen Anwalt kontaktiert?«

»Warum? Es ist doch alles klar.«

»Das habe ich dir gestern schon erklärt. Du brauchst einen Anwalt, der eingeweiht ist und sofort handeln kann. Er sollte Kopien all deiner Unterlagen haben. Glaub mir, wenn der Artikel erst mal draußen ist, wird die Jagd auf dich beginnen. Das wird nicht nur schön. Ich weiß, wovon ich rede.«

»Ich glaube nicht, dass das passiert. Aber ich befolge deinen Rat, wenn dir das so wichtig ist.«

»Du musst vorsichtig sein, wie du den Anwalt kontaktierst. Nimm nicht dein normales Handy. Schreib keine E-Mail über deinen normalen Account, sondern besorg dir eine anonyme E-Mail-Adresse. Und beeil dich. Das Thema ist in der Welt. Ich kenne es, mein Mann beim MAD kennt es, Stein kennt es, du und deine Informanten kennen es, die Kanzlerin kennt es, Zack kennt es.«

»Du meinst es wirklich ernst, oder?«, sagte Georg.

»Ja«, sagte Münch. »Und du musst noch viel lernen. Aber zum Glück lernst du schnell.«

Wieder in seinem Büro schoss Georg ein Foto der eidesstattlichen Erklärung, öffnete den Umschlag mit dem Namen des Notars und fotografierte auch dieses Dokument. Kopien davon speicherte er in seinem verschlüsselten Dropbox-Ordner, wo das Material zum

Attentat ausgelagert war. Dann registrierte er sich für eine anonymisierte E-Mail-Adresse und schickte die Dokumente an Christina Brandt, Rechtsanwältin, Freundin seines alten Schulfreundes Franck, den er in CC setzte.

Liebe Christina,
dringend. Ich gebe dir Zugriffsrechte für meinen Dropbox-Ordner. Bitte lade dir den kompletten Ordner »Kanzlerin« herunter und verwahre den Inhalt an einem sicheren Ort. Bitte mach dies umgehend. Erklärungen folgen. Sende mir anschließend bitte eine unverfängliche Mail als Bestätigung zurück. Einladung zu einer Party oder irgendetwas Ähnliches.
Danke
Georg

Sein E-Mail-Programm signalisierte den Eingang einer neuen Mail. Eine automatische Abwesenheitsnotiz von Christina Brandt: *Ich bin zurzeit nicht im Büro. Sie erreichen mich wieder ab Dienstag. Ihre Mail wird nicht weitergeleitet. In dringenden Fällen wenden Sie sich an meine Vertretung ...*

Die Kollegen aus den anderen Ressorts machten sich bereits auf den Weg in den Konferenzbereich. Georg packte seine Artikel zusammen, auch die eidesstattliche Erklärung, als noch eine E-Mail kam: *Einladung zur Sommer-Party. Nächsten Freitag. Franck.*

Georg fiel ein Stein vom Herzen. Zumindest sein Freund Franck von Franckenhorst hatte die Nachricht erhalten. Hastig löschte er die beiden Mails von Christina und Franck und seine gesendete, dann löschte er sie auch noch aus dem Papierkorb.

»Der Herr Chefreporter kommt mal wieder zu spät«, begrüßte ihn Stein vor der versammelten Kollegenschaft, die das witzig fand und lachte.

»Ich hatte etwas Wichtiges zu regeln.« Georg schaute zu Münch hinüber, als wolle er ihn um Erlaubnis fragen. Münch nickte.

»Es gibt nichts Wichtigeres als die Konferenz, wenn man Redaktionsdienst hat«, sagte Stein.

»Doch«, sagte Georg. »Noch wichtiger ist es, Geschichten ranzuholen und sie rundzumachen. Und ich habe eine exklusive und sehr runde Geschichte.«

»Darüber reden wir später«, sagte Stein.

»Aber das Attentat«, sagte Georg. »Das sollte der Aufmacher werden.«

»Hier ist nicht der richtige Ort. Das besprechen wir nach der Konferenz. Hendrik und du kommt dann bitte in mein Büro.«

Die Konferenz nahm ihren Gang. Georg wurde nicht einmal gefragt, ob er eine Story anzusagen habe. Münch, der die Politik-Themen präsentierte, hatte ein Interview mit einem NRW-Politiker, der mehr Einfluss für Nordrhein-Westfalen in Berlin anmahnte. Hatte der Kollege doch tatsächlich eine Plan-B-Geschichte in der Hinterhand, als hätte er damit gerechnet, dass es mit seiner Attentat-Geschichte Probleme geben könnte.

Stein war nervös, als Georg und Münch nach der Konferenz sein Büro betraten. Draußen, auf dem Parkplatz vor dem Glaspalast, fuhren mehrere Polizeiwagen und dunkle Limousinen mit Blaulicht vor, im Schlepptau einige Fernsehübertragungswagen. Vor dem Haupteingang stand ein weiteres Dutzend Reporter.

»Was ist los?«, fragte Georg. »Irgendein hoher Besuch im Pressehaus?«

»Ich weiß von nichts«, sagte Stein.

»Was ist mit meiner Story über das Attentat? Warum wurde darüber nicht in der Konferenz gesprochen?«, fragte Georg.

»Ich bin noch nicht überzeugt, ob wir das bringen können«, sagte Stein. »Ich habe mit unserem Justitiar und dem Verleger gesprochen. Ohne stichhaltige Beweise ist uns das zu heiß.«

»Die Beweise gibt es«, sagte Münch. »Ich sollte Georgs Story überprüfen. Hier ist mein Ergebnis.«

Er zeigte Stein die eidesstattliche Erklärung des MAD-Mannes.

»Das ist ja der Hammer. Das erklärt manches«, sagte Stein.

»Was erklärt das?«, fragte Georg.

»Der Auftrieb draußen gilt dir, Georg. Ich hatte einen Anruf vom Verleger, dich in der Redaktion zu halten. Hast du deine Story schon ins Redaktionssystem eingegeben?«

»Nein, aber Münch hat die Datei.«

»Was ist mit dem Kanzlerin-Interview?«

»Fertig. Der Text ist in Berlin. Siggi Gärtner hat zugesagt, am Montag zu antworten.«

»Per Mail?«

»Nein, per Fax. Das sei sicherer, dann gäbe es keine Manipulationsmöglichkeiten am Text.«

Vor dem Büro entstand Unruhe. Bernhard Berger, der junge Verleger, stürmte herein, gefolgt von mehreren bewaffneten Polizisten und einem großen Mann, der wichtig zu sein schien.

»Sie hätten mich besser informieren müssen, Stein«, sagte Berger, was den Chefredakteur um Zentimeter schrumpfen ließ. »Und Sie, Rubin, Sie haben mich enttäuscht. Erst die Jobabsage und jetzt diese kriminelle Geschichte. Das wird nicht ohne Konsequenzen bleiben.«

Der große Unbekannte schob Berger zur Seite. »Herr Rubin?«

Georg nickte.

Einer der Polizisten kam auf Georg zu, sagte »Sie gestatten?« und legte ihm Handschellen an.

»Herr Rubin«, sagte der Lange, »ich verhafte Sie unter dem dringenden Verdacht der versuchten Erpressung und Nötigung eines Staatsorgans, namentlich der Bundeskanzlerin, des Geheimnisverrats, der Mitgliedschaft in einer terroristischen Vereinigung und des gemeinschaftlichen Mordes.«

Mit jedem Wort, das Georg hörte, stieg seine Fassungslosigkeit. Am Ende des Satzes platzte er fast vor Wut.

»Was soll der Blödsinn? Wer sind Sie überhaupt?«

»Oberstaatsanwalt Schell.«

»Sie sind auf der völlig falschen Fährte, Herr Schell. Ich bin kein Erpresser und Mörder. Ich bin Erpressern und Mördern auf der Spur. Die Kanzlerin ist in Gefahr.«

Der Staatsanwalt ließ sich nicht beeindrucken und hielt Georg mehrere Papiere hin. »Hier ist der Haftbefehl. Hier sind die Durchsuchungsbefehle für Ihr Redaktionsbüro und Ihre Privatwohnung. Sie haben die Möglichkeit, einen Anwalt zu informieren. Bei der Durchsuchung dürfen Sie anwesend sein. Wir werden alle Beweismittel, die wir sicherstellen, genauestens dokumentieren. Sie oder Ihr Anwalt werden die Gelegenheit haben, das zu überprüfen.«

Georg bekam Unterstützung von einer Seite, von der er sie nicht erwartet hatte. Verleger Bernhard Berger mischte sich ein.

»Ich habe das Hausrecht hier. Ich glaube nicht, dass es zulässig ist, dass Sie die Redaktion durchsuchen. Auch Herrn Rubins Büro gehört zur Redaktion. Journalisten genießen besonderen Schutz des Grundgesetzes.«

Berger wandte sich an Stein, der verloren am Rande des Geschehens stand. »Kontaktieren Sie unseren Hausjuristen. Ich lege ausdrücklich Widerspruch dagegen ein, dass das Büro von Herrn Rubin durchsucht wird. Und andere Büros sind ohnehin tabu.«

Der Staatsanwalt blieb weiter souverän. »Ich denke zwar, dass Gefahr in Verzug ist, aber wir wollen uns an Recht und Gesetz halten. Herr Berger, wenn Sie uns zusichern und wir das überprüfen können, dass im Büro von Herrn Rubin nichts verändert wird, dann können wir einen Richter die Angelegenheit entscheiden lassen.«

»Ja, damit bin ich einverstanden«, sagte der Verleger.

»Benötigen Sie noch persönliche Gegenstände aus Ihrem Büro, bevor wir es verschließen, Herr Rubin?«, fragte der Staatsanwalt.

»Ja. Auf jeden Fall«, sagte Georg. »Außerdem sind in meinem Büro auch ein paar Dinge, die Herrn Münch gehören. Er war vor der Konferenz bei mir und wollte seine Sachen nach der Konferenz wieder abholen. Gegen Herrn Münch liegt ja wohl nichts vor?«

Der Staatsanwalt nickte. »Unter Aufsicht kann ich das zulassen. Herr Münch, Sie müssen bestätigen, welche Dinge Ihnen gehören. Wenn keine Bedenken erhoben werden, können wir so verfahren.«

Bewacht von drei Polizisten gingen Georg und Münch in Georgs Büro.

»Meinen Laptop, den brauche ich auf jeden Fall.«

»Später. Erst einmal müssen wir eine Kopie der Festplatte machen«, sagte einer der Beamten.

Georg griff nach einem Stapel Papier, von dem er wusste, dass darunter sein USB-Stick, der aussah wie ein Feuerzeug, mit Material zum Attentat lag. Ob Münch begreifen würde, dass er den Stick mitnehmen sollte?

»Hendrik, das sind deine Blätter.«

Münch nahm die Papiere hoch, sah das USB-Feuerzeug, legte einen Teil der Blätter zur Seite, sagte: »Das ist deins«, nahm schließlich die restlichen Papiere und das Feuerzeug. »Das war's. Mehr gehört mir nicht.«

Die Beamten warfen einen Blick auf die Blätter und ließen ihn gehen.

»Und Sie, Herr Rubin, wollen Sie noch irgendetwas mitnehmen? Es kann ein paar Tage oder Wochen dauern, bis Sie wieder rauskommen.«

»Wo rauskommen?«

»Aus der Untersuchungshaft.«

Georgs Magen zog sich zusammen. »Muss das nicht ein Richter entscheiden?«

»Machen Sie sich darüber keine Sorgen. Das ist vorbereitet.«

»Ich möchte meinen Anwalt informieren.«

»Das steht Ihnen, wie gesagt, zu. Wer ist Ihr Anwalt?«

»Christina Brandt.« Georg gab dem Beamten die Telefonnummer.

»Da meldet sich niemand«, sagte der Polizeibeamte, der das Telefonat übernommen hatte, nach einigen Sekunden.

»Ich habe eine zweite Nummer. Bei Franckenhorst. Das ist ihr Lebensgefährte. Vielleicht kann man sie da erreichen.«

Der Polizist wählte Francks Nummer, sagte, er sei von der Polizei und Herr Rubin wolle Herrn Franckenhorst oder Frau Brandt sprechen. Dann reichte er den Hörer weiter, Georg klemmte das Teil zwischen seine gefesselten Hände und hielt es sich ans Ohr, sehr unbequem.

»Georg hier.«

»Was ist los?«, sagte Franck.

»Ich werde gerade verhaftet. Wegen angeblicher Erpressung der Bundeskanzlerin und jeder Menge anderer Vorwürfe. Sogar Terrorismus und Mord sind dabei. Ich brauche juristische Hilfe. Wo ist Christina?«

»Sie hört mit. Ich habe auf laut gestellt.«

»Hallo, Georg.« Das war Christina. »Wo bist du?«

»In der Redaktion. Die Polizei wollte mein Büro filzen, aber dagegen hat der Verleger Protest eingelegt. Sieht so aus, als hätte er damit Erfolg.«

»Guter Mann. Weiter.«

»Als Nächstes soll meine Wohnung durchsucht werden.«

»Gibt es einen Durchsuchungsbefehl?«

»Ja.«

»Ich komme nach Ehrenfeld. Sag dem Staatsanwalt, er darf auf keinen Fall anfangen, ehe ich eingetroffen bin.«

»Richte ich aus.«
»Wer ist überhaupt der Staatsanwalt?«
»Schell, ein großer, dürrer Kerl.«
»Oberstaatsanwalt. Ein ganz korrekter. Und du sagst zur Sache erst einmal überhaupt nichts. Zu niemandem. Was ist das für eine Geschichte, in der du da steckst?«
»Ich dachte, es wäre die Geschichte meines Lebens.«
»Kann ja noch werden.«
Georg bat den Beamten, den Hörer wieder an sich zu nehmen.
»Meine Anwältin übernimmt den Fall. Ich bin dann hier fertig.«
»Geben Sie mir Ihren Büroschlüssel«, sagte einer der Polizisten.
»Nein. Ich werde den Schlüssel nur meinem Verleger geben. Er soll entscheiden, was damit geschieht.«
»Soll mir auch recht sein.«
Der Beamte gab einem seiner Kollegen die Anweisung, Georgs Büro zu bewachen und niemanden raus- und reinzulassen.

»Ich wär dann so weit«, sagte Georg, als er zurück ins Büro des Chefredakteurs kam. »Herr Staatsanwalt, Frau Brandt ist auf dem Weg zu meiner Wohnung. Sie bittet darum, dass Sie mit der Durchsuchung nicht beginnen, ehe sie anwesend ist.«

»Junge, aber tüchtige Kollegin«, sagte Schell. »Selbstverständlich werde ich ihren Wunsch beachten.«

Münch stand in der Raucherecke, als Georg aus Steins Büro geführt wurde, und paffte an einer Zigarette, obwohl er Nichtraucher war. Damit wollte er ihm offenbar signalisieren, dass das USB-Feuerzeug in Sicherheit war.

Hätte er bloß früher auf ihn gehört und sich um einen Anwalt gekümmert. Christina Brandt kannte sich bei Erpressung, Mord, Geheimnisverrat und Staatsschutz nicht aus. Trotzdem war Georg froh, dass sie sich einschalten würde. Und mit Francks Beziehungen würden sie schon noch die besten Experten hinzuziehen können. Trotz des ganzen Wirbels hatte Georg ein gutes Gefühl. Er würde da rauskommen. Die Fronten waren klar. Jeder wusste jetzt, dass es um Sieg oder Niederlage, Leben oder Tod ging. Und er wusste, dass er auf der richtigen Spur war.

38

Eine wahre Prozession zog aus Steins Büro über den Gang der Redaktion. Vorneweg der Verleger mit dem Oberstaatsanwalt, gefolgt vom gefesselten Georg mit seinen Bewachern; dahinter weiteres Personal, Sicherheitsleute oder Beamte in Zivil.

Drei Dutzend Kolleginnen und Kollegen säumten den Weg bis zu den beiden gläsernen Aufzügen, vor denen sich die Prozession staute. Münch beobachtete das Treiben gelassen aus der Raucherecke.

Vor dem Pressehaus lauerte eine Meute von Reportern, die Hälfte kannte er persönlich.

»Herr Rubin, Georg«, hörte er Rufe. »Was sagen Sie zu den Vorwürfen?«

Georg blieb stehen, der Polizist, der ihn abführen sollte, ließ ihn gewähren. »Auf Anraten meiner Anwältin habe ich mich entschlossen, keine Aussage zu machen. Ich kann nur erklären: Ich bin unschuldig. Es handelt sich um einen Anschlag auf die Pressefreiheit, um ein Komplott, vielleicht sogar einen Staatsstreich.«

Der Polizist zog Georg weiter und verfrachtete ihn in einen blausilbernen Streifenwagen, TV-Kameras und Fotoapparate verfolgten ihn. Er sah noch, wie der Verleger in ein Mikrofon sprach. Irgendjemand würde ihm später sicher berichten, was da über ihn gesagt und gesendet wurde.

Der Polizeiwagen, in dem Georg saß, führte die Kolonne nach Ehrenfeld an. Dunkle Limousinen mit Polizisten und dem Staatsanwalt folgten.

Auch vor Georgs Wohnung standen Reporter. Zack war ebenfalls vor Ort.

»Du bist jetzt eine große Nummer«, sagte der Fotograf.

»Erst einmal bin ich verhaftet. Du wirst bestimmt als Zeuge vernommen.«

»Ich sage nichts.«

»Du kannst alles sagen. Du musst alles sagen.«

Gertrud Odenthal wartete im Hausflur. »Herr Rubin ... Georg. Ich hab dich im Fernsehen gesehen. Das hast du nicht gemacht, oder?«

»Nein, hab ich nicht. Keine Angst.«
»Und was wollen die dann alle hier? Und warum bist du in Handschellen?«
»Ich bin vorläufig festgenommen. Und die Herrschaften wollen nur mal meine Wohnung gründlich aufräumen.« An der Wohnungstür blieb Georg stehen. »Herr Staatsanwalt, meine Anwältin ist noch nicht da. Muss ich die ganze Hundertschaft in meine Wohnung lassen?«
»Nein. Es ist in Ordnung, wenn Sie und der Polizist hineingehen. Und wenn Sie mich mitnehmen, damit ich aufpassen kann, dass nichts abhanden kommt.«
»Einverstanden.«
Georg durchquerte seine Wohnung und ging zum Fernseher. »Darf ich?«
Der Staatsanwalt nickte.
Es war gar nicht so einfach, mit gefesselten Händen die Fernbedienung zu meistern. Auf center.tv lief eine Sondersendung. Ein Kamerateam vor seinem Haus berichtete live.
Im ZDF gab Innenminister Starck ein Interview. »Herr Rubin steht unter dem dringenden Tatverdacht der versuchten Erpressung und Nötigung eines Staatsorgans, des Geheimnisverrats, der Mitgliedschaft in einer terroristischen Vereinigung und des gemeinschaftlichen Mordes. Ziel seiner Angriffe waren die Bundeskanzlerin und ihre Familie.«
»Womit wollte er die Kanzlerin erpressen?«, fragte der Fernsehreporter.
»Das unterliegt der Geheimhaltung. Aber ich kann so viel sagen, dass es auch um üble Nachrede zulasten von Professor Jung, dem Ehemann der Kanzlerin, ging und dessen langjährige Freundschaft zu Herrn Ingo Dahms, der auf dem Flughafen Köln/Bonn ermordet worden ist. Herr Rubin hat außerdem Detailkenntnisse über das Attentat, die es als wahrscheinlich erscheinen lassen, dass er selbst an dem Anschlag beteiligt gewesen ist. Ich persönlich habe ihn am Tatort überrascht, als er vermutlich Spuren verwischen wollte.«
Mit jedem Wort Starcks geriet Georg mehr in Rage. »Was erzählt der da für einen Quatsch? Ist das zulässig, Details öffentlich mitzuteilen und meinen Namen zu nennen?«

Der Staatsanwalt schüttelte den Kopf. »Üblich ist das nicht. Aber es ist ja auch kein üblicher Fall. Wenn der Herr Minister mich gefragt hätte, hätte ich abgeraten.«

»Was ist mit der Unschuldsvermutung? Muss ich nicht so lange als unschuldig gelten, bis ich rechtskräftig verurteilt bin?«

»So ist es. Sie kennen sich aus.«

»Das hilft mir aber nicht. Das halbe Land wird über mich herfallen.«

»Ich habe Vertrauen in unseren Rechtsstaat, Herr Rubin. Wenn Sie unschuldig sind, wird sich das herausstellen. Wenn Ihnen Schaden zugefügt wurde, werden Sie Schadenersatz bekommen. Verlassen Sie sich ruhig auf die Justiz – und auf Ihre Anwältin.«

»Auf die Justiz verlasse ich mich nur ungern. Ich habe den Verdacht, dass in meinem Fall ganz spezielle Interessen im Spiel sind.«

»Sie sollten mit mir nicht über den Fall diskutieren. Hören Sie auf Ihre Anwältin. Warten Sie den Termin vor dem Haftrichter ab, dort können Sie sich verteidigen. Ich muss von dem ausgehen, was mir bekannt ist. Und danach gibt es allen Anlass, gegen Sie zu ermitteln.«

Center.tv schaltete zum Pressehaus um. Zu sehen war die Szene, wie Georg mit Handschellen zum Polizeiwagen abgeführt wurde. Auch sein kurzes Statement wurde wiederholt. Hatte er wirklich von einem »Komplott« und einem »Staatsstreich« gesprochen?

Anwältin Christina Brandt traf in Begleitung von Franck von Franckenhorst und zwei weiteren Männern ein. »Ich habe Kollegen hinzugezogen«, sagte Christina, »Herrn Janker und Herrn Roth, Spezialisten für Kapitalverbrechen und Staatsschutz. Wenn du bitte die Vollmachten unterschreiben würdest.«

Franck klopfte Georg auf die Schulter. »Mach dir um die Anwaltskosten keine Sorgen. Ich strecke das vor. Obwohl du dich ruhig öfter bei deinem alten Freund melden könntest.«

»Wir sehen uns doch am Freitag auf deiner Party.«

»Die Einladung hast du bekommen?«

»Ja, sicher. Danke. Und ich wollte zusagen.«

Christina prüfte den Durchsuchungsbefehl. Sie könne nur unter Vorbehalt zustimmen. Journalisten hätten ein Zeugnisverweigerungsrecht, dürften bestimmte Informanten geheim halten. Die durchsuchende Behörde müsse sicherstellen, dass keinerlei Beweismaterial zerstört oder verändert würde, außerdem müsse gewährleistet werden, dass eine gerichtliche Verwendung nur nach richterlicher Prüfung erfolgen dürfte.

»Selbstverständlich, Frau Kollegin«, sagte Schell. »So soll es sein, so wird es sein.«

Hatte der Staatsanwalt da gerade Wolf Biermann zitiert, den sozialistischen Rebellen und Liedermacher?

»Wieso kuschelst du so mit dem Staatsanwalt?«, wollte er von Christina wissen.

»Wir kennen uns. Ich habe einen Teil meiner Ausbildung bei ihm gemacht. Wir haben uns schon immer gerne gekebbelt.«

Die Durchsuchungsaktion ging schnell und routiniert vonstatten. Die Beamten packten alles, was sie interessierte, in mitgebrachte Kartons, Bücher, Winters Fotoalben mit den Bildern der Kanzlerin, iMac und Laptop.

»Herr Schell, ich warne Sie. Auf dem Laptop ist mein halbes Leben. Manuskripte von mehreren Romanen, an denen ich seit Jahren schreibe.«

»Sie haben doch bestimmt Kopien«, sagte Schell.

»Ja, habe ich. Aber die nehmen Sie ja auch mit. Die sind auf dem großen Rechner.«

»Wir werden vorsichtig sein«, sagte der Staatsanwalt.

»Ich bitte darum.«

»Ich mache Sie persönlich haftbar, wenn etwas schiefläuft«, sagte Christina Brandt zu Schell.

»Vielleicht raten Sie Ihrem Mandanten erst einmal, mit Bemerkungen wie Komplott und Staatsstreich vorsichtiger zu sein. Sonst wird er noch wegen Verunglimpfung von Staatsorganen verurteilt, selbst wenn er sonst aus der Sache rauskommen sollte.«

»Lassen Sie das meine Angelegenheit sein, Herr Staatsanwalt.«

»War nur ein guter Rat.«

»Ich habe auch einen guten Rat: Richten Sie dem Herrn Innenminister aus, dass wir seine Reden aufgezeichnet haben. Verleumdung, üble Nachrede, meine Kollegen hätten noch mehr Straftatbestände parat. Was will er damit erreichen? Einschüchterung der Behörden? Er soll schon mal ausreichend Freizeit für seinen Prozess einplanen.«

»Das müssen Sie ihm schon selbst sagen.«
»Das werde ich. Und Sie frage ich: Wieso standen sowohl vor dem Pressehaus als auch hier vor der Wohnung ganze Bataillone von Journalisten? Haben Sie die informiert?«
»Nein«, sagte Schell und wirkte ehrlich dabei.
»Das will ich hoffen«, sagte Christina Brandt.
»Fertig«, meldete einer der Durchsuchungsbeamten.
»Wie geht es jetzt weiter?«, fragte Georg.
»Sechzehn Uhr Termin beim Haftrichter. Wir werden Herrn Rubin vorführen.«
»Nein«, intervenierte Anwalt Roth, der Spezialist in Staatsschutzangelegenheiten. »Wir müssen erst die Chance haben, mit Herrn Rubin über den Fall zu reden.«
Schell besprach sich mit den Polizisten. »Können Sie sicherstellen, dass Herr Rubin keine Möglichkeit zur Flucht hat?«
Der Polizist bejahte das. Die Wohnung im Erdgeschoss sei gut zu überwachen. Ein Posten im Vorgarten, ein weiterer im Hausflur, mehr benötige es nicht.
»In Ordnung. Dann lassen wir Herrn Rubin mit seinen Anwälten in der Wohnung. Nehmen Sie ihm die Handschellen ab. Sollte er versuchen zu fliehen, dürfen Sie von der Schusswaffe Gebrauch machen.«
»Herr Staatsanwalt, ich bitte Sie«, rief Christina Brandt.
»Ich erläutere nur die Rechtslage, Frau Kollegin. Dann weiß Ihr Mandant auch gleich Bescheid.«
Zu dem Polizisten sagte er: »Stellen Sie sicher, dass Herr Rubin um sechzehn Uhr dem Richter vorgeführt wird. Das heißt, um fünfzehn Uhr dreißig betreten Sie die Wohnung und nehmen Herrn Rubin in Gewahrsam. Ist das in Ihrem Sinne, Frau Kollegin?«
»Nein, aber wir sind einverstanden«, sagte Christina.
»Wir sehen uns vor dem Haftrichter.«

Georg blieb nur eine knappe Stunde, um den Fall zu schildern. Zum Glück hatte Franck seinen Laptop dabei, auf den er die Dateien aus Georgs Dropbox heruntergeladen hatte.
»In Anbetracht dieser Beweislage meine ich, dass es gut für dich aussieht, Georg«, sagte Christina Brandt.
»Ich wundere mich, dass Schell hier aktiv ist. Staatsschutzsachen

liegen direkt beim Generalbundesanwalt, und als Haftrichter wären die Ermittlungsrichter des Bundesgerichtshofes zuständig«, sagte Roth.

»Das hat vielleicht einen ganz banalen Grund«, sagte Janker, der sich bisher zurückgehalten hatte. »Heute ist Sonntag. Die Politik, vor allem der Herr Bundesinnenminister, hatte es eilig. Auf die Schnelle hat sich aber bei der Bundesanwaltschaft niemand gefunden, also ist man der Bequemlichkeit halber in Köln geblieben.«

»Kennen wir den Ermittlungsrichter?«, fragte Roth.

»Sonntags haben die Richter abwechselnd Dienst. Heute ist Schmalenbach dran. Ein seriöser Mann. Ich könnte damit leben«, sagte Christina Brandt.

»Gut. Dann verzichten wir auf Einspruch gegen Verfahrensfehler. Was ist mit Einspruch gegen den Haftbefehl?«, fragte Janker.

»Womit wird der überhaupt begründet? Wenn Herr Rubin für so gefährlich gehalten wird, dass man ihn sofort wegsperren muss, müsste dann nicht tatsächlich der Generalbundesanwalt eingeschaltet sein? Fluchtgefahr? Sehe ich nicht. Verdunklungsgefahr? Beweisvernichtung? Jetzt, wo alles beschlagnahmt ist? Ihn mundtot zu machen? Das kann es ja wohl nicht sein.«

»Vielleicht war aber genau das der Zweck dieser Inszenierung. Georg soll eingeschüchtert werden. Und die Veröffentlichung des Artikels im BLITZ soll verhindert werden«, sagte Christina.

»Das ist ja schon mal gelungen«, sagte Georg.

»Wieso?«, fragte Franck. »Die Zeitung ist noch nicht raus. Vielleicht wird der Artikel ja doch gedruckt. Hast du den Text?«

»Liegt auch in der Dropbox auf deinem Rechner.«

»Lesen Sie, meine Herren. Du auch, Christina. Ist da irgendetwas drin, was nicht veröffentlicht werden dürfte?«, fragte Franck.

Während die Anwälte über dem Text brüteten, machte sich Georg an der Espressomaschine zu schaffen. Der Polizeibeamte, der im Vorgarten Wache hielt, gab ein Zeichen, dass auch er gerne etwas trinken würde. Georg wollte ihm einen Espresso nach draußen bringen, der Beamte wies ihn an der Tür zurück. »Danke für den Espresso. Aber nicht die Wohnung verlassen.«

»Ich lese nichts, was als Straftat gewertet werden könnte«, meldete sich Christina als Erste.

»Was ist mit Geheimnisverrat?«, fragte Roth. »Könnte die Mitteilung, dass das benutzte Gewehr eine Bundeswehrwaffe war, als Geheimnisverrat gewertet werden?«

»Ich habe Beweise, dass diese Information stimmt. Ich habe sogar eine eidesstattliche Versicherung aus den Reihen des Militärischen Abschirmdienstes«, sagte Georg.

In den Dropbox-Dateien suchte er die beiden JPEGs raus, die er mit seinem Handy aufgenommen hatte, verwackelt, aber lesbar.

»Ich musste mich beeilen. Die Originale sind bei einem sehr vertrauenswürdigen Kollegen. Und natürlich beim Notar.«

»Ich bin kein Presserechtler«, sagte Janker, »aber ich denke, dass man das veröffentlichen muss. Wieso haben die ermittelnden Behörden das nicht längst bekanntgegeben? Das ist doch immens wichtig, wenn man die Täter finden will. Das gäbe Hinweise aus der Bevölkerung oder sogar aus der Bundeswehr.«

»Gut«, sagte Franck. »Ihr fändet es also richtig, wenn dieser Artikel veröffentlicht wird?«

»Es würde Georg aus der Schusslinie nehmen. Die Menschen, auch die Presse-Kollegen, würden den Hintergrund besser verstehen. Außerdem wären die wesentlichen Fakten öffentlich, und der Haftgrund ›Verdunklungsgefahr‹ fiele weg. Oder gibt es noch mehr?«, fragte Christina.

»Ja, es gibt noch mehr«, sagte Georg.

»Dann rück endlich raus mit der Sprache«, sagte Franck.

»Ich habe Beweise, dass Ingo Dahms ein intimes Verhältnis mit Roger Jung hatte. Die beiden waren ein schwules Liebespaar.«

Christina stöhnte auf. »Wer weiß das noch außer dir?«

»Die Kanzlerin. Ich habe sie darauf angesprochen.«

»Wer noch?«, insistierte Christina.

»Unser Fotograf Zack weiß es. Dann ein ehemals bekannter Ex-Politiker, der mir einschlägige Fotos von den beiden zugespielt hat. Dahms' Witwe weiß es. Der stellvertretende Regierungssprecher und eine Referentin der Kanzlerin, eine Frau Krems. Unser Chefredakteur Stein weiß es, nein, dem hatte ich das noch nicht erzählt. Aber unser Politik-Chef Hendrik Münch weiß es.«

»Da hätte ich wohl besser gefragt, wer es nicht weiß. In deinem Artikel hast du davon nichts geschrieben.«

»Ich denke, das ist Privatsache. Ich wollte nicht in Intimem herumstochern.«

»Starck weiß es auch«, sagte Christina.

»Wie kommst du darauf?«

»Sein Interview eben. Da war was. Starck hat die Namen von Roger Jung und Ingo Dahms erwähnt und in diesem Zusammenhang von übler Nachrede und langjähriger Freundschaft gesprochen. Wir müssen uns einen Mitschnitt besorgen.«

»Und er ist der Erste, der öffentlich darauf anspielt. Wieso macht er das?«, fragte Janker.

»Wir haben nur noch fünf Minuten«, sagte Franck. »Ich mache folgenden Vorschlag: Ich fahre in den Verlag und versuche, Berger dazu zu bringen, den Artikel zu drucken. Notfalls alarmiere ich Arthur, den Alt-Verleger. Ich glaube, der bliebe in so einer Situation standhaft.«

»Und wenn die Justiz den BLITZ beschlagnahmen lässt?«

»Das wäre mal eine Riesenreklame für die Zeitung. Trotzdem, guter Hinweis. Ich werde dem Verleger zusagen, dass ich für alle eventuellen Kosten aufkommen werde.«

»Wie ist es mit einer Kaution?«, fragte Christina.

»Meinst du, ich komme auf Kaution frei?«, fragte Georg.

»Wenn nicht heute, dann morgen oder übermorgen. Die können dich nicht lange einsperren«, sagte Christina.

»Keine Sorge, Georg. Deine Kaution strecke ich vor«, sagte Franck.

»Danke, Franck. Und falls Bernhard sich ziert, hol dir Verstärkung von Hendrik Münch. Der Politik-Chef ist ein großartiger Journalist. Hab ich leider viel zu spät gemerkt.«

39

Ponk fühlte sich elend. Seit Tagen wartete er auf neue Befehle, aber es kam nichts. Kein Anruf. Keine Nachricht. Nichts. Als ob er Luft für Nummer eins wäre. Hatte er sein Vertrauen verspielt? War er überflüssig geworden wie Zander? Wäre er der nächste Kollateralschaden?

War es falsch gewesen, diese Frau und Zander zu töten? Hatte er die Frau überhaupt getötet? Das zweite Video, das angekündigt worden war, war noch nicht aufgespielt worden. Vielleicht war es nur ein Bluff. Vielleicht gab es gar kein zweites Video. Er konnte sich jedenfalls nicht erinnern, die nackte Frau mit dem Hammer erschlagen zu haben. Oder waren das alles nur Psychospielchen, um ihn zu testen? Er hatte sich in der Wohnung in Nippes verkrochen und wartete und grübelte und wartete und grübelte.

Einmal, am Freitag, hatte er seine Frau angerufen. Sie hob ab, er sagte nichts, sie sagte seinen Namen und fragte: »Bist du es?« Nummer eins wollte nicht, dass er private Kontakte hatte, während er im Einsatz war. Ponk drückte das Gespräch weg. Wahrscheinlich war schon dieser stumme Anruf zu viel gewesen. Wieder ein Minuspunkt, den Nummer eins notieren würde.

Oder musste sich Nummer eins gar nicht melden, weil er seinen Befehl längst erteilt hatte?

Jakob Winter. Bei Lena.

Am Montag, also morgen, sollte er ihn abfangen und ausfragen. Nummer eins hatte gefragt, ob er schon in der Kneipe gewesen wäre. Nein, war er nicht. Aber warum eigentlich nicht? Wäre es nicht höchste Zeit, sich den Treffpunkt genauer anzusehen?

Ponk fühlte sich besser. Er würde sich auf zu Lena machen. Nummer eins konnte sich auf ihn verlassen.

Er nahm die Fernbedienung, um den Fernseher, den er im Hintergrund laufen ließ, auszuschalten. Plötzlich stutzte er. Auf dem Bildschirm war der Innenminister zu sehen, der gestikulierend eine Rede hielt. Ponk drehte den Ton lauter. Der Minister sprach über das Attentat in Köln und dass man einen Hauptverdächtigen festgenommen habe, Georg Rubin, einen Journalisten aus Köln.

Rubins Gesicht wurde eingeblendet, dann Bilder, wie er in Handschellen abgeführt wurde.

Ponk erkannte den Mann wieder. Er hatte vor der Eisdiele mit dem ermittelnden Polizisten gesprochen. Wieso sollte er etwas mit dem Attentat auf dem Flughafen zu tun haben? Ponk suchte nach Zusammenhängen, aber er fand sie nicht.

Nummer eins würde ihm das bestimmt erklären können.

War der Innenminister vielleicht Nummer eins? Ponk zweifelte. Die Stimme des Ministers war deutlich tiefer als die von Nummer eins. Aber Stimmen ließen sich manipulieren.

Ponks Handy vibrierte.
»Es wird Zeit, dass Sie aus dem Sommerschlaf aufwachen«, sagte die hohe Stimme von Nummer eins.
»Ich schlafe nicht«, sagte Ponk.
»Sie sitzen vor dem Fernseher.«
»Ja.«
»Haben Sie diesen Journalisten gesehen?«
»Ja. Habe ich.«
»Merken Sie sich sein Gesicht, Ponk.«
»Ja. Tue ich.«
»Sie werden von mir hören«, sagte Nummer eins und hängte ein.
Ponk fühlte sich besser. Endlich ein Lebenszeichen von Nummer eins. Er war noch nicht aus dem Spiel.

40

Georg wurde von den Polizeibeamten zum Präsidium gefahren. Der Untersuchungsrichter, Amtsrichter Schmalenbach, schien nicht wirklich Lust auf diesen Sonntagsdienst zu haben, der reihum auf die Kollegen verteilt wurde. Um die Wege möglichst kurz zu halten, saßen die Richter an Sonn- und Feiertagen nicht im Justizzentrum an der Luxemburger Straße in Sülz, sondern im Polizeipräsidium in Kalk.

Schmalenbach machte kurzen Prozess. Wegen der Schwere der Vorwürfe, wegen Verdunklungs- und Fluchtgefahr sei der Haftbefehl beantragt worden und werde von ihm bestätigt. Er ordnete Untersuchungshaft und »strenge Isolierung« an, was bedeutete, dass Georg keinen Außenkontakt haben durfte, nur die Anwältin war zugelassen.

Für Georg folgte die Fahrt nach Ossendorf in das berühmt-berüchtigte Kölner Gefängnis, das im Volksmund »Klingelpütz« hieß. Es war kein Vorteil, dass das gesamte Personal seine Verhaftung live am Fernseher miterlebt hatte. Fast hatte er das Gefühl, als mache sich Schadenfreude bei den Vollzugsbeamten breit.

»Darf ich meine Familie anrufen und sagen, wo ich bin? Ich müsste zwei Anrufe tätigen.«

»Ja, Sie dürfen kurz telefonieren. Aber keinerlei Aussagen zu Ihrem Fall. Nur persönliche Mitteilungen. Ein Beamter wird anwesend sein. Sagen Sie Ihrer Familie, dass in der U-Haft nur ein Besuch pro Woche erlaubt ist.«
Georg rief Frau Odenthal an. »Gertrud, du hast den Auflauf ja mitbekommen. Wie es aussieht, muss ich ein paar Tage im Klingelpütz übernachten. Bitte pass auf meine Wohnung auf.«
Der zweite, schwierigere Anruf war der bei seiner Ex. »Rita, ich weiß nicht, ob du es schon gehört hast.«
»Hab ich. Leider. Und die gesamte Nachbarschaft auch.«
»Sag der Nachbarschaft, ich bin unschuldig.«
»Der Innenminister sieht das aber ganz anders.«
»Rita, hör zu. Ich sitze in Untersuchungshaft. Am Mittwoch will Rosa einziehen. Unter diesen Umständen ...«
»... lass ich mein Kind sowieso nicht zu dir. Das kannst du dir abschminken. Wahrscheinlich lasse ich dir das Sorgerecht entziehen. Mein Kind hat einen Verbrecher zum Vater. Wie soll Rosa das bloß aushalten?«
»Ich kann dazu jetzt nichts sagen. Aber bitte vertrau mir. Ich habe nichts Unrechtes getan. Es wird sich alles aufklären. Gib Rosa einen Kuss von mir.«
Der Vollzugsbedienstete führte ihn zum Zellentrakt in Haus eins und übergab ihn an den diensthabenden Kollegen, der in der Mitte eines langen, gelblich weißen Flurs mit verriegelten Zellentüren ein kleines Büro in einem Glaskasten hatte. Treppen führten in den ersten Stock, die »Decke« über dem Flur bestand aus einem Metallrost, durch das man hindurchsehen und notfalls auch hindurchschießen konnte.
Auf einem massiven Holzgestell lagen zu kleinen Päckchen gefaltete blaue Decken, darauf jeweils ein hellblaues Betttuch – vielleicht waren die Sachen im Frauentrakt rosa –, ein weißer Kopfkissenbezug und eine Metallschüssel. Darin lagen eine kleine Tasse und ein großer Becher, im Becher steckte ein Metallbesteck, sogar ein Messer war dabei.
»Nehmen Sie sich eins der Päckchen. Das ist Ihr gesamtes mobiles Inventar. Als Untersuchungshäftling müssen Sie keine Anstaltskleidung tragen, sondern dürfen Ihre Kleidungsstücke behalten.«

»Wie großzügig«, sagte Georg.

»Sie bekommen sogar eine Einzelzelle. Achteinhalb Quadratmeter.«

Der Vollzugsbeamte ging bis ans Ende des Ganges. Zelle 1.102 war für Georg reserviert.

Der Zugang war doppelt verriegelt. Zum Gang hin eine geschlossene Metalltür mit einer Metallklappe, die mit einem Vorhängeschloss gesichert war. Hinter der Metalltür befand sich eine zweite Tür aus Gitterstäben, die allerdings so dicht beieinanderlagen, dass man nicht hindurchschlüpfen konnte.

»Wir bringen Ihnen das Essen in die Zelle. Durch die Klappe können wir nachschauen, wie es Ihnen geht.«

Das Zimmer war ein schmaler Schlauch, knapp zwei Meter breit, gut vier Meter tief. Nackter Betonboden. Die Wände waren verputzt und weiß gestrichen.

An der rechten Wand stand ein geschlossenes Holzpodest, auf dem eine fleckige Schaumstoffmatratze lag, die Georg an sein Jungenzimmer zu Hause erinnerte. Hinter dem Bett ein massiv gezimmertes offenes Regal, das als Schrank dienen sollte. Gegenüber ein fest verankerter massiver Holztisch, auf dessen Platte seine Zellenvorgänger Namen und Sprüche eingeritzt hatten. Ein Metallstuhl mit hölzerner Sitzfläche und Lehne. Darüber eine in ein schweres Metallgestell eingelassene Lampe. Rechts entdeckte Georg unter einer Metallklappe eine Steckdose, darunter war ein Kabelanschluss für Radio und Fernsehen.

Am Ende des Zimmers ein gar nicht so kleines Fenster, natürlich vergittert, aber man konnte es auf Kipp stellen, um Luft hereinzulassen. Das Fenster ging nach Südwesten, man ahnte die untergehende Sonne. Unter dem Fenster befand sich ein Innenhof. Georg sah nur einen kleinen Ausschnitt davon, eine Mauer mit Stacheldraht, ein Stück einer Rasenfläche, um die ein mit Pflastersteinen ausgelegter Weg führte.

»Sie haben das Recht auf täglich eine Freistunde, die Sie unter Aufsicht im Hof verbringen. Da für Sie Isolierung angeordnet ist, müssen Sie den Hof alleine aufsuchen, natürlich abgesehen von der Begleitung des Kollegen.«

Die Mauern, die den Innenhof umgaben, bestanden aus roten Ziegeln. Die Wand links war zusätzlich mit Stacheldraht gesichert.

Georg drehte sich um. Am Eingang zur Zelle war der Sanitärbereich. Gleich hinter dem Bett, nicht abgetrennt, eine metallene Toilette ohne Deckel. In der Ecke neben der Tür ein metallenes Waschbecken, klein wie auf einem Schiff, darüber ein Wasserhahn, der kaum aus der Wand herausragte.

»Waschbecken und Toilette müssen Sie selber sauber halten«, sagte der Beamte.

Immerhin eine Einzelzelle, aber eine Zelle ohne Radio, ohne Fernseher, ohne Computer. Wenigstens ein Buch hatte er eingepackt, »Himmel un Ääd«, einen Köln Krimi.

»Gibt es eine Sperrstunde, zu der das Licht ausgemacht wird?«, fragte er.

»Nein. Sie können so lange wach bleiben, wie Sie wollen. Falls wir mitbekommen sollten, dass Sie eingeschlafen sind, ohne das Licht auszuschalten, können wir das von außen löschen. Ganz wie Sie wünschen.«

»Ich möchte lieber selbst entscheiden, wann ich das Licht ausmache.«

»Kein Problem.«

Der Vollzugsbeamte schloss die Türen, erst die Gittertür, dann die Stahltür. Die Schlüssel waren groß und schwer, viel größer als übliche Haus- oder Kellerschlüssel. Das sah alles nach guter deutscher Wertarbeit aus.

»Ist hier schon mal jemand ausgebrochen?«, rief Georg, kurz bevor der Beamte die Stahltür schloss.

»Nicht seitdem ich hier arbeite«, bekam er zur Antwort.

Georg setzte sich auf die nackte Schaumstoffmatratze. Er war im Knast. JVA Köln-Ossendorf. Klingelpütz. Zum ersten Mal in seinem Leben. Es fühlte sich beschissen an.

41

Ponk saß in der Kneipe, die Nummer eins ihm genannt hatte: »Bei Lena«. Nicht viel los am Sonntagabend. Er saß draußen bei einem Glas Apfelschorle und beäugte verstohlen die Kundschaft.

Wer mochte dieser Jakob Winter sein? Und warum sollte er sich um ihn kümmern?

Der Zeitungsmann erschien, ein südländischer Typ, vielleicht Italiener, in der typischen roten Jacke. Er hatte den BLITZ und den Kurier im Angebot. Schon die Montagsausgaben. Ponk hob die Hand. »Beide bitte.«
»Macht zwei Euro«, sagte der Zeitungsmann.

Ponk erschrak, als er die Riesenschlagzeilen des BLITZ sah:

DAS ATTENTAT AUF DIE KANZLERIN
Todeswaffe stammte aus dem Bestand der Bundeswehr
Scharfschütze traf aus 900 Metern Entfernung
Täter versteckte sich in Luftwaffenkaserne

Woher wussten sie das? Und so präzise. Genau waren es neunhundertdreizehn Meter gewesen, aber das wusste nur er. Es war eine Karte des militärischen Flughafens und des Kasernengeländes abgedruckt, mit einem Neunhundert-Meter-Kreis um die Stelle herumgezogen, an der Dahms tot zusammengebrochen war. Der Kreis führte durch das Gebäude, aus dem er geschossen hatte.

Ponk drehte sich um in der plötzlichen Furcht, hier an Ort und Stelle verhaftet zu werden. Aber niemand kümmerte sich um ihn. Er wandte den Blick wieder auf die Zeitung. Wer konnte das alles wissen? Und wieso hatte die Zeitung den Artikel gedruckt, obwohl ihr Reporter doch verhaftet worden war?

Die Erklärung fand er in einem Kommentar, den der fast sechsundachtzigjährige Verleger geschrieben hatte. »Wenn unser Reporter einen Fehler gemacht haben sollte, dann wird er sich dafür vor Gericht zu verantworten haben. Bis dahin gilt die Unschuldsvermutung. Auch und gerade ein Bundesminister des Inneren hat nicht das Recht, einen Menschen im Vorhinein öffentlich zu verurteilen. Unsere Redaktion hat den Artikel, den Georg Rubin vor seiner Verhaftung noch vollenden konnte, sorgfältig geprüft. Wir haben keinerlei Hinweise gefunden, dass er nicht der Wahrheit entspricht. Im Gegenteil, wir haben sogar klare Beweise dafür, dass die Behörden die Wahrheit kannten und verheimlicht haben. Deshalb haben wir uns entschlossen, den Artikel zu drucken. Es ist vornehmste Aufgabe der Presse, die Mächtigen zu kontrollieren.«

Ziemlich geschwollen geschrieben, fand Ponk.

Der Kurier widmete der Verhaftung des BLITZ-Kollegen und dessen Enthüllungen über das Attentat eine halbe Seite, hielt sich mit Wertungen aber zurück.

Wie würde Nummer eins auf die Veröffentlichung reagieren? Er korrigierte sich selbst: Nummer eins musste nicht reagieren. Nummer eins wusste immer im Voraus, was geschehen würde; er hatte bestimmt einen Plan.

Ein Taxi hielt vor der Kneipe; der Fahrer stieg aus. »Silvia«, rief er laut, »hast du den neuen BLITZ gesehen?«

Ponk hatte die Vermutung, dass das sein Mann sein könnte, und setzte sich nach innen ans andere Ende der Theke.

Der Taxifahrer legte die Zeitung aus der Hand und wandte sich an die Bedienung. »Dieser Reporter, den du mir auf den Hals geschickt hast. Lässt sich festnehmen wegen Erpressung der Kanzlerin. Ob das mit meinen Fotos zu tun hat?«

»Was weiß ich, was du ihm für Fotos gegeben hast. Bei mir hat er sich seit einer Woche nicht mehr blicken lassen. Dabei hat er mir auch Fotos versprochen.«

»Komisch«, sagte der Taxifahrer, »so ein großer Artikel, aber kein Wort über die Vergangenheit der Kanzlerin. Hier, nur diese kleine Anspielung. Dahms, der alte Studienkollege und langjährige Freund ihres Mannes. Mehr nicht. Ich hätte schon erwartet, dass er mich größer rausbringen würde.«

»Kommt vielleicht noch, Jakob. Erst einmal sitzt er.«

»Meinst du, er hat die Kanzlerin wirklich erpresst?«

»Der Georg ist schon ein scharfer Hund.«

»Aber Erpressung?«

»Nein, glaube ich eigentlich nicht.«

»Tu mir mal ein Kölsch.«

Er war es also tatsächlich, Jakob Winter. Taxifahrer. Hatte irgendetwas mit der Kanzlerin zu tun. Hatte diesen Reporter mit Fotos versorgt. Was hatte Nummer eins gesagt? Gib dem Mann ein paar Bier aus.

Ponk leerte sein Kölsch und bestellte zwei neue.

»Zwei?«, fragte die Bedienung.

Ponk nickte und wies auf Winter.

Silvia stellte Jakob das Glas hin. »Von deinem Nachbarn.«

»Danke und Prost«, sagte Winter.

»Prost«, sagte Ponk, verließ seinen Platz und setzte sich auf den Barhocker direkt neben Winter. »Ich heiße Eberhard Sczymanek. Du kannst aber Schimmi sagen.«
»Prost, Schimmi. Ich heiße Jakob.«
»Prost, Jakob.«
Ponk wusste, dass er nur warten musste. Nach zwei weiteren Kölsch wurde Jakob redselig.
»Weißt du was?«, fing er an. »Meine Ex ist Kanzlerin. Ich bin fast vom Fahrersitz gefallen, als ich die Nachricht gehört hab.«
»Das ist ja spannend«, sagte Ponk.

Montag

42

Georg hatte selten so lange und so gut geschlafen. Als er wach wurde, fühlte er sich taufrisch. Sechs Uhr.

Um sechs Uhr fünfzehn brachte ein Vollzugsbediensteter das Frühstück. Sein erstes Knastfrühstück. Eingeschweißt wie im Ferienflieger. Brot. Aufschnitt. Butter.

»Tee oder Tee?«, fragte der Beamte.

»Kaffee«, sagte Georg.

»Kaffee gibt es nicht«, sagte der Beamte.

»Wieso gibt es keinen Kaffee?«

»Früher gab es Kaffee. Aber der schmeckte nicht. Bis wir mit dem Service durch waren, war der immer schon kalt. Eklig. Deshalb gibt's jetzt Tee. Soll auch gesünder sein.«

»Ohne Kaffee kann ich nicht leben!«

»Regen Sie sich nicht auf, junger Mann. Wenn Sie länger hier sind und wenn Sie Geld haben, dann können Sie sich im Shop Kaffee kaufen. Aber heute wird das nichts. Um zwölf gibt es Mittag. Wir haben hier fast alles. Für jede Glaubensrichtung kochen wir anders. Ohne Schweinefleisch, wenn's gewünscht ist. Hühnchen wird viel genommen. Wir haben auch vegetarisch. Sogar Schwangerschaftskost. Brauchen Sie wohl eher nicht.«

»Nein danke. Keine Schwangerschaftskost. Hühnchen wäre in Ordnung.«

»Dann also Hühnchen mit Reis. Werde ich ausrichten. Ihre Anwältin hat sich übrigens zum Besuch angemeldet. Sie wird um acht Uhr hier sein.«

»Acht Uhr. So früh?«

»Acht Uhr ist nicht früh. Nicht im Knast. Während der U-Haft darf der Anwalt so oft mit Ihnen sprechen, wie er es für nötig hält. Sie werden abgeholt und ins Besuchszimmer gebracht.«

Der Beamte verschwand, Georg war wieder allein. Und ohne Beschäftigung. Diese vollkommene Ruhe war für ihn völlig ungewohnt. Kein Radio. Kein Fernsehen. Kein Internet. Keine E-Mail. Kein Anruf. Nichts. Aus den Nachbarzellen hörte man schon einmal gedämpfte Stimmen oder einen Fluch. Mehr nicht. Man war hier allein mit sich selbst. Georg wurde sich bewusst, dass er trotz ausreichend Schlaf ziemlich ausgepowert war. So ein Knastaufenthalt konnte erholsam sein, fast wie im Kloster. Aber ins Kloster ging man freiwillig, hier war er eingesperrt, und er wollte hier raus.

Christina begrüßte ihn gut gelaunt. »Na, wie gefällt es dir in der Pension Klingelpütz?«

»Es gibt keinen Kaffee zum Frühstück. Ich langweile mich zu Tode.«

»Das ist das Problem, wenn man nur mit sich selbst zu tun hat. Dann wird einem schlagartig klar, was für ein öder Typ man ist.«

»Ich dachte, du willst mich aufbauen?«

»Will ich auch. Hier, deine Zeitung. Ich hab gefragt, ob ich sie dir mitbringen darf, niemand hatte etwas dagegen.«

Georg sah den BLITZ mit der großen Aufmachergeschichte. »Die haben das wirklich gedruckt. Hätte ich nicht gedacht.«

»Ich weiß nicht, was Franck den Verlegern erzählt hat, vielleicht musste er ihnen ein Bild von Gerhard Richter schenken, was weiß ich. Aber das Ergebnis ist nicht schlecht.«

»Der Senior hat sogar einen staatstragenden Kommentar geschrieben. Nett von ihm.«

»Ja. Und hilfreich. Jetzt, wo die Geschichte in der Welt ist, ist es viel schwieriger, dir Verdunklungsgefahr vorzuwerfen. Es ist ja mehr oder weniger alles bekannt.«

»Noch nicht alles.«

»Aber das, was noch nicht bekannt ist, steht auch nicht in den Akten der Staatsanwaltschaft, die ich inzwischen gesehen habe. Da hat der Herr Innenminister etwas erzählt, von dem die Ermittlungsbehörden überhaupt nichts wissen.«

»Und wie wird dann die Erpressung begründet?«

»Du sollst die Kanzlerin beschuldigt haben, das Attentat auf Dahms angeordnet zu haben.«

»Ich habe das Gespräch mit der Kanzlerin aufgezeichnet. Nicht nur akustisch, ich habe sogar ein Video. Zack hat seine Kamera mitlaufen lassen.«

»Wo ist das Material? Damit könnten wir direkt den Gegenbeweis antreten.«

»Na ja, vielleicht habe ich der Kanzlerin schon ziemlich deutliche Vorhaltungen gemacht.«

»Das werden wir sehen. Also, wo ist das Video?«

»Auch in der Dropbox. Ich habe es, glaube ich, einfach ›Kanzlerin-Video‹ genannt. Die Tonaufzeichnung heißt ›Kanzlerin-Interview‹.«

»Muss ich mir ansehen. Ich bin guter Dinge, dass wir dich morgen freibekommen. Ich werde Haftprüfung beantragen, dann muss bis morgen Abend entschieden werden.«

»Also noch eine Nacht in diesem ungastlichen Hause?«

»Darauf solltest du dich einstellen. Vierundzwanzig Stunden Zeit, dir über den Sinn des Lebens Gedanken zu machen.«

»Kennst du den Sinn des Lebens?«

»Zweiundvierzig.«

»Ach ja. ›Per Anhalter durch die Galaxis‹. Nimmst du mich mit?«

»Nein. Heute nicht. Ich muss los.«

»Könntest du mir noch einen Gefallen tun?«

»Fast jeden.«

»Kannst du in der Redaktion fragen, am besten bei Hendrik Münch, ob das Kanzleramt auf meinen Interviewtext geantwortet hat?«

»Du wartest auf Nachricht aus Berlin?«

»Ja. Der Text sollte abgestimmt werden. Ich habe ihn vorgestern Morgen abgeschickt, die Antwort soll heute per Fax kommen.«

»Ich kann mir nicht vorstellen, dass du ausgerechnet heute einen lieben Brief vom Kanzleramt bekommst.«

»Ich konnte mir auch nicht vorstellen, dass meine Zeitung den Artikel druckt.«

»Stimmt. Das wird schon wieder ein Fall für Franck. Der hat sowieso einen Narren an dir gefressen, warum auch immer.«

»Er erinnert sich, wie er vor fünfzehn Jahren durchs Abitur gekommen ist, nehme ich an.«

»Tschüss, Mister eingebildet. Ich werde ihm das so sagen, dann lässt er dich im Kerker verhungern.«

»Die lassen einen hier nicht verhungern. Es gibt Hühnchen mit Reis. Und Schwangerschaftskost. Notfalls auch vegetarisch.«

»Umso schlimmer für dich. Spaß beiseite. Einen Tag musst du noch aushalten. Lass dir was zum Schreiben geben. So was be-

kommst du hier bestimmt. Du hast Anspruch auf eine Stunde Freigang. Und du kannst in der Zelle ein bisschen Gymnastik machen.«
»Gute Idee«, sagte Georg. »Enrosque con Lapiz.«
»Ich würde gerne ein paar Gedanken notieren. Könnte ich Papier und einen Stift bekommen?«, fragte Georg den Beamten, der ihn zurück in die Zelle bringen wollte.
»Später. Jetzt geht es erst einmal wieder in Ihr Appartement.«
Als Georg die Zelle betrat, fielen Sonnenstrahlen durch das vergitterte Fenster und zeichneten Muster auf Wand und Fußboden. Er stellte sich gerade hin, nahm die Arme in Tanzhaltung hoch, ging etwas in die Knie, federte leicht und begann sich zu drehen. Schraube nach links, Gewicht auf den rechten Fuß, Oberkörper weiter nach links drehen, linken Fuß in weitem Bogen wie einen Bleistift über den Boden ziehen. Enrosque con Lapiz. Zum Glück bekam keiner mit, wie er das Gleichgewicht verlor und auf dem Boden landete.
Es sei denn, der Vollzugsbeamte hatte ihn gesehen, dessen Gesicht in diesem Moment hinter der kleinen Klappe erschien. »Hier, ich habe Ihnen ein paar Blätter Papier und einen Bleistift mitgebracht.«
»Danke«, sagte Georg, »nett von Ihnen.«
»Keine Ursache«, sagte der Beamte. »Ich darf ja nicht über Ihren Fall reden. Aber wenn Sie für das eingesperrt worden sind, was ich heute im BLITZ gelesen habe, dann bin ich auf Ihrer Seite.«

43

Jakob Winter hatte nicht aufgehört, von der Kanzlerin zu schwärmen. »Ich werde ihr einen Heiratsantrag machen«, hatte er gesagt. »Die braucht einen Mann, nicht diesen schwulen Professor.«
Sie waren unterwegs Richtung Agnesviertel gewesen; Winter wohnte in der Balthasarstraße, auf halber Strecke zu Ponks Wohnung in Nippes.
Winter hatte ihn gedrängt, mit nach oben zu kommen, dort gebe es jede Menge Dosenbier. Ponk ließ sich nicht lange bitten.
Winter erzählte von Fotos, die er von der Kanzlerin hätte. So-

gar Oben-ohne-Fotos. Er kramte in irgendwelchen Schränken, bis er sagte: »Hab ich doch nicht. Hat dieser Journalist gestohlen. Den sie verhaftet haben. Der hat einen Artikel geschrieben, ohne mich zu erwähnen. Dabei hat er das versprochen.«
Winter wurde lauter. Schimpfte auf die Kanzlerin, den Journalisten, den schwulen Professor.
»Ruhe. Unverschämtheit«, rief eine Männerstimme aus dem Fenster eines Nachbarhauses. Ponk wollte nicht, dass man auf ihn und Winter aufmerksam würde. Nummer eins würde das auch nicht wollen. Er musste Winter zum Schweigen bringen.
Die P 12 einzusetzen war zu gefährlich. Man würde den Zusammenhang mit Zander herstellen können.
In der Küche fand er eine geeignete Waffe, ein Küchenmesser, scharf, lang, spitz, trotzdem stabil. Er kehrte ins Wohnzimmer zurück und rammte Winter die Klinge ins Herz.
Ponk blieb völlig kalt. Er spürte nichts, als er zustach. Keine Gewissensbisse. Keine Erregung. Töten war auch nur ein Job.
Gegen drei Uhr hatte er sich dann auf den Weg gemacht, gegen halb vier war er in seiner Wohnung auf der Neusser Straße angelangt. Eine ruhige Sommernacht. Er fühlte sich gut.

Als sein Telefon vibrierte, schreckte er hoch.
»Was haben Sie getan, Ponk?«
»Das, was Sie gesagt haben.«
»Was habe ich gesagt?«
»Jakob Winter. Heute Nacht.«
»Sie haben ihn ermordet.«
»Woher wissen Sie das?«
»Ich weiß es. Sie waren ungehorsam. Sie sollten ihn finden, nicht töten. Ich wollte wissen, was er über die Kanzlerin weiß.«
»Er war ihr Liebhaber. Er hatte Fotos.«
»Diese Fotos kenne ich. Die Alben wurden sichergestellt.«
»Mehr gab es bei Winter nicht zu erfahren.«
»Ponk, Sie dürfen nicht eigenmächtig handeln. Sie müssen meine Befehle befolgen. Nur die Befehle.«
»Winter lärmte betrunken in seiner Wohnung herum. Nachbarn hatten sich schon beschwert. Ich musste ihn ruhigstellen.«
»Sie müssen meine Befehle befolgen. Sonst nichts.«

»Zu Befehl.«
»Georg Rubin, der Journalist ...«
»Sitzt im Gefängnis.«
»Ja. Da ist er sicher, wie es so schön heißt. Zu sicher. Wir werden dafür sorgen, dass er wieder entlassen wird. Sie wissen, wo er wohnt?«
»Nein.«
»Vogelsanger Ecke Piusstraße. Wir haben Ihnen schräg gegenüber ein Zimmer gemietet, über einem asiatischen Massagesalon. Von dort haben Sie direkten Blick in Rubins Vorgarten und Wohnzimmer. Ein geeignetes Gewehr werden Sie vorfinden. Den Schlüssel zur neuen Wohnung bekommen Sie am Empfang des Massagesalons. Sagen Sie nur, Sie seien Ernst Obermaier, dann wissen die Damen Bescheid. Und Ponk, machen Sie nie wieder einen Fehler.«

Ponk würde keinen Fehler machen. Er kannte Rubin. Er hatte ihn vor der Eisdiele gesehen. Er hatte ihn im Fernsehen gesehen.

Wieso blieb vor Nummer eins nichts geheim? Verriet ihn das Handy, das er niemals ausschalten durfte?

Das Handy gab ein Signal. Ein neues Video war aufgespielt worden, die Fortsetzung der Szene aus dem weiß gekachelten Kellerraum. Er sah sich, nackt, in der Hand den schweren Hammer. Er sah die nackte Frau, die ihr Messer fortwarf. Und dann sah er seine Faust mit dem Hammer, der den Kopf der Frau zertrümmerte.

44

Nachdem Georg diesen verdammten Enrosque con Lapiz ungefähr hundertmal versucht hatte, begann er allmählich ein Gefühl für die ungewöhnliche Bewegung zu entwickeln. Er schraubte und drehte sich nicht nur nach links, sondern auch nach rechts.

Er hatte herausbekommen, dass die Bewegung viel flüssiger wurde, wenn er erst den Oberkörper verdrehte und dann die Füße nachführte. Das gab viel mehr Drehimpuls. Wichtig war, das Gewicht auf dem Standbein zu halten, die Knie leicht gebeugt, und darauf zu achten, nie das Gleichgewicht zu verlieren.

Ein Dutzend Mal war er aus der Balance geraten, aber er hatte sich nicht entmutigen lassen. Er wollte Eindruck machen, wenn er das nächste Mal tanzte. Helena, Ricarda und Julia. Welche wohl mit ihm tanzen würde? Julia sicherlich, Helena kaum – und Ricarda? Beim Gedanken an sie geriet sein Blut in Wallung, die Frau machte ihn verrückt. Mal war sie der Liebreiz in Person, dann wieder launisch, ablehnend, unberechenbar.

Trotzdem, das, was er hier tat, tat er für Ricarda. Obwohl sie ihn vielleicht auslachen und sagen würde, dass er völlig falsch tanzte. Steif wie ein Europäer. Ohne Gefühl im Körper.

Das Mittagessen schmeckte besser, als er befürchtet hatte. Oder trieb es der Hunger rein? Georg hatte sich auch daran gewöhnt, Wasser zu trinken. Kühles, frisches Leitungswasser.

Durch sein Zellenfenster konnte er sehen, wie die anderen Häftlinge ihre Freistunde im Hof verbrachten. Nach einer Stunde wurden sie wieder eingeschlossen, und Georg durfte in den Hof. Hinter der Ziegelmauer mit dem Stacheldraht erhob sich ein großer vieleckiger Wachtturm.

»Der ist nicht besetzt«, sagte der Vollzugsbeamte. »Heute sind alle Bereiche durch Kameras überwacht.«

Der Beamte genoss die Freistunde offenbar und rauchte mit sichtbarem Genuss eine Zigarette. Innerhalb der Gefängnismauern, im öffentlichen Teil, herrschte Rauchverbot. Häftlinge in Einzelzellen durften dagegen qualmen.

Der Hof erstreckte sich über die gesamte Länge des Zellentraktes. Gegenüber lagen weitere Gefängnisgebäude. Der gepflasterte Weg, den Georg entlangschritt, verlief fast wie eine Tartanbahn auf einem Sportplatz um eine Wiese herum. In der Mitte standen ein paar Sträucher und ein Baum. Am Rande des Weges waren sechs runde Betonsitzgelegenheiten.

Georg drehte die Runde mehrmals, die Hände hinter dem Rücken verschränkt. Manchmal war ein Kopf an einem der vergitterten Fenster zu sehen, aber es gab keine direkten Blicke, und er wurde auch nicht angesprochen.

»Sie dürfen keinen Kontakt mit anderen Häftlingen aufnehmen«, ermahnte ihn der Beamte. »Die Häftlinge wissen ebenfalls, dass sie Sie nicht ansprechen dürfen. Die meisten werden wissen, wer Sie sind. In den Zellen sind Fernseher erlaubt, da wird man Ihre Verhaftung gesehen haben. Wir haben nicht so oft Einzelfreistunden.

Ab und an mal ein Sexualstraftäter, den wir nicht mit den anderen gemeinsam rauslassen. Wir sollen ja dafür sorgen, dass Straftäter sicher verwahrt und möglichst resozialisiert werden. Nicht dass sie gelyncht werden.«

Georg genoss die Stunde im Freien. Der Himmel war blau. Durch den Stacheldraht auf der Mauer sah er einen Jumbo Richtung Köln/Bonn fliegen.

Zurück in der Zelle nahm er Papier und Bleistift, um zu schreiben. Aber was? Er stierte die Wand an, auf der er eine verblasste Inschrift entdeckte:

Ich bekomme in 52 Tagen
eine Tochter und muss
in so ein Loch ab Kacken
nur weil der Richter
meine ardressen falsch geschrieben
hatt was für ein Wixer
R. aus G.

Was mochte das für ein Mann gewesen sein, der das gekritzelt hatte? Ob er seine Tochter schon gesehen hatte?

Münch hatte empfohlen, er solle sein Testament machen. Vielleicht war jetzt der richtige Zeitpunkt, eine Zwischenbilanz seines Lebens zu ziehen und ein paar Anweisungen für den letzten Tag zu geben, der hoffentlich noch lange nicht kommen würde.

Wen würde sein Testament überhaupt interessieren? Außer Rosa fiel ihm niemand ein. Er begann zu schreiben.

Liebe Rosa,
wenn du das liest, werden wir keine Gelegenheit mehr haben, miteinander zu sprechen.
Ich weiß nicht, wie alt du bist, wenn du diesen Brief öffnest. Ich weiß nur, dass du zehn Jahre alt warst, als ich diesen Brief geschrieben habe.
In diesen zehn Jahren haben wir uns nicht sehr oft gesehen, nur alle zwei Wochen. Aber das heißt nicht, dass ich dich nur alle zwei Wochen geliebt hätte. Nein, ich habe dich immer geliebt.
Ich schreibe diesen Brief an einem Tag, an dem ich im Gefängnis sitze.

Ich habe nichts Schlimmes verbrochen. Ich war nur etwas unvorsichtig. Ich komme bestimmt bald wieder frei.
Übermorgen wolltest du zu mir ziehen. Wir hatten schon alles besprochen und vorbereitet, du, ich und Frau Odenthal.
Jetzt kann es sein, dass es anders kommt. Deine Mutter will nicht, dass du zu einem Verbrecher ziehst. Sie hat damit gedroht, mir das Sorgerecht entziehen zu lassen. Das könnte bedeuten, dass wir uns überhaupt nicht mehr sehen dürfen, bis du achtzehn Jahre alt bist.
Ich werde um dich kämpfen. Ich habe mir fest vorgenommen, ein besserer Vater zu werden.
Dieser Brief ist als Testament gedacht. Du sollst ihn erst bekommen, wenn ich gestorben bin. In einem Testament schreibt man, wer etwas erben soll. Rosa, du bist meine einzige Tochter. Du sollst alles von mir erben. Am meisten wünsche ich mir, dass du so bleibst, wie du bist. So schön, so intelligent, so liebenswert, so mutig.
Ich glaube nicht, dass du dieses Testament jemals lesen wirst. Ich bin erst dreiunddreißig Jahre alt und habe den größten Teil meines Lebens noch vor mir. Dann schreibe ich bestimmt ein neues Testament, in dem du, dein Mann und deine Kinder vorkommen werden.
Hoffentlich habe ich dann mehr zu vererben als jetzt. Obwohl: Auf meinem Bankkonto sieht es gar nicht so schlecht aus.
Irgendwann werde ich mich um eine Grabstätte kümmern. Wenn ich wohnen bleibe, wo ich jetzt wohne, soll mein Grab auf dem Melatenfriedhof sein. Dort werde ich mir ein Plätzchen suchen, es muss nicht auf der Millionenallee sein.
Liebe Tochter.
Prinzessin.
Auch wenn du diesen Brief nie zu lesen bekommst: Verzeih mir all meine Fehler.
Ich liebe dich.
Dein Vater.
Georg

Er faltete das Testament und legte es unter sein Kopfkissen.
    Er musste Christina fragen, ob sie ihm in der Vaterschaftssache helfen konnte. Durfte man ihm Rosa einfach wegnehmen?

Dienstag

45

Georg wachte mit den ersten Sonnenstrahlen auf. Er hatte schlecht geschlafen und noch schlechter geträumt. Er sah sich eingekerkert wie »Der Graf von Monte Christo«. Was wäre, wenn er nie einen Prozess bekäme und für den Rest seines Lebens hier lebendig begraben bliebe?
»Tee oder Tee?«, fragte der Vollzugsbeamte, der das Frühstück brachte.
»Tee.«
»Sie bekommen Besuch. Ihre Anwältin. Acht Uhr. Machen Sie sich ein bisschen hübsch.«
Warum zwinkerte der Mann ihm zu?

Christina hatte wieder Zeitungen dabei, einen ganzen Stapel.
»Was willst du sehen, erst die guten oder erst die schlechten Artikel?«
»Erst die schlechten.«
Sie reichte ihm ein halbes Dutzend Blätter. »In allen steht mehr oder weniger dasselbe: Al Qaida hätte das Gewehr, mit dem Dahms erschossen wurde, aus einem Bundeswehrdepot in Afghanistan gestohlen. Das habe man geheim gehalten, um die Terroristen nicht zu warnen. Durch deinen verantwortungslosen Artikel sei diese Strategie zunichte gemacht worden. Für ein paar Schlagzeilen und eine höhere Auflage hättest du die Bundeswehr, die Sicherheitsbehörden, die Kanzlerin und das Vaterland in den Schmutz gezogen.«
»Vaterland. Verantwortung. Interessant. Stimmt das denn, dass ein Bundeswehrdepot in Afghanistan ausgeraubt worden ist?«
»Das Bundesverteidigungsministerium hat eine Mitteilung veröffentlicht, aus der man das herauslesen konnte. Man blieb aber sehr vage. Aus Sicherheitsgründen, wie es hieß.«
»Und wenn das gelogen war?«
»Vielleicht stimmt es. Diese Version würde ja sogar mit dem zusammenpassen, was du herausgefunden hast. Ein G 22 aus Bundeswehrbeständen. Das ist erstmals zugegeben worden.«

»Und dass der Schütze vom Kasernengelände aus geschossen hat?«
»Das sei reine Spekulation. Natürlich habe man das Gelände um den Tatort sorgfältigst untersucht, auf dem Kasernengelände hätten sich keine Spuren irgendeines Täters finden lassen.«
»Und was schreiben die anderen?«
Christina reichte ihm den Ausdruck eines Internet-Artikels. SPIEGEL online verglich Georgs Verhaftung mit der »SPIEGEL-Affäre«, als der damalige Verteidigungsminister Franz-Josef Strauß SPIEGEL-Herausgeber Rudolf Augstein verhaften ließ, auch wegen angeblichen Geheimnisverrats. Das Vorgehen des Staates gegen die Presse sei damals ungesetzlich gewesen und sei es auch heute.

Die anderen Zeitungen berichteten eher neutral und beklagten, dass die Behörden bei der Aufklärung des Attentats bislang so erfolglos geblieben seien.

»Was ist mit unseren eigenen Blättern?«
Christina gab ihm den Kurier. Die Schwesterzeitung hatte begonnen, Georgs Story nachzurecherchieren. Sie brachte Fotos vom militärischen Teil des Flughafens Köln/Bonn und sogar vom Kasernengelände. Sie hatte mit Jürgen Dietmar vom WDR gesprochen und sich das Studio zeigen lassen, in dem Georg die Videos hatte analysieren lassen. Dietmar wurde mit ein paar netten Worten über Georg zitiert: »Georg Rubin ist ein seriöser Journalist, ehrgeizig, aber korrekt.«

»Und der BLITZ?«
Christina grinste, als sie ihm die Zeitung gab.
Die Startseite war abgeräumt für eine einzige Story.

Exklusiv
BLITZ-Besuch in Berlin
Das große Interview mit der Kanzlerin
Barbara Jung trauert um ihre Katze

Das Aufmacher-Foto auf Seite eins zeigte die Kanzlerin mit dem Bild ihrer toten Katze Piaf; auf einem zweiten Bild war sie im Gespräch mit Georg zu sehen.

Auch die Seiten zwei und drei gehörten der Kanzlerin-Story. Das Interview war so abgedruckt worden, wie er es zum Absegnen nach Berlin geschickt hatte.

Nein, nicht ganz. Ein Foto fehlte, das mit dem Alfa Spider. Auch im Text kamen der Wagen und Barbara Jungs Vorliebe für schnelles Fahren nicht vor.

»So sexy ist die Kanzlerin« hieß die kleine Überschrift in einem Extra-Kasten zum Bikinifoto der jungen Barbara, der mit dem Hinweis versehen war, dass die alten Fotos von Jakob Winter stammten. Der Mann hatte auch seine Extra-Story bekommen: »Meine Ex ist Kanzlerin«. Münch hatte aus dem Rohmaterial, das Georg über Winter geliefert hatte, einen schönen Text verfasst.

Dann gab es noch einen Kommentar, auch von Münch, der schrieb, dass er am Mittwoch in den Ruhestand gehe und froh sei, zum Abschluss seiner Tätigkeit für den BLITZ noch einmal ein Interview mit der Bundeskanzlerin bearbeitet zu haben. Es sei nicht sein Interview, sondern das von Georg Rubin, der jedoch, wie man wüsste, seiner Arbeit zurzeit nicht nachgehen könne, weil er verhaftet worden war. Rubin habe ihm die Vollmacht erteilt, die Artikel zu veröffentlichen. Er bedanke sich ausdrücklich bei der Bundeskanzlerin und ihren Mitarbeitern, die ihre Zusagen eingehalten und den Text, wie er gedruckt sei, genehmigt hätten.

»Christina, ich bin überwältigt. Dass die Kanzlerin den Text autorisiert hat.«

»Das ist wirklich bemerkenswert. Und uns wird es helfen. Ich denke, wir werden dich heute Nachmittag aus der U-Haft heraushaben.«

Georg gab ihr sein handgeschriebenes Brief-Testament. »Bitte verwahr das in einem versiegelten Umschlag. Rosa, meine Tochter, soll den Brief bekommen, falls mir was passiert. Es sei denn, ich fordere den Brief vorher zurück.«

»Was soll das denn? Was soll dir passieren? Wir holen dich hier raus.«

»Ja, sicher. Aber ich hatte das Bedürfnis, diesen Brief zu schreiben. Bitte tu es einfach.«

»Natürlich, du kannst dich auf mich verlassen. Aber wenn du deiner Tochter etwas sagen willst, dann mach es einfach und warte nicht, bis es zu spät ist.«

»Rosa will morgen zu mir nach Ehrenfeld ziehen. Ich muss dann da sein.«

»Du kommst heute raus. Dass die Kanzlerin dein Interview abgesegnet hat, beweist, dass sie sich nicht von dir erpresst fühlt. Und zum Beweis hätten wir noch das Video. Aber das müssen wir vermutlich nicht einmal vorführen.«

»Wann ist die Verhandlung vor dem Haftrichter?«

»Um vierzehn Uhr. Wir sehen uns.«

Christina verabschiedete sich wieder mit Küsschen. Die Zeitungen ließ sie zurück.

»Darf ich die mit in die Zelle nehmen?«, fragte Georg.

»Kein Problem«, sagte der Vollzugsbedienstete. »Interview mit der Kanzlerin. Wie ist die denn so, als Frau?«

»Geht es auch ohne Handschellen?«, fragte Georg, als zwei Beamte ihn aus der Zelle holten.

»Keine Sorge, diesmal läuft alles weniger martialisch ab«, sagte der ältere der beiden. »Die Polizei hat ihre Methoden, wir vom Justizvollzugsdienst haben unsere. Wir sind hier in einem umwehrten Bereich. Wir können mit unserem Transporter direkt ins Gerichtsgebäude hineinfahren, auch in einen umwehrten Bereich. Dann brauchen wir keine Fesseln.«

»Meine Anwältin meint, ich werde heute freigelassen. Darf ich meine Sachen mitnehmen?«

»Nein. Sollte es so ausgehen, wie Sie sagen, bekommen Sie einen Entlassungsschein und können sich Ihre privaten Sachen hier abholen. In diesem Fall müssten Sie die Rückfahrt selbst organisieren, wir dürfen Sie nur fahren, wenn Sie in Haft sind. Also sorgen Sie dafür, dass Sie etwas Kleingeld für ein Taxi oder die Straßenbahn haben.«

»Und wie soll ich das anstellen, wenn Sie mir meine Sachen nicht geben?«, fragte Georg.

Der Vollzugsbeamte zuckte mit den Schultern. »Ich hab die Vorschriften nicht gemacht.«

Der Gefangenentransporter war ein kleiner Mercedes-Bus, silberfarben mit blauem Streifen, ähnlich wie ein Polizeiauto, aber am Kennzeichen »K–JV« erkannte der Kenner, dass es sich um ein Fahrzeug des Justizvollzugs handelte.

Der Haftprüfungstermin fand im Justizzentrum an der Luxemburger Straße statt. Vor dem Sitzungssaal herrschte erneut ein gigantischer Andrang von Reportern und Fotografen. Was Georg auffiel, waren die viel strengeren Sicherheitsvorkehrungen als beim fast beschaulichen Termin am Sonntag. Jeder Besucher und jeder Journalist wurden durchsucht, Taschen mussten abgegeben werden.

Im Inneren des Sitzungssaales stand Gerald Menden und gestikulierte aufgeregt in Georgs Richtung. »Ich brauche dich als Zeugen, Georg! Jakob Winter ist tot. Ermordet. Erstochen.«

Der Vollzugsbeamte, der Georg begleitete, wies Menden ab. »Tut mir leid, Herr Kommissar, aber Herr Rubin darf nicht mit Dritten sprechen, solange er in Untersuchungshaft ist. Das gilt auch für die Polizei. Er muss erst dem Ermittlungsrichter vorgeführt werden. Der wird über alles entscheiden.«

Christina Brandt unterhielt sich eindringlich mit Oberstaatsanwalt Schell und dem Richter. Justizbeamte begannen, den Saal zu räumen.

»Nur Personen, die direkt mit dem Fall Rubin zu tun haben, sind zugelassen. Keine Zuschauer. Keine Presse. Bitte haben Sie Verständnis.«

»Ich beantrage, dass Kommissar Menden von der Kölner Polizei im Saal bleiben darf. Ich möchte, dass das Gericht seine Aussage hört«, sagte Christina.

»Einverstanden, Frau Kollegin«, sagte Schell.

»Ich schlage vor, dass wir erst über die Haftprüfung entscheiden und dann Herrn Kommissar Menden in den Zeugenstand bitten«, sagte der Richter, ein anderer als am Sonntag.

»Gut«, sagte Christina.

»Keine Einwände«, sagte Schell.

Richter Kayser machte es kurz. »Nach sorgfältiger Prüfung entscheidet das Gericht, dass der Haftbefehl gegen Herrn Georg Rubin außer Vollzug gesetzt wird. Es besteht nach Ansicht des Gerichts keine Verdunklungsgefahr. Als angemessene Sicherheit gegen die Fluchtgefahr wird eine Kaution in Höhe von zweihunderttausend Euro festgesetzt. Es wird als Auflage angeordnet, dass Herr Rubin sich zur Verfügung der Justizbehörden hält und sich einmal wöchentlich meldet.«

Das war preiswerter, als sie befürchtet hatten. Franck hatte Bürgschaften über eine halbe Million vorbereitet.

Kayser wandte sich an Georg. »Herr Rubin, ich weise Sie darauf hin, dass weiter gegen Sie ermittelt wird. Der Haftbefehl ist nur außer Vollzug gesetzt und kann jederzeit wieder in Kraft gesetzt werden, wenn Sie gegen die Auflagen verstoßen oder wenn es neue Haftgründe gibt.«

»Wem gegenüber muss Herr Rubin seinen Aufenthalt anzeigen?«, fragte Christina.

»Komische Frage, Frau Kollegin. Der Polizei gegenüber«, sagte Oberstaatsanwalt Schell.

»Keine komische Frage. Ich habe Anlass zu der Vermutung, dass Herrn Rubin akute Gefahr für Leib und Leben drohen könnte. Ich bitte darum, Herrn Menden befragen zu dürfen.«

Kayser stimmte zu, Menden trat vor und berichtete, dass der Taxifahrer Jakob Winter in seiner Badewanne tot aufgefunden worden sei. Eine Nachbarin hatte den Artikel im BLITZ gelesen, in dem Winters ehemalige Beziehung zur Bundeskanzlerin erwähnt worden war. Als Winter auf ihr Klingeln nicht öffnete, hatte sie den Hausbesitzer alarmiert, der dann mit seinem Schlüssel die Wohnungstür öffnete.

»Wir haben begründeten Anlass zu der Vermutung, dass der Mord an Herrn Winter in Zusammenhang mit den Recherchen steht, die Herr Rubin angestellt hat. Wir müssen davon ausgehen, dass er selbst ebenfalls in Gefahr sein könnte. Deshalb verstehe ich das Interesse von Frau Brandt, den Aufenthalt ihres Mandanten möglichst geheim zu halten.«

»Frau Brandt, wollen Sie unterstellen, die Polizeibehörden würden das Leben von Herrn Rubin gefährden?«, fragte Oberstaatsanwalt Schell.

»Ich möchte gar nichts unterstellen. Ich möchte nur, dass das Gericht eine der Lage angemessene Entscheidung trifft.«

»Ich habe verstanden, Frau Rechtsanwältin«, sagte Kayser. »Haben Sie einen Vorschlag, wie man das regeln könnte?«

»Ja«, sagte Christina. »Ich schlage vor, dass das Gericht mich als Kontaktperson einsetzt und nicht verlangt, dass Herr Rubin persönlich vorstellig wird. Ich verbürge mich dafür, dass Herr Rubin der Justiz jederzeit zur Verfügung stehen wird.«

»Haben Sie Einwände?«, fragte Kayser den Oberstaatsanwalt.

»Keine Einwände«, sagte Schell, obwohl seine Miene etwas anderes signalisierte.

»Dann wird so entschieden. Der Haftbefehl wird unter den bekannten Auflagen außer Vollzug gesetzt.«
»Glückwunsch, Frau Kollegin«, sagte Schell.
»Sie haben es mir ziemlich leicht gemacht. Sie haben kaum Widerstand geleistet.«
»Ich hatte keine Möglichkeiten. Ich bekam sogar vertrauliche Hinweise, die zugunsten Ihres Mandanten ausfielen. Sie sind offenbar nicht die Einzige, die ein Interesse daran hat, dass Herr Rubin auf freien Fuß kommt. Ich hatte Anweisung, keinen Einspruch einzulegen. Vielleicht klären Sie mich irgendwann über die Hintergründe auf.«
»Sie sind doch der Ermittler. Wenn Sie allerdings unsere Hilfe brauchen sollten ...«
»Danke. Aber Ihr Angebot könnte zu spät kommen. Es scheint so, als ob jetzt doch der Generalbundesanwalt die Ermittlungen im Fall Rubin an sich ziehen wird.«
»Lassen Sie sich das nicht aus der Hand nehmen. Köln wurde schon das Attentat weggenommen, ist das denn in Karlsruhe wirklich besser aufgehoben?«
»Das liegt nicht in meiner Macht.«
»Mir wären Sie als Prozessgegner auf jeden Fall lieber. Da weiß ich, dass es fair zugeht.«
»Danke, Frau Kollegin. Ihnen viel Erfolg. Passen Sie auf Ihren Mandaten auf.«
»Ist das nicht Ihr Job?«
»Wir werden auch aufpassen. Das verspreche ich Ihnen.«
Georg hatte dem Geplänkel amüsiert zugehört, aber jetzt schien es ihm genug.
»Menden will mich vernehmen, ich möchte, dass du dabei bist, Christina. Und dann muss ich in die Redaktion.«

Das Gespräch mit Menden dauerte nur fünf Minuten. Georg sagte alles, was er wusste. Die Fotoalben, die er von Winter bekommen hatte, seien in seiner Wohnung beschlagnahmt worden, sie lägen bei den Ermittlungsakten, da könne Menden sie sicher einsehen. Harmlose Fotos. Einmal die Kanzlerin oben ohne am Strand, nichts wirklich Aufregendes. Und die Hochzeitsfotos.
»Es gibt noch etwas, über das ich nicht geschrieben habe, das du

aber wissen solltest«, sagte Georg. »Roger Jung war nicht nur der Doktorvater von Dahms, er war auch dessen Liebhaber. Winter wusste das womöglich. Er kannte Ingo Dahms. Und er hat gesagt, Jung sei ganz jeck auf Dahms gewesen.«
»Das könnte das Motiv sein, warum Winter ermordet wurde«, sagte Menden. »Dahms wusste davon und wurde ermordet. Winter wusste davon und wurde ermordet. Wer weiß noch davon?«
Georg zählte alle auf, die diese Wahrheit kannten. Von Barbara Jung, der Kanzlerin, über Hans, diesen merkwürdigen Ex-Politiker, bis zu Zack, dem Fotografen.
»Und ich denke, der Innenminister weiß es auch. Schau dir das Interview an, das er anlässlich meiner Verhaftung gegeben hat. Ich habe zu dem Thema nichts geschrieben und nichts veröffentlicht. Andeutungen in diese Richtung kamen nur vom Minister persönlich«, sagte Georg.
»Ich glaube, du bist tatsächlich in Gefahr, Georg. Willst du Polizeischutz? Ich könnte da was arrangieren«, sagte Menden.
»Nein, nicht nötig. Danke.«

Bevor sie Georg in die Redaktion fuhr, machte Christina einen Abstecher ins Gefängnis nach Ossendorf. Georg zeigte den Entlassungsschein vor und bekam seine persönlichen Gegenstände ausgehändigt.
»Sie sind doch Journalist, Herr Rubin«, sagte der Vollzugsbeamte, derselbe Mann, der ihm das Frühstück gebracht hatte.
»Ja, richtig.«
»Dann schreiben Sie doch mal über das Gefängnis. Kommen Sie uns besuchen.«
»Jetzt bin ich erst einmal froh, wieder rauszukommen.«
»Ja, das verstehe ich. Ich dachte nur ...«
»Haben Sie denn etwas Bestimmtes auf dem Herzen?«
»Es gibt ein paar Dinge, die die Kölner über ihr Gefängnis wissen sollten. Das ist keine ganz leichte Arbeit hier. Wissen Sie eigentlich, dass das Grundstück der JVA gar nicht mehr direkt dem Land gehört? Das gehört dem BLB.«
»Dem Bau- und Liegenschaftsbetrieb, der in der Kölner Südstadt die umstrittenen Grundstücksgeschäfte mit den Adenauer-Erben gemacht hat? Der in den Skandal um den Bau des Landesar-

chivs in Duisburg verwickelt ist? Gegen den wegen Korruption ermittelt wird?«

»Genau der. Aber ich spreche gar nicht von Korruption. Ich spreche über den ganz normalen Betrieb. Alles sollte mit dieser Privatisierung besser und vor allem billiger werden. Aber nichts ist besser geworden, seitdem der BLB übernommen hat. Nur ein Beispiel. Es hat volle neun Monate gedauert, bis hier ein Dusch-Container aufgestellt werden konnte, obwohl die Duschen nicht mehr funktionsfähig waren. Keine Duschen im Knast, können Sie sich vorstellen, was das bedeutet?«

»Ich glaube schon«, sagte Georg.

»Können Sie nicht. Das gab hier fast einen Aufstand. Der BLB hat außerdem die Grundstücke rings um die JVA verkauft oder vermietet. Früher wohnten hier nur Vollzugsbedienstete, die wussten, was es heißt, neben einem Gefängnis zu leben. Jetzt ziehen hier sogenannte normale Menschen hin. Und da beschweren sich einige, sie fühlten sich durch die JVA gestört, die Häftlinge wären zu laut. Und unter solchen Bedingungen müssen wir unsere Arbeit tun. Ich kann Ihnen Sachen erzählen ...«

»Interessant, wirklich. Werde mich mal drum kümmern. Jetzt muss ich aber dringend in die Redaktion. Wir sehen uns. Beim nächsten Mal freiwillig. Hoffentlich.«

In der BLITZ-Redaktion wurde Georg triumphal begrüßt. Sein Büro war noch versiegelt, und niemand wusste, ob man das Siegel aufbrechen durfte.

»Du kannst in mein Büro«, sagte Münch. »Ich habe morgen meinen letzten Arbeitstag und schon aufgeräumt.«

Verleger Bernhard ließ sich sehen und gratulierte ihm. Georg bedankte sich für dessen Standhaftigkeit den Behörden gegenüber. Sogar Arthur, der Alt-Verleger, bemühte sich aus seiner Etage nach unten. »Rubin, da haben Sie ein ordentliches Stück abgeliefert.«

Chefredakteur Stein war nicht so euphorisch. »Ich frage mich, ob das hier alles so weitergehen kann, als wäre nichts geschehen. Gegen dich wird immer noch ermittelt.«

»Wolfgang, ich bin unschuldig. Und, wie du siehst, sitze ich nicht mehr im Gefängnis, sondern bin wieder frei. Was soll die Skepsis? Ihr habt das ganze Thema in den letzten beiden Tagen großartig bespielt. Der Haftbefehl ist außer Vollzug gesetzt. Ich bin wieder da und melde mich zum Einsatz.«

Georg wandte sich Münch zu. »Dir vor allem ein großes Dankeschön. Das war klasse.«

»Keine Ursache.«

»Aber eine Frage habe ich: Warum ist das Foto der Kanzlerin mit ihrem Alfa Spider gestrichen worden? Kein Platz? Etwas anderes?«

»Berlin hat das Foto und den entsprechenden Absatz nicht autorisiert. Die Kanzlerin wollte nicht den Eindruck erwecken, zu schnelles Fahren zu verharmlosen. Da sie sonst alles dringelassen hat, habe ich mich nicht beschwert.«

»Natürlich. Das hätte ich auch so gemacht. Weißt du schon, dass Winter ermordet worden ist?«

»Ja, das ist der Aufmacher von morgen. Und deine Haftentlassung spielen wir natürlich auch noch einmal groß.«

»Kommissar Menden meint, ich wäre in Gefahr. Du bist es vielleicht auch. Alle, die über die private Beziehung von Dahms und Roger Jung Bescheid wissen.«

»Ich, wieso ich? Ich weiß von nichts. Ich habe darüber noch nie etwas gewusst.«

»Ja, klar.«

»Komm, wir gehen in mein ... dein Büro.«

Münchs Rechner hing, wie alle fest installierten Computer, im gemeinsamen Redaktionsnetzwerk. Georg musste nur seinen eigenen Nutzernamen und sein Passwort eingeben, dann hatte er sofort Zugriff auf seine persönlichen Einstellungen und Daten.

Der Eingangsordner quoll über von E-Mails. Viel Schund war dabei, Beschimpfungen, wie er die Kanzlerin so in den Schmutz ziehen könne. Ein paar Anfragen von Kollegen. Auch viel Zuspruch. Und eine Warnung:

»Ich habe Sie im Blick. Adenauers Auge.«

Die Mail war vor zwanzig Minuten in seinem Postfach eingegangen. Adenauers Auge. Er dachte an das Bild im Büro der Kanzlerin. Instinktiv sah er sich um, ob er beobachtet wurde. Draußen vor dem Glaskasten standen Kolleginnen und Kollegen und debattierten. Bernhard war mit Stein im Chefredakteursbüro verschwunden. Irgendetwas, das aussah wie Adenauers Auge, entdeckte er nicht. Aber das war keine Beruhigung. Georg spürte ein unangenehmes Gefühl. Angst.

46

Zur Feier von Georgs Haftentlassung hatte Franck zu einem Essen in sein Haus in Ehrenfeld eingeladen. Das aufwendig umgebaute ehemalige Fabrikgebäude in der Lichtstraße beherbergte nicht nur seine Wohnung mit Dachterrasse, sondern auch die Redaktion der Obdachlosenzeitung »Von janz unge«, die von dem Millionenerben finanziert wurde.

Zur Runde gehörten außer Franck Rechtsanwältin Christina Brandt, Kommissar Gerald Menden, »Von janz unge«-Chefredakteur Jean Leclerc und natürlich Georg als Hauptperson des Abends.

Das Quintett saß an einem großen Holztisch im überdachten Innenhof des Gebäudes. Georg musste noch einmal die ganze Geschichte erzählen, vom Attentat auf dem Flughafen vor zwei Wochen bis zur Mail von »Adenauers Auge« am Nachmittag.

»Adenauers Auge«, sinnierte Jean, der bei einem Unfall vor Jahren ein Bein verloren hatte. »Adenauers Auge. AA. Wie Anonyme Alkoholiker. Wie Auswärtiges Amt. Quatsch, Adenauer war ja nie Außenminister, der war immer nur Kanzler.«

»Nein«, sagte Georg, »Adenauer war auch mal Außenminister. Als er 1949 zum ersten Mal Kanzler wurde, durfte die Bundesrepublik noch keine eigenständige Außenpolitik betreiben. Erst 1951 gab es die Erlaubnis, ein Auswärtiges Amt einzurichten, und Adenauer nahm das bis 1955 gleich selbst wahr, um die Westintegration und die Wiederbewaffnung mit Gründung der Bundeswehr abzusichern.«

Menden berichtete über den Ermittlungsstand in Sachen Jakob Winter. Man habe seinen letzten Abend gut rekonstruiert. Er sei bei »Lena« gewesen, habe dort die Zeitungen vom nächsten Tag gekauft, habe mit der Bedienung über Georgs Artikel gesprochen und sei dann mit einem Mann abgezogen, der ihm zuvor einige Bier spendiert hatte.

»Und, wisst ihr etwas über den Mann? Habt ihr eine Beschreibung?«, fragte Georg.

»Wir haben sogar ein Phantombild, die Bedienung konnte sich sehr gut erinnern. Aber wir haben noch mehr als das. Wir haben eindeutige Spuren in Winters Wohnung gefunden.« Menden legte eine Kunstpause ein.

»Mach's nicht so spannend«, rief Georg.

»Der Mann, dessen Spuren wir gefunden haben und der mit hoher Wahrscheinlichkeit Winters Mörder ist, ist identisch mit dem Soldaten, der aus dem Krankenhaus verschwunden ist. Wir haben die Spuren abgeglichen. Da gibt es keinen Zweifel. Und ich glaube, dass der Mann noch weitere Morde auf dem Gewissen hat. Wir haben drei Todesfälle. Jeder Mord sieht oberflächlich anders aus, aber was wäre, wenn die drei Fälle zusammengehören: Dahms, Zander, Winter.«

»Zander?«, fragte Georg.

»Der Tote vor der Eisdiele in Nippes.«

»Dass der verschwundene Soldat etwas mit dem Attentat zu tun haben könnte, hatten wir ja bereits überlegt. Aber wie soll Zander dazu passen?«

»Zander hatte eine Bundeswehrvergangenheit. Er war bei einer Spezialeinheit, Scharfschützen, die unter anderem am G 22 ausgebildet wurden.«

»Du meinst, er könnte der Attentäter gewesen sein?«

»Das nicht. Er war, wie wir ermittelt haben, vor zwei Wochen nicht im Rheinland, sondern auf Mallorca. Aber vielleicht kannte er den Täter aus alten Zeiten und musste deshalb sterben.«

»Schöne Theorie. Hilft uns aber nicht weiter.«

»Vielleicht doch. Die Morde an Zander und Winter werden in Köln untersucht. Wenn wir Verbindungen zu dem Attentat sehen, können wir auch in Richtung Dahms wieder ermitteln. Wenn es tatsächlich eine Verbindung zwischen den drei Toten gibt, dann haben wir es mit einem Serienkiller zu tun, dem alles zuzutrauen ist. Dann besteht höchste Dringlichkeit, den Mann zu finden. Außerdem, und das fürchte ich wirklich, könnte sein nächstes Opfer hier am Tisch sitzen.«

Menden schaute Georg an, alle anderen folgten seinem Blick. Georg fühlte sich, als wollten sie ihn durchbohren.

»Hört auf, mich anzustarren. Ich bin ja einverstanden, den irren Mörder möglichst schnell zu finden. Und seine Hintermänner.«

»Der Soldat steht schon auf der Fahndungsliste«, sagte Menden, »was ihn angeht, hat die Polizei alles im Griff.«

»Hoffentlich«, sagte Franck.

»Es ist also denkbar, dass die drei Morde zusammenhängen ...«, sagte Georg.

»Ja«, sagte Menden, »und dieser Soldat oder Ex-Soldat namens Schmitz ist in allen drei Fällen vermutlich der Täter. Damit hätten wir auch ein Motiv, ein Erklärungsmuster: Zander und Winter wurden zu Opfern, weil sie etwas wussten, was Schmitz für gefährlich hielt.«

Georg nahm den Faden auf. »Schmitz ist ein Scharfschütze. Ein Soldat. Ein Befehlsempfänger. Ein Auftragskiller. Wer erteilte die Befehle? Das ist der Mann, den wir finden müssen.«

»Klingt logisch«, warf Menden ein. »Du solltest Polizist werden.«

»Lass mich den Fall weiter analysieren. Wer hat Schmitz aus dem Krankenhaus geholt? Der Mann war verletzt. Er konnte da kaum so einfach rausspazieren. Irgendjemand muss ihn befreit haben. Irgendjemand, von dem die Polizei keine Spuren gefunden hat. Ein Geheimdienst würde das schaffen, oder? Wer hat die Ermittlungen der Kölner Polizei abgenommen und an sich gezogen? Bundespolizei und Geheimdienste. Wem unterstehen Bundespolizei und Geheimdienste?«

»Dem Innenminister«, sagte Christina.

»Dem Innenminister«, wiederholte Georg nachdenklich. »Welches Interesse könnte er an einer solchen Aktion haben?«

»Der Mann will Kanzler werden«, sagte Franck.

»Der Mann will Barbara Jung abschießen«, sagte Christina.

»Und ich habe ihm die Munition geliefert«, sagte Georg.

»Glaube ich nicht«, sagte Menden. »Aber du bist ihm in die Quere gekommen.«

»Der Innenminister also. Und die Geheimdienste. Dann können wir uns ja noch auf etwas gefasst machen«, sagte Georg. Er sah Menden an. »Denkst du dasselbe wie ich?«

Menden nickte.

»Wir könnten einen Mann vom Verfassungsschutz um Hilfe bitten. Deckname: Klaus. Und über einen Kollegen könnte ich auch noch Kontakt zum MAD bekommen«, sagte Georg.

»Versuch's mit dem Verfassungsschutz«, meinte Menden.

»Ich brauche einen Laptop«, sagte Georg.

»Bin schon unterwegs.« Jean stand auf und kehrte nach kurzer Zeit mit einem MacBook zum Tisch zurück.

Georg nickte. »Perfekt. Ich versuche, diesen Klaus zu erreichen. Er hat mir vor ein paar Monaten gesteckt, wie der Verfassungsschutz in Köln-Chorweiler die Akten über die rechtsradikale Terrorgruppe geschreddert hat. Kurz nachdem die Mörderbande aufgeflogen war, ausgerecht am Elften im Elften, dem Karnevalsbeginn. Das wird ein toller Spaß gewesen sein. Klaus war an der Vernichtungsaktion beteiligt, die sein Chef angeordnet hatte. Erst später bekam er Gewissensbisse und hat mir alles erzählt. Ich habe die Story veröffentlicht, aber ihn natürlich nicht enttarnt. Der Rest ist Geschichte. Der Präsident des Verfassungsschutzes musste zurücktreten, aber ob sich sonst was geändert hat?«

Während Georg erzählte, gab er verschlüsselte Passwörter auf irgendwelchen Seiten ein. »Ich habe bis heute einen geheimen Draht zu Klaus. Er kann sehen, wenn ich mich einlogge, und sofort antworten. Ich kann ihm aber auch eine Nachricht hinterlassen.«

Der Bildschirm zeigte nichts Spektakuläres. Irgendwann kam die Meldung, die Verbindung sei hergestellt.

»Da tut sich nichts«, sagte Franck.

»Abwarten«, sagte Georg. »Aber wenn du dich langweilst, könntest du deinen Gästen gern mal nachschenken. Der Service hier ist ja schlechter als im Klingelpütz.«

Franck machte sich tatsächlich auf, um Nachschub zu holen, Christina folgte ihm. Als sie zurückkehrten, kam Bewegung auf den Bildschirm. Das Wort »JA?« erschien.

»Seht ihr!« Georg tippte etwas in die Computertastatur, die Buchstaben erschienen mit erheblicher Verzögerung auf dem Bildschirm und ergaben »1. FC Köln«. »Ist vielleicht nicht sehr originell, aber jetzt weiß Klaus, dass ich es bin.«

Als Antwort kam »JA!«, diesmal mit Ausrufezeichen.

»Das ist die Bestätigung, dass Klaus mit uns kommunizieren kann«, sagte Georg.

»Wird bei euch wieder geschreddert?«, tippte Georg.

»JA« lautete die verblüffende Antwort, dann erschien das Wort »NETZER«. Eine Sekunde später begannen die Buchstaben zu fla-

ckern, der Bildschirm wurde dunkel, die Verbindung war unterbrochen.
»Scheiße«, fluchte Georg.
»Was soll das denn jetzt?«, fragte Menden.
»Das ist auch ein Teil unseres Fußball-Codes. NETZER bedeutet: Es ist etwas Unvorhergesehenes eingetreten. Irgendeine Störung. Das Spiel geht in die Verlängerung. Ich muss mich mit ihm in Verbindung setzen. Wir haben für diesen Fall einen Treffpunkt vereinbart. Ich muss los.«
»Soll ich mitkommen?«, fragte Menden.
»Gute Idee«, sagte Georg. »Aber du fährst mit deinem eigenen Wagen und setzt dich dann zu mir oder zu uns, falls Klaus schon da sein sollte. Das muss alles ganz harmlos aussehen.«

47

Mit Google Earth aus der Luft betrachtet wirkte das Gebäude des Bundesamtes für Verfassungsschutz wie eine Mischung aus gefolterten Olympia-Ringen und verrückt gewordenen Hakenkreuzen. Vom Boden aus gesehen war es ein ziemlich unspektakulärer Zweckbau, eingezäunt und überwacht im Norden Kölns zwischen dem viel befahrenen Chorweiler Zubringer und der Merianstraße, der offiziellen Adresse.

Früher hatte die geheime Behörde ihren Sitz an der Inneren Kanalstraße gehabt, zentral gelegen zwischen Belgischem Viertel und Ehrenfeld. Möglicherweise waren dort die Ablenkungen zu groß gewesen; in der neuen Nachbarschaft lockte kein Stadtgarten oder Brüsseler Platz mehr, sondern bunt bemalte Plattenbauten, die man einst für die Krone des sozialen Wohnungsbaus gehalten hatte.

Georg stellte seinen Mini im Parkhaus am City-Center ab und ging zu Fuß zur Gaststätte am Pariser Platz, in der er auf Klaus warten sollte. Er kannte das Viertel gut, weil er mehrmals Berichterstatter auf SPD-Parteitagen im benachbarten Bürgerzentrum gewesen war.

Ein paar Minuten später kam Menden und begrüßte Georg, als hätte er ihn seit Wochen nicht gesehen.

Vor der Kneipe spielte eine laute Horde aus Mädchen und Jungen Fußball. Die Spieler hießen Fabregas, Xavi und Gündogan, ein Mädchen hieß Beckham. Podolski stand im Tor.

Nach etwa einer Viertelstunde betrat Klaus die Kneipe und setzte sich zu ihnen. Er trug einen blauen Jogginganzug und sah aus, als käme er eben vom Sport. Bevor Georg etwas sagen konnte, wies Klaus ihn und Menden leise darauf hin, dass sie ihn Sascha nennen sollten.

»Sascha, klar«, sagte Georg und wunderte sich, weil er schon Klaus für einen Decknamen gehalten hatte. Vielleicht mussten die Mitarbeiter des Verfassungsschutzes ihre Namen monatlich ändern wie ihre Passwörter.

Der Wirt stellte drei Kölsch auf den Tisch. Sascha/Klaus zog Spielkarten aus der Hosentasche und schob sie Menden zu.

»Lasst uns eine Runde Skat spielen.«

Menden begann zu mischen, dann verteilte er die Karten.

»Geben, hören, sagen.« Er zeigte mit dem Finger erst auf sich und dann im Uhrzeigersinn auf Sascha und Georg.

»Achtzehn«, sagte Georg.

»Hab ich«, sagte Sascha.

»Zwanzig?«

»Zwanzig.«

»Zwo?«

»Nein«, sagte Sascha.

»Ich auch nicht«, sagte Menden.

Georg nahm die zwei Karten aus dem Stock und schimpfte. »Ihr Maurermeister. Spielen wir die Zwo. Pik ist Trumpf.«

»Du kommst«, sagte Menden zu Sascha.

Der spielte die Pik-Sieben aus.

»Das ist Trumpf«, empörte sich Menden.

»Weiß ich«, sagte Sascha.

»Aber so spielt man doch nicht«, maulte Menden.

»Was ist? Spielen wir Skat oder wollt ihr quatschen?«, sagte Georg und legte den Karo-Buben auf den Tisch.

Menden, immer noch verärgert, nahm den Stich mit dem Herz-Buben mit. Georg verlor das Spiel haushoch.

»Maurermeister, hab ich doch gesagt«, fluchte er.

Jetzt war es an Sascha, die Karten auszuteilen. Er war ein Künstler beim Mischen der Karten, bildete zwei Stapel, die er elegant zwischen den Fingern ineinanderspringen ließ. Er ließ Menden abheben und verteilte die Karten schnell, aber präzise.

Georg hatte elf statt zehn Karten auf der Hand und wollte schon protestieren, als Sascha ihm ein Zeichen gab, dass er nichts sagen sollte.

Georg schaute sich die elf Karten genauer an. Da war eine Pik-Sieben, aber in Rot statt in Schwarz. Ein Fehldruck?

»Achtzehn?«, fragte Menden.

»Passe«, sagte Georg. Während die beiden anderen weiterreizten, steckte er die rote Pik-Sieben in seine Jackentasche. Menden hatte nichts bemerkt, Sascha aber hatte es gesehen und nickte zufrieden.

»Null ouvert«, sagte er und legte seine Karten offen auf den Tisch.

Menden schaute abwechselnd auf seine Karten und das offene Blatt, dann warf er seine Karten auf den Tisch. »Nichts zu machen.«

Nach insgesamt drei Runden à drei Spielen hatte Sascha noch kein Spiel verloren, Menden lag auf dem zweiten Platz, Georg war abgeschlagen und hatte die Deckel zu bezahlen.

»Ich muss dann wieder.« Sascha stand auf.

»Aber ...«, fragte Menden, »wolltest du nicht ...? Georg hatte gehofft ...«

»Nein.« Sascha lachte. »Ich will den lieben Georg nicht weiter ausnehmen. Er hat bekommen, was er verdient.«

Dann wandte er sich an Georg. »Ich hoffe, du hast es schön warm zu Hause. Dreißig Grad sollten es schon sein.«

»Hä? Wir haben Sommer. Aber in der Wohnung habe ich doch keine dreißig Grad. Was soll das?«

Sascha klopfte mit den Knöcheln der rechten Hand auf den Tisch, sagte: »Ich bin dann mal weg«, und verschwand.

»Tja, das war ja wohl nichts«, sagte Menden.

»Das hat schon mit der Pik-Sieben so komisch angefangen«, sagte Georg.

»Genau«, sagte Menden.

»Kommst du noch auf ein Glas zu mir?«, fragte Georg.

»Eine rote Pik-Sieben, so ein Quatsch«, sagte Menden, als Georg ihm erzählte, wie Klaus/Sascha seine Botschaft überbracht hatte. Sie saßen in Georgs Wohnung und betrachteten abwechselnd die Spielkarte, um an ihr irgendetwas Außergewöhnliches zu entdecken. Außer der falschen Farbe fiel ihnen nichts auf. Georg setzte sich an seinen Computer und googelte nach »Pik-Sieben«. Eine Website zum Thema »Kartenlegen mit Skatkarten« informierte darüber, was die Pik-Sieben bedeuten sollte. Er las laut vor: »Die Pik-Sieben symbolisiert die Krankheit, die Schwäche, die Wandlung durch Krankheit, die heilende Kraft, die Selbstheilungskräfte. Sie thematisiert die positiven und negativen Aspekte einer Krankheit. Wenn man das Leid annimmt, kann dies zur Gesundung führen. Schicksalhafte Krankheiten sind oft auch Prüfungen für die Mitmenschen. Die Pik-Sieben gibt nicht nur Auskunft über negative Aspekte. Sie steht auch für die Gesundheit. Rechtzeitige Diagnosen können eine heilsame Wende herbeiführen.«

»Glaubst du an solchen Quatsch?«, fragte Menden.

»Natürlich nicht«, sagte Georg. »Aber irgendetwas muss an dieser Karte dran sein.«

»Dass der das so kompliziert machen muss. Hätte der nicht einfach was sagen können?«, moserte Menden.

»Vielleicht hat er das ja?«, sagte Georg.

»Kann mich nicht erinnern.«

»Was hat er als Letztes gesagt?«

»Irgendetwas zum Wetter.«

»Genau. Was hat er genau gesagt? Das war doch völlig daneben.«

»Er hat gefragt, ob es bei dir zu Hause warm genug wäre. So ein Blödsinn.«

»Mindestens dreißig Grad, hat er gesagt, oder?«, fragte Georg.

»Kann sein.«

»Doch. Hat er. Dreißig Grad. Wir müssen die Karte erwärmen, auf über dreißig Grad. Das muss es sein.«

Georg wühlte in einer seiner Küchenschubladen herum, wurde fündig, riss ein Stück von einer Rolle Alupapier und packte die Karte sehr sorgfältig darin ein. Dann füllte er einen Kochtopf mit Wasser und stellte ihn bei kleiner Hitze auf den Herd. Die Alufolie mit der Karte legte er so vorsichtig auf das Wasser, dass sie nicht untergehen konnte. Dann legte er die Hände um den Topf, um die Wärme zu kontrollieren.

»Es hat schon sein Gutes, wenn man mal Babyfläschchen erwärmt hat«, sagte er, »die richtige Temperatur behält man ein Leben lang in den Fingern.«

Er holte die Folie aus dem Wasserbad und faltete sie wieder auf. Die Spielkarte war trocken und unversehrt, aber sie hatte noch immer nichts Geheimnisvolles an sich.

»Na ja, hätte ja sein können«, sagte er resignierend.

»Warte.« Menden beugte sich dichter über die Karte. »Ich glaube, ich sehe da ein Wasserzeichen. Oder war das vorher auch schon da?«

Auf dem weißen Hintergrund der Karte erschienen blassgraue Buchstaben. Es dauerte zwei spannende Minuten, ehe Georg den Text komplett lesen konnte.

Es war eine Kombination aus Zahlen, Buchstaben und Doppelpunkten: »2001:4dd0:f102:a1aa:f:a1aa:f:1111«.

»Was könnte das sein?«, fragte Menden.

Die Zahlen und Buchstaben hatten eine gewisse Struktur. Blöcke, getrennt durch Doppelpunkte. Irgendwo hatte Georg ähnliche Kombinationen schon gesehen. Er grub in seinem Gedächtnis. Es hatte mit Computern zu tun. Mit dem Internet. Mit den neuen Internetadressen. IPv6. Er hatte mal einen Artikel zum Thema geschrieben. Im »alten« Internet war schon bald kein Platz mehr für neue Computer. IPv6 erhöhte die Zahl der möglichen Anschlusskombinationen auf unvorstellbare dreihundertvierzig Sextillionen oder, anders ausgedrückt, sechshundert Billiarden Adressen auf jeden Quadratmillimeter der Erdoberfläche. War das eine Webadresse dieses neuen Standards?

Die Google-Suche lieferte ein enttäuschendes Ergebnis: »Es wurden keine mit Ihrer Suchanfrage ›2001:4dd0:f102:a1aa:f:a1aa:f:1111‹ übereinstimmenden Dokumente gefunden.«

Als Webadresse einfach in einen Browser eingegeben funktionierte die Kombination auch nicht. Georg spürte dennoch, dass er auf der richtigen Fährte war. Er startete Skype und schickte einen Anruf an einen Bekannten, Webmaster und Internet-Experte, der wie immer sendebereit vor seinem Rechner saß.

»Von wem hast du das denn? Muss ein Kölner Spaßvogel sein. Am Ende hat er – mit etwas Phantasie – zweimal ›Alaaf‹ und den

›11.11.‹ eingebaut. Ist aber tatsächlich eine gültige IPv6-Adresse. Musst du mit ›http://‹ davor und in eckigen Klammern eingeben. Ich mach das mal für dich«, skypte der Computer-Experte. »So, funktioniert. Die Website heißt ›rote Pik-Sieben‹. Brauchst du sonst noch Hilfe?«
Georg gab die korrigierte Adresse in seinen Rechner ein. Es erschien eine schlichte rote Seite mit weißer Schrift:

<pik7> You should not be here.
<pik7> There is nothing to see.
<pik7> Please go away.

Darunter blinkte der weiße Cursor und wartete auf eine Eingabe.
»Danke. Ich komme jetzt klar. Und du vergisst, dass wir miteinander gesprochen haben«, sagte Georg und beendete die Skype-Sitzung.
Georg kannte den Bildschirm. Auf genau dieselbe Art hatte ihm Klaus alias Sascha seinerzeit die Informationen über die vernichteten Nazi-Akten geliefert. Die nötigen Passwörter und Befehle hatte er nicht vergessen und tippte sie eines nach dem anderen ein.
Der Bildschirm wechselte die Farbe von Rot auf Grün.
Georg sah die Ordnerstruktur eines Rechners; die Ordner trugen kryptische Bezeichnungen aus Buchstaben und Ziffern. Zwischen den Ordnern lag eine isolierte Datei: »bitte-lesen.txt«. Georg öffnete sie.

Hallo, Georg, du befindest dich auf einem geheimen Rechner des Verfassungsschutzes. Ich habe hier Sicherungskopien von Dateien abgelegt, die wir auf Anordnung von höchster Stelle löschen sollten. Ich dachte, es wäre eine gute Idee, die Daten trotzdem für die Nachwelt zu erhalten. Deine Recherchen und Berichte über die Kanzlerin sind vermutlich die Ursache für die Löschaktion. Ach, noch was, der Ordner mit dem Namen »_GR« ist mein Bonus für dich. Jetzt sind wir quitt. Sascha

Der Ordner »_GR« stand ganz oben in der Liste. Die anderen Ordner bestanden nur aus Großbuchstaben oder Zahlen ohne vorangehenden Unterstrich.

Georg öffnete den Ordner mit einem Doppelklick. Es erschienen weitere Ordner mit den Namen »00«, »10«, »80« und »90«. Jeder Ordner erhielt eine Inhaltsverzeichnisdatei und weitere Unterordner. Das Inhaltsverzeichnis von Ordner »00« trug die Überschrift »Geheim – Georg Rubin 2000 bis 2009«.

Dann folgten Hinweise auf die Unterordner, die den einzelnen Jahren zugewiesen waren. Bei »02« war vermerkt: »Flugblätter«.

Hastig wühlte sich Georg durch die elektronischen Akten. Der Verfassungsschutz oder wer auch immer hatte akribisch jedes Flugblatt gesammelt, das er in seiner Studentenzeit geschrieben oder verteilt hatte.

Im Ordner »01« entdeckte er den merkwürdigen Hinweis: »Ist polizeilich nicht korrekt gemeldet«. Im Jahr 2001 hatte er tatsächlich nach einem Umzug innerhalb Kölns versäumt, das sofort den Behörden anzugeben. Warum war das hier gespeichert? Warum hatte man ihn damals nicht einfach auf sein Versäumnis aufmerksam gemacht? Ein weiterer Vermerk gab immerhin an, dass er die Ummeldung mit fünfmonatiger Verspätung nachgeholt habe.

Georg fand Auskünfte nicht nur über sich, sondern auch über die Mitbewohner seiner WGs, sogar über seinen Vater und seine Ex-Frau. Nur über Rosa war noch keine Akte angelegt. Aus den letzten Jahren waren alle seine Zeitungsartikel kopiert, einige von ihnen waren mit Kommentaren und Farbmarkierungen versehen.

Besonders umfangreich waren die letzten Akten seit dem Attentat auf dem Flughafen. Der Innenminister hatte eine Notiz über die Begegnung auf dem Rollfeld geschrieben: »Verdächtig«. Starcks handschriftliches Kürzel und das Datum ergänzten den Eintrag. Es gab ein komplettes Wortprotokoll des Interviews, das er mit der Kanzlerin geführt hatte. Dabei war er doch der Einzige gewesen, der das Interview aufgenommen hatte, zumindest offiziell.

Georg spürte, dass er vor Anspannung die Luft angehalten hatte. Er atmete tief aus. »Auf den Schreck brauche ich jetzt erst einmal etwas zu trinken«, sagte Georg.

Menden nickte.

»*Big brother is watching me*. Ist das eigentlich zulässig, dass der Verfassungsschutz Akten über mich anlegt?«, fragte Georg. »Hat die Polizei etwa auch Akten über mich?«

»Die Polizei hat ganz sicher Akten über dich. Gegen dich wird wegen Erpressung der Kanzlerin ermittelt. Dass der Verfassungsschutz sich da einschaltet, finde ich nicht überraschend.«

»Aber was soll das mit den uralten Flugblättern? Und meinen Mitbewohnern? Das ist ja wie bei der Stasi.«

»Das sind halt Sammler und Jäger. Irgendwie bist du ihnen aufgefallen.«

»Und was kann ich jetzt dagegen unternehmen?«

»Du kannst offiziell anfragen, ob über dich Akten gespeichert sind.«

»Aber das weiß ich doch schon.«

»Willst du dem Verfassungsschutz mitteilen, dass du illegal in seine geheimen Rechner eingedrungen bist? Viel Vergnügen dabei.«

»Ach Scheiße. Prost«, sagte Georg. »Lass uns schauen, was Sascha alias Klaus noch alles gespeichert hat.«

Er öffnete den Ordner »BJ« und fand darin das Inhaltsverzeichnis: »Geheim – Barbara Jung geb. Lommertz«.

»Die haben eine Geheimakte über die Kanzlerin ...« Georg sah Menden an.

»Und wenn ich Sascha richtig verstanden habe, sollte diese Akte jetzt vernichtet werden«, sagte Menden.

Der Ordner »BJ« enthielt die Unterordner »00«, »10«, »60«, »70«, »80« und »90«. Die Ordner »60« und »70« waren leer.

Im Ordner »80« gab es einen Hinweis auf eine Akte »Hochzeit« im Unterordner »83«. Der sachliche Kurztext über die Hochzeit von Barbara Lommertz mit Professor Jung war mit einem Vermerk versehen, der Georg elektrisierte.

»Hör dir das an«, rief er. »Hier steht: ›Roger Jung ist homosexuell. Könnte als Erpressungspotential genutzt werden. Bei Gelegenheit konfrontieren‹.«

»Von wem stammt der Vermerk?«, fragte Menden.

»Ist nicht ersichtlich. Kein Name. Kein Kürzel. Anonym. Aber das kann ja nur von jemandem stammen, der diese Akten kannte. Verfassungsschutz? Innenminister?«

»Das muss keine Drohung sein. Das kann auch so gelesen werden, dass man die Kanzlerin vor potentiellen Erpressern schützen müsste«, sagte Menden.

»Du meinst, vor so Typen wie mir?«, fragte Georg.
»Zum Beispiel«, sagte Menden.
»Arschloch«, sagte Georg und vertiefte sich wieder in die Computerakten. »Im selben Jahr gab es noch ein weiteres Ereignis, das hier festgehalten ist. Barbara Jung hatte angeblich einen Verkehrsunfall. Nach dem, was gespeichert ist, hat sie eine Frau angefahren und Unfallflucht begangen. Die Frau ist schwer verletzt worden und sitzt seitdem im Rollstuhl. Ihr Name ist Ursula Klein, die Adresse steht hier auch. Dazu gibt es wieder eine anonyme Anmerkung: ›Das überlebt sie nicht.‹«
»Längst verjährt«, sagte Menden.
Verkehrsunfall, grübelte Georg. War das der Grund, warum Barbara Jung das Foto mit dem roten Alfa Spider nicht veröffentlicht haben wollte? War der Alfa der Unfallwagen?
Die »Akte Kanzlerin« enthielt ähnlich wie seine eigene Akte auch völlig belanglose Daten: Umzüge, Darlehen, sogar Krankheiten waren verzeichnet. Ein Wust von Material, das er irgendwann in Ruhe sichten würde. Aber durfte er das überhaupt? Musste er das Material nicht ungesehen der Kanzlerin übergeben? Oder war er im Gegenteil sogar verpflichtet, alles sorgfältig zu prüfen? Unsicher verließ er den Ordner der Kanzlerin.
Auf der obersten Ebene gab es noch einen Ordner mit dem Namen »Videos« und zwei Unterordnern namens »MP« und »EP«.
Georg startete das MP-Video. Es zeigte einen merkwürdig kalten Raum, weiß gekachelt, keine Fenster, nur künstliches Licht. In dem Raum standen zwei Betten. Ein Mann lag in einem davon, dann stand er auf. Er war nackt, hatte einen schweren Hammer in der rechten Hand. Er trat an das zweite Bett, in dem eine Frau lag, und riss die Decke weg. Auch die Frau war nackt. Sie schrie. Sie hatte ein Messer. Sie warf das Messer weg. Der Mann nahm den rechten Arm hoch und ließ ihn auf den Kopf der schreienden Frau hinuntersausen.
Menden und er hatten schon manches gesehen, aber dieses Video war von einer Brutalität, die ihnen den Atem stocken ließ.
»Es gibt noch ein Video. Der Ordner heißt ›EP‹. Soll ich?«, fragte Georg.
Menden nickte.
Den Raum, der im Video erschien, erkannte Georg sofort. Es

war das Büro der Kanzlerin. Die Kamera schwenkte vom Blick aus dem Fenster auf den Reichstag über die Sitzgruppe, wo er vor ein paar Tagen gesessen hatte, weiter zum großen schwarzen Schreibtisch.

Was war das für eine Perspektive? Die Kamera musste hinter dem Schreibtisch montiert sein, genau da, wo das Gemälde Konrad Adenauers hing. Das Blinzeln und Flimmern, das Georg gesehen hatte. Adenauers Auge!

Das Objektiv zoomte auf und nahm den Schreibtisch der Kanzlerin ins Visier. In der Mitte, genau vor dem schwarzen Bürostuhl, lag eine Katze. Piaf, wie Georg erkannte. Sie war tot. Abgeschlachtet. Der Bauch war aufgeschlitzt. Das Herz war herausgetrennt und lag auf einem weißen Blatt Papier wie auf einem Präsentierteller. Auf dem Papier standen drei Worte: »Wir sind hier.«

»Adenauers Auge. Die Kamera steckt in Adenauers Auge. Das war am Donnerstag. Vor fünf Tagen. Kurz bevor ich das Interview mit der Kanzlerin gemacht habe«, rief Georg.

Er fingerte von einem Zeitungsstapel auf dem Fußboden die Ausgabe des BLITZ mit dem Bild der Kanzlerin und dem Foto ihrer Katze, das sie auf dem Schreibtisch stehen hatte.

Menden stand auf und ging unruhig auf und ab. »Spiel bitte noch mal das erste Video.«

»Nein«, sagte Georg. »Ich will das nicht mehr sehen.«

»Mach es bitte. Und schau diesmal ganz genau hin. Es ist wichtig.«

Georg schwieg. Er kannte Menden gut genug, um zu wissen, wann er etwas ernst meinte.

Er startete das Video aus dem weißen kalten Kachelraum. Man sah den nackten Mann mit dem Hammer. Von hinten. Die Hand mit dem Hammer hob sich.

»Stopp«, rief Menden. »Halt das Video an.«

Das Bild blieb stehen.

»Einen Bruchteil zurück, da hat man kurz das Gesicht des Mannes gesehen.«

Georg klickte in die Video-Steuerung und sprang zehn Sekunden zurück und ließ den Film wieder laufen.

»Jetzt«, sagte Menden.

Das Bild war nicht besonders scharf. Der Mann war in Bewe-

gung. Aber man sah das Gesicht, nicht direkt von vorne, aber doch gut sichtbar. Das Gesicht eines ziemlich jungen Mannes.
»Jetzt schau endlich hin, Georg. Siehst du es auch?«
»Was meinst du?«
»Schau hin, verdammt noch mal.«
Was meinte Menden? Was war mit dem Gesicht? Er sah genauer hin.
Er kannte dieses Gesicht. Aber woher?
Dann wusste er es.
»Eisdiele.«
Menden nickte. »Genau. Eisdiele. Der Mann war da, als Ex-Elitesoldat Zander ermordet wurde. Er hat sogar freiwillig als Zeuge ausgesagt. Irgendein polnisch klingender Name. Kann ich nachsehen. Aber der Mann sprach Hochdeutsch. Ich bin fast sicher, dass der Mann mit dem Hammer und der Mann von der Eisdiele identisch sind. Kannst du das Standbild irgendwie festhalten?«
»Kein Problem, ich mache einen Screenshot. Schon passiert.«
»Druck mir das aus und schick mir außerdem die Datei. Georg, wir können das nicht für uns behalten. Wir brauchen Verstärkung. Und wir müssen uns beeilen.«
»Die Kanzlerin ist in Gefahr.« Georg sah Menden an. »Und die Feinde sind in ihrer unmittelbaren Umgebung. Wie können wir sie warnen, ohne dass sie es erfahren?«
»Das ist das Problem«, sagte Menden. »Ich gehe davon aus, dass Adenauers Auge uns genauso überwacht wie sie.«

48

Ponk hatte sein Quartier in der Vogelsanger Straße bezogen. Von seinem Fenster über dem Massagesalon sah er direkt in den Vorgarten des Journalisten und in das Zimmer, das dahinter lag. Das heißt, er sah eigentlich nichts, denn die Jalousien waren heruntergelassen.

Ponk besaß jetzt Papiere auf den Namen Ernst Obermaier, was bayrisch klang, aber als Geburtsort war Bielefeld angegeben. Die Damen aus dem Massagesalon, die ihm den Schlüssel zu seiner Wohnung gegeben hatten, hatten sich nicht sehr neugierig gezeigt. Überhaupt schien das ein Massagesalon der etwas diskreteren Art zu sein, trotz der großflächigen Außenwerbung.

Das Gewehr, von dem Nummer eins gesprochen hatte, war ein Heckler & Koch G 36 mit Reflexvisier, Dreifach-Zielfernrohr und Laser-Licht-Modul. Das Magazin fasste dreißig Schuss.

Ponk hatte kein gutes Gefühl, als er am Fenster stand und den Garten schräg gegenüber beobachtete. Ein Teil war durch einen Holzzaun von der Straße abgetrennt, der andere Teil durch eine Hecke. Außerdem ragten die Äste eines großen Baumes in die Schusslinie. Von hier aus waren keine sicheren Treffer möglich. Und wie sollte er fliehen? Konnte er über den Hinterhof entkommen? Durch den Keller? Und wohin sollte er überhaupt fliehen?

Nein, das war kein guter Ort für einen Mord.

Vom benachbarten griechischen Imbiss drangen Küchengerüche in den Raum. Er bekam Hunger. Wo stand geschrieben, dass er das Haus nicht verlassen durfte? Nirgendwo. Und er hatte auch keinen entsprechenden Befehl erhalten. Er hatte nur den Befehl, auf einen neuen Befehl zu warten.

Im Treppenhaus hörte er weibliche Stimmen aus dem Massagesalon. Der Grieche bot neben Gyros und Pizza auch Currywurst und Pommes an. Nebenan hatte ein Kiosk geöffnet, in dem es Getränke, Zeitschriften, Süßes und Tabak gab. Er würde es hier aushalten können.

Gegenüber Rubins Haus war eine Außenstelle der Kölner Musikschule. Auf dem Schulgebäude prangte eine riesige Wandmalerei, ein hockendes Kind, barfuß, mit weitem Gewand, auf den Knien eine Schüssel mit Essen. Der Kopf des Kindes war geöffnet, Gerätschaften und Krüge wurden hineingefüllt, oder ragten sie heraus? Ein beunruhigendes Bild.

Die Tür zum Haus des Journalisten öffnete sich. Ponk ging in Deckung. Der Journalist erschien, er wirkte aufgeregt und redete auf einen Mann ein, den Ponk kannte. Es war der Polizist, der in Nippes ermittelt hatte. Der Polizist stieg in einen Pkw und fuhr fort. Der Journalist ging zu Fuß in die Piusstraße und weiter Richtung Melatenfriedhof. Ponk folgte in sicherem Abstand.

49

Georg beschleunigte seinen Schritt, weil er das unbestimmte Gefühl hatte, verfolgt zu werden, aber als er sich umdrehte, war niemand zu sehen. Als er links in die belebtere Weinsbergstraße Richtung Innere Kanalstraße einbog, beruhigte er sich wieder.
Roger Jung erwartete ihn auf dem Parkplatz des Park Inn Hotels. Georg hatte ihn angerufen; er schien der Einzige, der ihm jetzt helfen konnte. Jung saß in einem dunklen S-Klasse-Mercedes, der Motor lief.
»Gehen wir ins Hotel, oder wollen Sie irgendwo anders hinfahren?«, fragte der Mann der Kanzlerin.
»Lassen Sie uns fahren. Im Auto sind wir ungestörter.«
Jung fuhr in Richtung Universität. Das Hauptgebäude war nicht mehr verhüllt, die Renovierungsarbeiten schienen abgeschlossen zu sein. Neben dem Hauptgebäude war ein Neubau entstanden.
Georg berichtete über die Entdeckungen, die er im Laufe des Tages gemacht hatte. Die geheimen Akten des Verfassungsschutzes über die Kanzlerin, die darin enthaltenen Drohungen, das Video aus dem Kanzleramt mit der getöteten Katze.
»Ich möchte Ihre Frau warnen, aber ich weiß nicht, wie ich sie kontaktieren kann, ohne dass ihre Feinde das mitbekommen.«
»Herr Rubin, meinen Sie nicht, dass Sie in den letzten Tagen schon genügend Schlagzeilen gemacht haben?«
»Darum geht es jetzt nicht. Herr Jung, bitte sprechen Sie mit Ihrer Frau. Sie können Sie anrufen, ohne dass das Verdacht erregt.«
Jung fuhr instinktiv langsamer, was ein Gehupe des folgenden Fahrzeuges auslöste.
»Ich muss nachdenken. Ich könnte die Personenschützer informieren. Das sind zuverlässige Leute«, sagte er.
»Sie sollten direkt mit Ihrer Frau sprechen«, sagte Georg.
»Ich werde es mir überlegen«, sagte Jung. »Jedenfalls vielen Dank, dass Sie mich informiert haben. Soll ich Sie nach Hause bringen?«
»Sie können mich gerne wieder am Park Inn absetzen«, sagte Georg.

Mittwoch

50

An der Hotelbar hatte Georg sich einige Drinks gegönnt und auf einen Anruf von Jung gewartet, aber vergebens. Kurz nach Mitternacht hatte er sich auf den Heimweg gemacht. Er überquerte gerade die Barthelstraße, als sein Handy klingelte. Der Anrufer sendete seine Nummer nicht mit, das iPhone kündigte ihn als »Anonym« an.

»Rubin«, meldete er sich.
»Jung hier. Barbara Jung.«
»Frau Bundeskanzlerin?«
»Wo sind Sie? Können Sie sprechen?«
»Ich bin auf dem Weg nach Hause. Zu Fuß.«
»Mein Mann meinte, ich sollte dringend mit Ihnen reden. Er hat nur ein paar Andeutungen gemacht, nichts Konkretes. Ich sei in Gefahr.«
»Das ist richtig. Zunächst trotzdem erst einmal vielen Dank, dass Sie das Interview abgesegnet haben. Das hat mir geholfen, aus dem Gefängnis entlassen zu werden.«
»Starck hat irgendwie erfahren, was bei unserem Interview besprochen wurde. Ich glaube nicht, dass er das von Gärtner oder Frau Krems hat. Ich nehme an, dass ich überwacht werde. Sogar in meinem Büro. Ich habe Ihnen von meiner Katze erzählt.«
»Piaf.«
»Ja. Wissen Sie, was mit ihr passiert ist? Sie ist getötet worden. Sie haben ihr das Herz herausgetrennt und mir den Kadaver auf den Schreibtisch gelegt.«
»Ich weiß«, sagte Georg.
»Das können Sie gar nicht wissen.«
»Doch. Wir haben ein Video gefunden. Sie werden tatsächlich überwacht. Die Kamera sitzt im Adenauer-Bild hinter Ihrem Schreibtisch, in Adenauers Auge. Und es gibt geheime Akten über Sie. Auch die haben wir gefunden.«

Georg wartete auf eine Reaktion, aber das Handy blieb stumm.
»Frau Bundeskanzlerin? Sind Sie noch da?«

»Ich habe Angst, Rubin. Ich bin übermorgen in Köln. Parteiveranstaltung in der Arena. Um einundzwanzig Uhr werde ich meine Rede beenden. Werden Sie da sein?«

»Wenn Sie es wünschen.«

»Nicht auf der Kundgebung. Sie wählen doch sowieso die Roten. Ich brauche Sie um einundzwanzig Uhr. Sie müssen mich entführen. Sie müssen mich in Sicherheit bringen. Ich brauche Zeit, um ungestört meine weiteren Schritte zu planen.«

»Entführen? Wie soll ich das bewerkstelligen?«

»Wir, Sie und ich, müssen meine Bewacher überlisten. Und dann müssen Sie mich an einen sicheren Ort bringen.«

»Man wird Sie mit allen Mitteln suchen. Und ich habe wirklich keine Ahnung, wie das funktionieren soll. Ich kenne die Arena nur aus der Zuschauerperspektive.«

»Ihnen wird schon etwas einfallen. Ich zähle auf Sie. Donnerstag, einundzwanzig Uhr. Ich rufe morgen Abend noch einmal an. Wieder um Mitternacht.«

Die Kanzlerin unterbrach die Verbindung, und Georg hatte ein Problem, mit dem er nun wirklich nicht gerechnet hatte.

Zu Hause löschte er den letzten Eintrag in der Liste der angenommenen Anrufe aus seinem Handy. Dann rief er Sascha an.

»Du musst mir einen letzten Gefallen tun. Ich brauche vier abhörsichere Handys.«

51

Am Morgen blieb nicht viel Zeit, um alles für die »Aktion Kanzlerin« vorzubereiten.

Menden hatte es übernommen, die Arena abzuchecken und zu prüfen, wo und wie die Kanzlerin unbemerkt verschwinden könnte.

Francks Aufgabe war es, den Fluchtwagen zu organisieren und später auch zu steuern.

Georg sollte das Versteck klarmachen, in dem sie die Kanzlerin unterbringen konnten. Nach langem Nachdenken glaubte er, die perfekte Lösung gefunden zu haben.

»Wir bringen sie ins Tango Colón. Das liegt im Industriegebiet, lässt sich gut absichern, trotzdem gibt es Ausfahrten in zwei Richtungen, und über die Hinterhöfe geht sicher auch etwas.«

Er fuhr in die Redaktion, sein Büro war entsiegelt, und startete eine Recherche nach einem Unfall von Barbara Jung im Jahr 1983 und nach dem Unfallopfer Ursula Klein, die laut der »Akte Kanzlerin« im Rollstuhl saß.

Im Archiv des BLITZ gab es eine kleine Meldung: »Auf der Zülpicher Straße kam es an diesem Dienstag zu einem Verkehrsunfall mit Fahrerflucht. Ein roter offener Sportwagen erfasste eine Fahrradfahrerin (21), die dabei schwere Verletzungen erlitt. Der Unfallwagen, nach Zeugenaussagen von einer blonden Frau gesteuert, entfernte sich mit hoher Geschwindigkeit in Richtung Innenstadt.«

Ursula Klein unterrichtete an einem Berufskolleg in Humboldt-Gremberg. Das Schulgelände besaß Campus-Charakter und wirkte modern. Ursula Klein erwies sich trotz ihres Handicaps als muntere, lebenslustige Frau von ansteckender Fröhlichkeit.

»Es geht mir gut, Herr Rubin, wie Sie sehen.«

»Es könnte sein, dass ich weiß, wer den Unfall verursacht hat. Würde es Sie interessieren, den Namen zu erfahren?«

»Eine schwierige Frage. Damals, als es geschah, habe ich diese Frau verflucht. Ich habe sie nicht gesehen, aber Zeugen sagten, es habe sich um eine junge Frau in meinem Alter gehandelt. Ich kann mich nur an das Auto erinnern. Ein rotes Cabriolet.«

Georg zeigte ihr das Foto eines roten Alfa Spider, wie ihn Barbara Jung gefahren hatte.

»Ja. Das könnte der Wagen gewesen sein. Ein schöner Wagen. Leider nichts für mich. Ich fahre einen umgebauten Golf. Da bekomme ich meinen Rollstuhl hinten rein.«

»Sie können Auto fahren?«

»Ich kann noch viel mehr. Die meisten Menschen haben keine Vorstellung davon, wie es jemandem im Rollstuhl wirklich geht. Ich kann nur meine Beine nicht bewegen, ansonsten bin ich topfit.«

»Möchten Sie den Namen der Unfallfahrerin nun wissen?«

Ursula Klein rollte mit ihrem Gefährt eine Rampe hinunter und wieder hinauf, offenbar um Zeit für ihre Antwort zu gewinnen.

»Haben Sie meine Frage verstanden?«

»Ja, sicher«, sagte sie. »Ich muss überlegen. Sie hatten so einen Unterton, als ob ich die Frau kennen könnte.«
»Sie kennen sie. Wenigstens den Namen.«
Als sie wieder vor ihm hielt, sagte sie: »Nein. Ich will es nicht wissen. Und ich will auch nicht, dass Sie das in die Öffentlichkeit bringen. Das ist alles längst verjährt. Wem würde das nützen? Ich führe ein glückliches Leben. Weiß ich denn, wie mein Leben sonst verlaufen wäre? Der da oben hat sich bestimmt etwas dabei gedacht. Für mich ist es gut, so wie es ist. Und ein anderes Leben würde vielleicht heute zerstört. Nein, das will ich nicht.«
Sie sah Georg direkt in die Augen und fragte: »Sie haben doch das Interview mit der Kanzlerin geführt?«
Georg nickte.
Ursula Klein drehte noch einmal ihre kleine Rampen-Runde.
»Sie ist in meinem Alter. Blond.«
Georg nickte.
»Nein, ich will es nicht. Auf keinen Fall«, sagte Ursula Klein und fuhr mit ihrem Rollstuhl wieder ins Schulgebäude.
Georg hatte ohnehin nie wirklich daran geglaubt, aber jetzt war er sich ganz sicher: Das ehemalige Unfallopfer hatte mit der Erpressung der Kanzlerin nichts zu tun.

Rings um das Tango Colón hatte Jean Leclerc inzwischen die perfekte Webcam-Installation aufgebaut. Jetzt folgte der schwierige Teil: Stevan, der Tanzschulbesitzer, musste überzeugt werden.
»Georg, nichts für ungut, aber ich kenne dich kaum«, sagte Stevan. »Du bist erst zweimal hier gewesen. Und da soll ich dir so eine verrückte Geschichte glauben?«
»Ja. Ich bitte dich darum. Die Story wird dem Tango Colón nicht schaden. Im Gegenteil.«
»Ich brauche keine Werbung. Der Laden läuft gut. Und außerdem: Donnerstag ist Milonga-Abend. Da ist besonders viel los.«
»Daran habe ich nicht gedacht. Ich will niemanden gefährden.«
»Wieso gefährden?«
»Ich kann dir keine Details nennen. Aber ich kann dir versprechen, dass nichts Ungesetzliches geschieht.«
»Hast du nicht gesagt, dass die Person, die ich hier verstecken soll, von der Polizei gesucht wird?«

»Ja, habe ich gesagt. Aber die Kölner Polizei ist auf unserer Seite.«
»Das verstehe ich nicht.«
»Musst du nicht. Morgen Abend wirst du es verstehen.«
»Und was mache ich mit der Milonga?«
»Betrieb wie üblich. Das macht die Tarnung noch besser.«
Jean hatte sich inzwischen das Innere der Tangohalle genau angesehen und die Stellen ausgesucht, wo er weitere Webcams aufstellen wollte.
»Webcams? Wozu Webcams?«, fragte Stevan.
»Zur Beweissicherung. Wir wollen aufnehmen, was hier passiert.«
Stevan zögerte immer noch. Georg startete einen weiteren Versuch.
»Ich werde mich revanchieren. Im Herbst nehme ich gleich drei Wochenkurse bei dir. Enrosque con Lapiz habe ich schon geübt.«
»Drei Kurse? Meinetwegen. Aber was willst du Anfänger mit Enrosque con Lapiz?«
»Ich möchte jemanden beeindrucken.«

Um kurz vor achtzehn Uhr war Georg zu Hause. Er wollte das Versprechen halten, das er Rosa gegeben hatte. Es war der Tag, an dem seine Tochter zu ihm ziehen sollte. Aber Rita würde sie wahrscheinlich nicht bringen.
Er ging zu Gertrud Odenthal. »Setzt du dich mit mir in den Garten? Wir gönnen uns ein Glas Rotwein und warten auf die Kleine.«
Es war ein lauer Sommerabend. Die Sonne schien, aber die Häuser auf der anderen Seite der Piusstraße sorgten dafür, dass der kleine Vorgarten im Schatten lag.
»Prost, Gertrud«, sagte Georg nach einer Weile. »Es sieht so aus, als fiele der Umzug meiner Tochter aus.«
»Was willst du machen?«
»Weiß ich nicht. Ich wollte einfach nur da sein. Sie soll sich auf mich verlassen können.«
Die Häuser in der Vogelsanger Straße, die Georg von seinem Gartenstuhl aus sehen konnte, lagen noch in der vollen Sonne. Ein Fenster im weiß getünchten Haus der Thai-Massage wurde geöffnet

und schickte einen Sonnenblitz zu ihm hinüber. Hinter dem Fenster sah er keine der Asiatinnen, sondern einen Mann. Ein Gesicht, das er schon einmal gesehen hatte. Der Mann mit dem Hammer. Georg zuckte unwillkürlich zusammen. »Gertrud, nichts anmerken lassen. Wir gehen rein. Langsam. Aber sofort.«
Die Nachbarin reagierte nicht. Georg nahm die Gläser vom Tisch und ging voran zur Terrassentür. Aus den Augenwinkeln beobachtete er das Fenster über dem Massagesalon. Es war angelehnt, dahinter bewegte sich ein Schatten.
»Gertrud, bitte, wir müssen hier weg.«
»Ich komm ja schon.«
Georg ging das viel zu langsam, aber er wollte auch nicht den Eindruck von Hektik vermitteln. Als Gertrud endlich im Wohnzimmer war, schloss er die Tür und ließ die Jalousien runter.
»Was ist denn los?«, fragte Gertrud.
»Ich hatte den Eindruck, dass uns jemand beobachtet. Jemand, von dem ich nicht beobachtet werden möchte.«
»Ist die Polizei noch immer hinter dir her?«
»Nein, nicht die Polizei.«
Georgs Telefon klingelte. Es war Rita.
»Ist Rosa bei dir?«, fragte sie aufgeregt.
»Nein, natürlich nicht. Du wolltest sie doch herbringen.«
»Ich hatte ihr Hausarrest gegeben. Sie ist nicht in ihrem Zimmer. Sie ist weg. Da dachte ich ...«
»Dass sie auf dem Weg zu mir ist? Nein, hier ist sie nicht. Hast du bei ihren Freundinnen angerufen? Hast du die Polizei verständigt? Du musst etwas unternehmen!«
Georg spürte Angst. Hatte der Mörder von gegenüber etwas mit dem Verschwinden von Rosa zu tun? Wie konnte Rita nur so ruhig bleiben? Sollte er ihr von der Gefahr erzählen?
»Rita, sag was, wir müssen doch was tun. Soll ich die Polizei anrufen?«
»Ja, bitte, tu das. Ich mache mich in der Nachbarschaft auf die Suche und fahre zu ihren Freundinnen. Und du wartest bei dir zu Hause. Falls sie auftaucht, sagst du mir sofort Bescheid.«
»Klar«, sagte Georg. Von dem Mann gegenüber sagte er nichts.
»Rosa ist schon wieder weggelaufen«, informierte er Gertrud, nachdem er aufgelegt hatte.

»Das habe ich mitbekommen. Dann wird sie bald hier sein«, sagte Gertrud.
»Oder auch nicht. Sie weiß ja, dass ihre Mutter sie bei mir suchen würde.«
»Rosa ist ein großes Mädchen. Sie wird schon keine Dummheit machen.«
»Ich weiß nicht. Ich habe Angst.«

Georg alarmierte Menden. »Ich glaube, unser Mann ist hier. In der Vogelsanger Straße. Er hat ein Zimmer mit Ausblick – direkt in meinen Garten und in mein Wohnzimmer.«
»Bist du sicher?«
»Nein. Natürlich nicht. Ich habe ihn nur ganz kurz gesehen. Im Haus mit dem Massagesalon.«
»Ist er noch da?«
»Ich weiß nicht. Ich habe die Jalousien runtergelassen.«
»Gut. Lass dich auf keinen Fall sehen. Wir wissen jetzt übrigens, wie er heißt.«
»Was habt ihr rausgefunden?«
»Der Mann heißt Marcel Ponk. Er war Scharfschütze bei der Bundeswehr. Kam traumatisiert aus Afghanistan zurück. Wurde behandelt. Ist wie vom Erdboden verschwunden. Er hat seit über zwei Wochen keinen Kontakt mehr mit seiner Frau gehabt, die ihn aber nicht als vermisst gemeldet hat.«
»Marcel Ponk. Hieß nicht der Ordner mit dem Hammermord-Video ›MP‹?«
»Ja. Der Mann hat mindestens Zander und Winter ermordet. Wahrscheinlich auch Dahms.«
»Und diese Frau in dem Video.«
»Und jetzt hat er es auf dich abgesehen. Rühr dich nicht vom Fleck. Ich schicke sofort ein Sondereinsatzkommando los. Ich melde mich, wenn es vorbei ist.«
»Meinst du, der vergreift sich auch an Mädchen?«, fragte Georg.
»Wie kommst du denn darauf?«
»Rosa ist von zu Hause weggelaufen. Sie wollte zu mir, aber sie ist nicht hier.«
»Ponk hat es auf dich abgesehen, Rosa wird er nichts tun«, sagte Menden. Aber er klang nicht sehr überzeugend.

52

Ponk verließ das Haus in der Vogelsanger Straße. Er nahm sich nicht die Zeit, alle Spuren zu verwischen. Er musste weg. Sie waren hinter ihm her. Oder hatte er es sich nur eingebildet, dass Rubin in seine Wohnung geflüchtet war und die Jalousien runtergelassen hatte, unmittelbar nachdem sich ihre Blicke getroffen hatten?

Nur keine Fehler machen, hatte Nummer eins gefordert. Er musste sich zurückziehen und sich besser tarnen.

Ponk ging Richtung Venloer Straße. Rechter Hand lag die große Moschee, die gerade eingeweiht worden war. Ein Mädchen kam ihm entgegen, das ihn neugierig anstarrte. Es hatte dieselben Augen wie der Journalist.

Er stieg in den Untergrund und nahm die U-Bahn-Linie 4 Richtung Friesenplatz; dort stieg er in die Linie 15 um und fuhr weiter Richtung Nippes.

Der Briefkasten war leer, keine neuen Nachrichten von Nummer eins. Er würde untertauchen. Nummer eins musste ihm einen neuen falschen Pass besorgen und ihn auszahlen.

Ponk erschrak, als sein Handy vibrierte. Als ob Nummer eins seine Gedanken gelesen hätte.

»Ponk, Sie sind nicht auf Posten.«

»Außerplanmäßiger Rückzug. Zielperson hat mich möglicherweise erkannt.«

»Nicht möglicherweise, ganz bestimmt hat dieser Journalist Sie erkannt. Gerade läuft eine Razzia in Ehrenfeld. Die kleinen Masseusen sind völlig verschreckt. Ich dagegen, Ponk, ich bin zornig.«

»Ich konnte von dort aus nicht schießen.«

»Ponk, wollen Sie mir jetzt Ihre eigenen Fehler anlasten?«

»Nein, ich wollte nur ...«

»Ihren Kopf retten, Ponk. Ich weiß. Bald ist es so weit. Dann bekommen Sie Ihren verdienten ...«, Nummer eins machte eine Pause, »Ihren verdienten Lohn. Urlaub. Heimatbesuch. Aber vorher müssen Sie Ihre Arbeit zu Ende bringen. Einmal noch.«

»Ich erwarte Ihren Befehl.«

»Morgen, Ponk. Morgen ist es so weit. Die Kanzlerin kommt wieder nach Köln. Sie ist in Gefahr. In großer Gefahr. Sie tragen die Verantwortung für Ihre Sicherheit.«

»Ich?«
»Nicht Sie allein. Wir passen auch auf sie auf. Aber sie hat Feinde. Mächtige Feinde. Die, Ponk, die müssen Sie ausschalten. Dann ist es endlich geschafft.«
»Wer ist es?«
»Warten Sie auf meinen Befehl.«
»Ich habe kein Gewehr. Ich habe nur eine Pistole.«
»Morgen werden Sie ein Gewehr haben.«
»Ich werde die Wohnung verlassen und mich in einem Hotel einquartieren.«
»Ich werde Sie finden, ich werde Sie finden, Ponk, todsicher.«

53

Um neun Uhr war Rosa immer noch nicht aufgetaucht.
»Du bist schuld!«, schrie Rita, die mittlerweile bei Georg war.
Georg wusste nicht, wie er sich verhalten sollte. Unbeholfen nahm er sie in die Arme, was sie mit einem Weinkrampf quittierte.
»Ich rufe Gerald an.«
»Gerald? Wieso die Mordkommission? Glaubst du etwa ...?«
»Nein. Natürlich nicht. Ich habe ihm von Rosas Verschwinden erzählt. Vielleicht hat die Polizei Hinweise.«
Menden beruhigte Georg. »Das ist alles etwas viel für euch. Aber Rosas Verschwinden hat bestimmt nichts mit Ponk und der Kanzlerin zu tun. In neunundneunzig Prozent der Fälle klärt sich das schnell wieder auf. Habt ihr alle Freundinnen abtelefoniert?«
»Ja. Rita hat das übernommen. Was ist mit dem noch fehlenden einen Prozent der Fälle?«
»In diesen Fällen dauert es schon mal zwei Tage, bis man die Ausreißer wiedergefunden hat. Macht euch keine Sorgen. Zumindest nicht um Rosa.«
»Aber um Ponk?«
»Der Mann war tatsächlich in dem Haus gegenüber deiner Wohnung. Wir haben keine Fingerabdrücke gefunden, aber Speichelspuren an einem Glas, aus dem er getrunken hat. Wir haben das mit den Spuren aus dem Krankenhaus und aus Winters Wohnung ab-

geglichen. Das Ergebnis ist eindeutig, Ponk war da. Er hat ein Gewehr zurückgelassen, ein Heckler & Koch G36, sehr verbreitet in der Bundeswehr. Die Waffe war geladen, das Magazin war voll. Ponk war wohl sehr in Eile, als er das Zimmer verlassen hat.«

»Er hat gemerkt, dass ich ihn erkannt habe.«

»Ja, das vermute ich auch. Ich habe dafür gesorgt, dass das Umfeld um deine Wohnung unauffällig gesichert ist. Du bist so gut geschützt wie nur irgend möglich. Lass die Jalousien unten. Und pass auf, wenn du das Haus verlässt.«

»Pass auf, wenn du das Haus verlässt. Wie beruhigend.«

»Es läuft eine Großfahndung. Wir haben ein gutes Foto von Ponk. In diesem Augenblick läuft gerade eine Aktion in der Neusser Straße. Dort soll er gesehen worden sein. Ich bin sicher, wir kriegen ihn. Ich rufe dich an. Und melde dich, wenn Rosa aufgetaucht ist.«

Es klingelte. Gertrud Odenthal stand vor der Tür und legte den rechten Zeigefinger auf ihre Lippen. Das war ja etwas ganz Neues, dass seine Nachbarin mal nichts sagen wollte.

Sie zog Georg in den Hausflur und weiter in ihre Wohnung. »Pst, ganz leise«, flüsterte sie, als sie das Kinderzimmer öffnete. Dick eingemummelt unter einer Decke lag Rosa und schlief. »Ich weiß nicht, wie lange sie schon hier ist. Sie hat ja einen Schlüssel und hat sich irgendwie reingeschlichen. Was machen wir jetzt?«

Georg gab ihr einen Kuss. »Danke, Gertrud. Lass sie schlafen. Ich regle das mit ihrer Mutter.«

Er ging zurück in die Wohnung. »Es war Frau Odenthal. Rosa ist da. Sie hat sich in ihre Wohnung geschlichen und schläft.«

Rita wischte sich Tränen aus dem Gesicht und stürmte wortlos aus der Wohnung. Georg hörte sie wenig später mit Gertrud reden.

Nach einiger Zeit kehrte sie in seine Wohnung zurück, sichtlich ruhiger.

»Rita, überleg es dir noch mal«, sagte Georg. »Lass Rosa zu mir ziehen. Ich habe das schon im Verlag besprochen. Ich werde meinen Job so organisieren, dass ich genug Zeit für unsere Tochter habe. Und Frau Odenthal wird sich auch um sie kümmern.«

»Ich weiß nicht, ob ich nicht einen Fehler mache. Ja, sie will unbedingt zu dir. Und ich will doch auch, dass sie glücklich ist. Aber ich vermisse sie jetzt schon.«

Georg nahm sie in den Arm. »Sie liebt dich. Ich weiß das. Mach dir deswegen keine Gedanken. Du kannst sie immer sehen.«

»Danke. Ist vielleicht wirklich das Beste.«

Als Rita weg war, rief Georg Menden an. »Entwarnung. Rosa ist aufgetaucht. Sie schläft im Kinderzimmer der Nachbarin.«

»Wunderbar. Du wirst sehen, auch die Geschichte morgen wird gut ausgehen.«

»Nur nichts beschreien.«

Um kurz vor Mitternacht kam der erwartete Anruf.

»Ich bin in meiner Wohnung«, sagte die Kanzlerin.

»Es ist alles vorbereitet. Ein Kommissar Menden von der Kölner Polizei nimmt Sie nach Ihrer Rede in Empfang und schleust Sie in die Tiefgarage neben der Arena. Sie fahren mit dem Aufzug bis zur untersten Ebene. So umgehen wir den VIP-Bereich, wo Ihre Wagen und Ihre Bewacher auf Sie warten. Ich nehme Sie unten in Empfang.«

»Rubin, ich danke Ihnen.«

»Danken Sie mir, wenn alles überstanden ist. Achten Sie darauf, dass Sie Ihre Rede pünktlich um einundzwanzig Uhr beenden.«

»Sind Sie sicher, dass Starck nichts mitbekommen hat?«

»Nein.«

Donnerstag

54

»Ich wollte euch nicht erschrecken«, sagte Rosa, als sie am nächsten Morgen zu Georg herübergekommen war. »Ich will nur bei dir bleiben. Du hast es versprochen.«
»Natürlich, Prinzessin. Es ist alles in Ordnung.« Georg nahm sie auf seine Knie. »Ich habe mit deiner Mutter gesprochen.«
»Och nö ...«
»Doch. Sie ist einverstanden, dass du bei mir bleibst. Heute Abend bringt sie deine Sachen vorbei. Ich muss arbeiten, sie soll die Sachen bei Gertrud abgeben. Wie sieht es mit der Schule aus?«
Rosa druckste herum. »Ich hab gestern keine Hausaufgaben gemacht. Ich war ja unterwegs. Kannst du mir eine Entschuldigung für heute schreiben? Morgen gehe ich wieder.«
Aus dem Radio ertönte der Hit dieses Jahres, »Tage wie diese« von den Toten Hosen aus Düsseldorf. Deren Fortuna war aufgestiegen, Georgs 1. FC Köln war abgestiegen. Und jetzt sang auch noch seine Rosa den Text mit. Da kamen erhebliche Erziehungsaufgaben auf ihn zu.

Um zehn Uhr war Georg in der Redaktion. Keine neuen Nachrichten von Adenauers Auge.
Franck rief an. Ob er den Rolls oder den Daimler nehmen sollte, um die Kanzlerin zu fahren?
»Bist du völlig durchgedreht? Zieh doch gleich noch einen Stander mit Bundesadler auf. Wir brauchen etwas Unauffälliges. Einen Golf. Einen Mondeo. Allerhöchstens einen 1er BMW.«
»So was habe ich nicht in meinem Fuhrpark.«
»Aber deine Freundin, soweit ich weiß. Sonst musst du eben was Passendes mieten. Mensch, Franck, mach keinen Scheiß.«
»Mensch, Georg, krieg dich ein. Wer hat uns denn in diese Scheiße geritten? Du oder ich?«
»Du kannst mich mal«, sagte Georg und hängte ein.
Wenigstens Menden hatte seinen Teil des Jobs im Griff. »Wir

haben völlige Kontrolle in der Arena und außerhalb. Ich werde die Kanzlerin höchstpersönlich hinausschleusen. Meine Leute werden uns abschirmen. Ich gebe dir Signal aufs Handy. Du musst dann dafür sorgen, dass der Fluchtwagen da ist.«
Um vierzehn Uhr meldete Georg sich bei Chefredakteur Stein ab. Der war mit sich selbst beschäftigt. Ihm schien völlig egal zu sein, was Georg ihm erzählte.
»Hey, ich rede mit dir. Was ist los?«
»Der Verleger. Ihm passt die ganze Richtung nicht. Er will alles umkrempeln. Leider habe ich keine Ahnung, was genau er meint.«
»Vielleicht will er Blut sehen. Vielleicht reicht ihm noch nicht, dass er gerade die Chefredaktionen in Berlin und Frankfurt neu besetzt hat. Vielleicht ist jetzt Köln dran.«
»Drehst du da etwa was?«
»Nein, beruhige dich. Ich hab den Job als Politik-Chef abgelehnt, wie du weißt.«
»Weil du Chefredakteur werden willst.«
»Nein, auch nicht mehr. Ich werde Vater.«
»Du bekommst ein Kind? Ich meine, deine Freundin? Hast du denn eine Freundin?«
»Ich meine Rosa. Sie zieht zu mir. Ich will endlich ein besserer Vater sein. Und wenn ich mir dafür einen neuen Job suchen muss.«
»Dann fang schon mal mit der Suche an. Hier sieht es düster aus.«
»Heute nicht. Heute habe ich noch etwas vor. Die Kanzlerin kommt. Und übrigens: Ich komme morgen vermutlich etwas später. Oder gar nicht. Ich schick dir eine Mail.«

Am Tango Colón waren die Vorbereitungen abgeschlossen. Stevan zeigte Georg, wie man jemanden unbemerkt in den ersten Stock über dem »Wohnzimmer« der Tangohalle schleusen konnte. Von hier oben hatte man einen erstklassigen Überblick über die Halle und das Außengelände.

Jean hatte drei Monitore aufgebaut, die die Bilder der Webcams zeigten. Über ein kleines Mischpult konnte er die insgesamt sieben Kameras ansteuern.

Als Georg in die Halle hinabstieg, stand er plötzlich Ricarda gegenüber.

»Ich gebe heute Tangostunden mit Stevan. Bist du deswegen hier?«

»Nein. Ich bin im Anfängerkurs.«

»Ich dachte, du würdest dich noch mal melden.«

»Das wollte ich auch. Aber ich hatte sehr viel zu tun. Vielleicht am Wochenende? Hättest du Zeit? Und Lust?«

Ricarda lächelte ihn an. »Vielleicht«, sagte sie und verschwand.

Menden rief an. »Planmäßige Landung der ›Konrad Adenauer‹ mit der Kanzlerin um siebzehn Uhr fünfundvierzig in Köln/Bonn. Der Innenminister ist mit an Bord. Der Verteidigungsminister wird aus Bonn zur Kundgebung in der Arena stoßen. Ansonsten sind nur regionale Parteigrößen auf der Gästeliste. Und natürlich Publikum. Die Veranstaltung beginnt um neunzehn Uhr. Die Kanzlerin spricht ab zwanzig Uhr fünfzehn. Um einundzwanzig Uhr ist mein Einsatz.«

»Ich werde mit Franck da sein. Der ist völlig verrückt. Der hat für den Einsatz ein neues Auto gekauft. Einen Fiesta! Erst wollte er mit dem Rolls vorfahren, und jetzt mit einem Kleinwagen.«

»Passt doch. Der Fiesta wird in Köln gebaut.«

»Und was ist, wenn wir mal richtig Gas geben müssen?«

»Gas geben? In Köln? Ich finde den Fiesta großartig.«

»Was ist mit Ponk?«

»Nichts Konkretes. Noch haben wir ihn nicht. Aber sollte er hier auftauchen, kriegen wir ihn. Der Bereich um deine Wohnung ist gesichert. Da hast du nichts zu befürchten.«

»Und unser Zielort?«

»Ebenfalls gesichert. Von meiner Seite ist alles im grünen Bereich.«

»Ich weiß eigentlich gar nicht, wie es weitergehen soll, wenn wir sie erst einmal haben«, sagte Georg. »Die Geschichte ist völlig verrückt. Das kann gar nicht gut gehen.«

»Ist doch klar. Wir müssen Sie schnellstens wieder loswerden.«

»Ich will Starck eins auswischen.«

»Ja, das wäre nicht schlecht.«

»Was ist, wenn das eine Falle ist?«

»Wie meinst du das?«

»Gerade du als Polizist müsstest doch alle Möglichkeiten beden-

ken. Wenn ich nur gelockt werden soll, um den entscheidenden Fehler zu machen, damit Starck mich endgültig hinrichten kann.«
»Wäre möglich.«
»Und?«
»Du hast mit der Kanzlerin gesprochen. Du bist derjenige, der uns eingespannt hat. Du musst entscheiden.«
»Es bleibt alles wie abgemacht. Kommst du nach ins Tango Colón?«
»Wenn du mich brauchst, werde ich da sein.«
»Kannst du nicht einfach mal Ja oder Nein sagen?«
»Ja. Kann ich.«
»Arschloch.«
»Danke gleichfalls.«

55

Georg fuhr mit seinem Mini zum Flughafen. Diesmal hatte er keinen Ausweis für den militärischen Teil, trotzdem konnte er unbehelligt bis zum Abfertigungsgebäude vorfahren. Er parkte auf dem großen Dauerparkplatz und blieb im Wagen sitzen. Nach einigen Minuten sah er den weißen Airbus mit der Kanzlerin einschweben. Pünktlich.
Eine Kolonne schwarzer Limousinen rollte vorbei. Die Scheiben waren abgedunkelt. Als die Wagen außer Sichtweite waren, folgte er in sicherem Abstand. Bis jetzt lief alles nach Plan.

Er stellte den Mini in der Ehrenfelder Tiefgarage ab, legte einen kurzen Zwischenstopp in seiner Wohnung ein und gab Rosa, die ganz glücklich mit Gertrud bei einem Teller Fischstäbchen saß, im Vorbeigehen einen Kuss und machte sich mit der U-Bahn auf den Weg zur Arena, die seit ein paar Jahren LANXESS-Arena hieß, aber das konnte und wollte er nicht aussprechen.
Rings um die Arena hingen Plakate mit dem Aufdruck »Die Kanzlerin kommt«. Die Halle war gut besucht, aber bei Weitem nicht ausverkauft. Der Kölner Parteivorsitzende hielt gerade eine Rede.
Die Kanzlerin saß ganz links an einem langen Tisch auf der Büh-

ne. Sie wirkte müde, aber sie lächelte. Sie wusste, was sie ihrem Publikum und den Parteifreunden schuldig war. Immer wenn der Mann am Rednerpult »unsere Barbara« sagte, wurde der Beifall besonders laut.

Die Bewacher der Kanzlerin waren sichtbar, hielten sich aber dezent im Hintergrund.

Links neben der Kanzlerin saß Verteidigungsminister Lothar Wassermann, neben ihm eine Kölner Bundestagsabgeordnete, parlamentarische Staatssekretärin im Umweltministerium. Eigentlich hatte sie gemeinsam mit dem Ex-Umweltminister, der als Spitzenkandidat in Nordrhein-Westfalen angetreten war, für ein Ministeramt kandidiert, hatte aber nach der schweren Niederlage den sicheren Posten in Berlin dem Mandat in Düsseldorf vorgezogen.

Erst neben der Staatssekretärin saß Innenminister Otto Starck, für Georg ein sicheres Zeichen dafür, dass er die Gunst der Kanzlerin verloren hatte.

Georg beobachtete Starck. Sein Blick wirkte fahrig, als suche er jemanden im Saal und könne ihn gegen das Licht der Scheinwerfer nicht erkennen. Sein rechtes Bein wippte nervös. War dieser Mann ein eiskalter Machtpolitiker, der über Leichen ging, nur um selbst an die Macht zu kommen?

Starck fingerte an seinem Handy herum. Es sah so aus, als schreibe er eine SMS. Ob er ahnte, was kam? Oder hatte er seine ganz eigenen Pläne?

Georg ertappte sich dabei, wie er tonlos ein Lied summte: »An Tagen wie diesen wünscht man sich Unendlichkeit. An Tagen wie diesen haben wir noch ewig Zeit ...«

56

»Ponk, aufstehen«, sagte Nummer eins durch das Telefon.

Ponk lag auf dem großen Bett seines Zimmers im Hotel am Rudolfplatz und erhob sich gehorsam.

»Ich erwarte Ihre Anweisungen.«

»Die Kanzlerin soll entführt werden. Heute Abend. Nach der Kundgebung in der Arena. Ein Polizist in Zivil wird sie aus der Halle geleiten und den Entführern übergeben. Übergabepunkt ist

kurz nach einundzwanzig Uhr im Parkhaus neben der Arena, unterste Ebene. Wir haben den Platz markiert. Sie erkennen ihn an dem Plakat mit dem Bild der Kanzlerin. Wir haben ihr eine rote Brille um die Augen gemalt. Sie können sich im Parkhaus gegenüber postieren und haben ein freies Schussfeld.«
»Wer ist das Ziel?«
»Den Entführer kennen Sie: Georg Rubin, der Journalist. Beeilen Sie sich. Sie haben nur noch eine Stunde Zeit.«
»Ich habe keine geeignete Waffe.«
»Das ist geregelt. Fragen Sie an der Rezeption nach einem Paket für Sie. Sagen Sie, es wären Ihre Golfschläger.«
»Und das ist mein letzter Auftrag?«
»Sicher, Ponk. Dann haben Sie Ihre Pflicht getan.«
Ponk versuchte, seinen Pulsschlag zu beruhigen. An der Rezeption händigte man ihm den Golfsack ohne weitere Formalitäten aus. Im Zimmer warf er einen kurzen Blick hinein, er sah sein geliebtes G 22, komplett montiert. Geladen.

Er schulterte den Golfsack und ging zur Straßenbahnhaltestelle Rudolfplatz an der anderen Seite des Rings. Bis zur Arena waren es nur vier Stationen. Kurzstrecke. Ein Euro achtzig.

57

Die Kanzlerin sprach über Fiskalpakt und Betreuungsgeld, Energiewende und Haushaltsdisziplin. Seit Monaten immer dasselbe Thema. Das war schon bei ihrer Vorgängerin so gewesen.

Die Stimmung in der Halle war nicht gut. Barbara Jung konnte, zumindest an diesem Abend, keine Begeisterung entfachen. Georg hörte ohnehin nicht auf ihre Worte, obwohl er sie sehr genau beobachtete. In fünf Minuten musste sie ihre Rede beenden. Es war Zeit, dass er sich auf seine Position begab.

Wenn nichts dazwischenkam, würden Menden und die Kanzlerin vier Minuten für ihren Fluchtweg benötigen. Menden hatte dafür gesorgt, dass die Kanzlerin im Backstage-Bereich über die Toilette ihren Bodyguards entkommen konnte.

In der Tiefgarage herrschte starker Verkehr. Eine Straße führte zwischen den verschiedenen Parkhäusern der Arena und des benachbarten technischen Rathauses hindurch, ein Klotz von einem Bau, irgendwie viel zu groß, aber im Innern trotzdem viel zu klein.

Georg sicherte die Lage. Franck meldete sich per Handy.

»Ich bin in der Anfahrt aus Deutz, werde in genau drei Minuten am Treffpunkt sein.«

Menden schickte eine SMS: »Wir sind unterwegs. Alles läuft planmäßig.«

Francks Fiesta fuhr vor und hielt an der vereinbarten Stelle in Fahrtrichtung Kalk.

Wo blieb Menden mit der Kanzlerin?

Franck öffnete die Fahrertür und stieg aus, als müsse er etwas ausladen.

»Steig ein. Lass den Motor laufen. Wir dürfen keine Sekunde verlieren«, schimpfte Georg.

Im Parkhaus gegenüber stand ein Mann mit einer Golftasche. Er hielt einen Golfschläger in der Hand.

Von der Arena-Seite kam Menden mit der Kanzlerin.

Der Mann mit der Golftasche beobachtete sie. Georg erschrak. Das war Ponk. Und das war kein Golfschläger in seiner Hand, das war ein Gewehr.

»Schnell, ins Auto, sofort!«, schrie Georg. Die Kanzlerin sprang vorne rechts rein, er hinten rechts. Menden blieb draußen. Georg rief: »Geh in Deckung!«

Menden flüchtete sich hinter eine Betonsäule.

»Fahr!«, schrie Georg.

Ponk zielte und drückte ab. Eine gewaltige Stichflamme schoss aus seinem Gewehr, verbrannte Hände und Gesicht des Schützen, dann schienen die Waffe und der Mann geradezu zu explodieren.

Durch das Heckfenster sah Georg, wie Ponk brennend zu Boden stürzte. Menden lief über die Straße, eine Pistole im Anschlag, um Ponk zu überwältigen. Der Mann war tot.

Franck bog nach rechts Richtung Severinsbrücke ab, Georg verlor Menden und Ponk aus den Augen.

Die Kanzlerin saß wie versteinert auf dem Beifahrersitz.

»Das war knapp«, sagte Georg.

»Was war los?«, fragte Franck.

»Wir sind einem Attentat entgangen«, sagte Georg. »Der Täter hat sich in die Luft gesprengt. Menden hat alles im Griff. Die Aufregung verschafft uns vielleicht sogar etwas Vorsprung.«

»Guten Abend, Frau Bundeskanzlerin,« sagte Franck von Franckenhorst.

»Guten Abend«, sagte Barbara Jung tonlos.

»Ob das ein guter Abend wird, ist noch nicht raus«, raunzte Georg. »Vielleicht kannst du dich ein bisschen mehr auf den Verkehr konzentrieren. Wir müssen die Kanzlerin so schnell wie möglich in Sicherheit bringen.«

»Schneller geht nicht. Oder willst du von einer Polizeistreife angehalten werden?«

»Nein. Natürlich nicht. Aber ich nehme an, die gesamte Polizei ist sowieso auf der Suche nach uns. Was meinen Sie, Frau Jung, wann Ihr Verschwinden bekanntgegeben wird?«

»Ich glaube, die Polizei wird das geheim halten. Wie ich den Innenminister kenne, hat er längst das Kommando übernommen. Und es würde kein gutes Licht auf ihn werfen, wenn er so etwas verkünden müsste wie: ›Es tut mir leid, aber die Kanzlerin ist mir abhanden gekommen.‹«

Franck überquerte den Rhein über die Severinsbrücke und fuhr Richtung Justizzentrum, dort rechts in die Universitätsstraße. An der Aachener Straße gab es einen kleineren Ampelstau, dann bog er links in die Vogelsanger Straße. Fünf Minuten später erreichten sie das Tango Colón.

»Wundern Sie sich nicht, aber das Gelände hier ist hervorragend geeignet. Wir haben ein perfektes Versteck und außerdem eine perfekte Tarnung.«

Stevan wartete bereits am Eingang und schleuste Georg und die Kanzlerin unbemerkt von den Besuchern auf die Empore über dem »Wohnzimmer«.

Oben trafen sie Jean, der die Monitore und die weitere Technik kontrollierte, und Ulla, die Mitbesitzerin des Colón. Aus der Tangohalle drang Musik nach oben.

»Ich kann nur Tanzschultango«, sagte die Kanzlerin. »Helena Meyer-Dahms hat Tango Argentino getanzt, wenn unsere Männer gemeinsam auf Tour waren. Sie wollte mich immer mitnehmen, aber ich hatte dann doch nie Zeit.«

»Schade. Sonst wären Sie schon einmal hier gewesen«, sagte Ulla. »Helena tanzt nämlich hier. Jeden Donnerstag. Vielleicht kommt sie heute Abend.«
»Jean, gibt es etwas Neues? Irgendeine Meldung im Radio oder Fernsehen?«, fragte Georg.
»Nein. Der Polizeifunk rotiert. Da ist von Schüssen und einer Explosion an der Arena die Rede. Und von einer vermissten Person. Keine Namen.«
»Herr Rubin, kann ich mit Ihnen irgendwo unter vier Augen reden?«, fragte die Kanzlerin.
»Kein Problem«, sagte Ulla. »Folgen Sie mir.« Sie zog einen Vorhang beiseite, hinter dem sich eine Tür befand. »Hier gibt es eine kleine Wohnung. Den Zugang von außen haben wir bewusst versperrt. Hier sind Sie ungestört. Möchten Sie etwas zu trinken?«
Die Kanzlerin nickte. »Ja, gerne. Ein Wasser.«
Ulla verschwand in einem Nebenraum und kam mit zwei Flaschen Mineralwasser und zwei Gläsern wieder, dann zog sie sich zurück.
»Danke«, sagte die Kanzlerin.
Georg füllte die Gläser, Barbara Jung leerte ihres auf einen Zug. Georg schenkte noch einmal nach.
Die Kanzlerin suchte nach Worten. »Wo soll ich anfangen? Vielleicht letzte Woche, an dem Tag, als Sie in Berlin waren. Dass sie meine Katze getötet haben, habe ich schon am Telefon erzählt. Starck kam in mein Büro, genau in dem Moment, als ich sie fand. Er hat gelacht. Und dann gedroht: ›Du siehst, du bist nirgendwo mehr sicher. Heute deine Katze, beim nächsten Mal bist du dran.‹«
»Der Mann ist verrückt.«
»Ja. Aber er ist der Innenminister.«
»Sie sind die Kanzlerin.«
»Das ist es, was Starck nicht ertragen kann. Er hat vom ersten Tag an versucht, mich aus dem Amt zu mobben.«
Die Kanzlerin nahm einen Schluck Wasser.
»Vier Wochen, nachdem ich gewählt worden war, startete er einen ersten Erpressungsversuch. Er zeigte mir Fotos, die meinen Mann und Ingo Dahms als Liebespaar zeigten.«
»Ich kenne die Fotos.«

»Dann können Sie sich vorstellen, wie schockiert ich war. Natürlich wusste ich, dass mein Mann schwul war. Bevor Sie fragen, warum ich ihn trotzdem geheiratet habe: Er war ein interessanter Mann. Charmant. Großzügig. Verlässlich. Treu, ja, auch treu. Professor. Angesehen in der Gesellschaft. Ich war damals eine kleine Studentin und fand mich ungeheuer mutig, ihm durch die Hochzeit zu helfen. Ich wollte die Welt retten, auf meine Art. Mein Mann und ich führen eine ziemlich gute Ehe. Menschen wie Starck ertragen das nicht. Wenn mein Mann mit Frauen fremdgegangen wäre, hätten sich alle auf die Schenkel geklopft.«

»Sie haben sich nicht erpressen lassen?«

»Nein. Ich habe die Fotos zerrissen. Starck hat gelacht. Er könnte jederzeit dafür sorgen, dass die Fotos veröffentlicht würden. Und dann würde ich von den Medien und der öffentlichen Meinung aus dem Amt gejagt. Er gab mir zwei Wochen Zeit, um zurückzutreten.«

»Und dann hat sich Starck ausgerechnet mich ausgesucht als den Journalisten, dem die Fotos zugespielt wurden. Und ich hätte mich fast vor seinen Karren spannen lassen.«

»Wollten Sie die Fotos wirklich veröffentlichen?«

»Ein Kollege hat mich davon abgehalten. Zum Glück. Sie haben sich nicht erpressen lassen und sind nach Ablauf der Zwei-Wochen-Frist nach Köln geflogen.«

»Ja. Dieser schreckliche Tag. Der Tod von Ingo. Er war ein wirklich guter Freund. Wir blieben auch befreundet, als er der Liebhaber meines Mannes wurde. Mich hat das nie gestört. Nur gewundert. Ingo liebte nämlich auch Frauen. Am Tag nach dem Attentat bekam ich Besuch von Starck. Ich hätte sein Ultimatum missachtet. Ich sei schuld am Tod von Dahms. Er sei hingerichtet worden, um mich zu warnen. Ich sei nicht würdig, Adenauers Nachfolgerin zu sein, sagte er und schaute dabei auf das Gemälde hinter meinem Schreibtisch.«

Die Kanzlerin stockte, als benötigte sie Zeit, sich die Szene noch einmal ins Gedächtnis zu rufen. »Ich wusste nichts von der Kamera in Adenauers Auge. Ich habe das Gemälde von meiner Vorgängerin übernommen. Ob sie auch schon überwacht wurde? Ich muss das alles untersuchen lassen. Ich habe Starck nicht geglaubt. Ich habe ihn für wahnsinnig gehalten. Ich habe später mit

Lothar Wassermann gesprochen, der Einzige, zu dem ich volles Vertrauen habe. Der Einzige.«

Barbara Jung schien in Gedanken ihre Mitarbeiter durchzugehen. »Nein, nicht der Einzige, dem ich vertrauen kann. Die meisten Mitarbeiter stehen loyal zu mir. Aber er ist der Einzige, mit dem ich über Starck reden konnte. Wassermann hat Nachforschungen angestellt. Er hat mir bestätigt, was Sie herausgefunden hatten: dass der tödliche Schuss aus einem Gewehr der Bundeswehr kam und dass vom Kasernengelände aus geschossen wurde. Wassermann sah darin eine doppelte Verschwörung, nicht nur gegen mich, sondern auch gegen ihn, der als Verteidigungsminister verantwortlich für die Bundeswehr ist. ›Der will nicht nur dich erledigen, sondern mich gleich mit‹, sagte er.«

Barbara Jung hatte mit leiser Stimme gesprochen. Jetzt aber richtete sie sich auf und wurde energischer. »Der Verteidigungsminister hat es dann übernommen, Starck zu überwachen. Wir haben herauszufinden versucht, ob er als irrer Einzeltäter agierte oder ob es Hintermänner gab.«

»Und, haben Sie etwas herausgefunden?«

»Es gibt Hintermänner. Wir haben Hinweise auf eine sogenannte Nummer eins gefunden, und die ist vermutlich nicht Starck. Aber wer sie ist, wissen wir nicht.«

»Warum haben Sie Starck nicht sofort verhaften lassen?«

»Wir hatten noch nicht genügend Beweise, um einen solchen Skandal öffentlich zu machen. Und dann tauchten Sie ja auf.«

»Was hat das geändert?«

»Sie haben genau die Vorwürfe aufgetischt, die mir auch Starck gemacht hatte. Dass mein Mann homosexuell sei und ein Verhältnis mit Ingo Dahms habe. Zuerst dachte ich, Sie seien einer von seinen Leuten.«

»Das bin ich nicht.«

»Ja, das weiß ich inzwischen. Starck hatte mich außerdem noch mit einem Unfall erpresst, den ich vor vielen Jahren hatte.«

»Mit Ihrem roten Alfa Spider?«

»Die Geschichte ist leider wahr, auch dass ich Unfallflucht begangen habe. Ich hätte Erste Hilfe leisten müssen und können als Medizinstudentin. Aber ich stand unter Schock. Eine Kurzschlusshandlung? Feigheit? Ich habe keine Erklärung dafür. Ich weiß nur,

dass ich heute anders handeln würde. Ich mache mir große Vorwürfe. Starck sagte, er habe das Unfallopfer gefunden. Eine Frau, die ihr Leben im Rollstuhl verbringen müsse und auf Rache sinne.«
»Ich habe die Frau besucht. Sie ist Lehrerin. Sie sitzt tatsächlich im Rollstuhl.«
»Oh mein Gott.«
»Sie hat Ihnen verziehen.«
»Weiß sie, dass ich es war?«
»Sie wollte den Namen nicht hören. Ich vermute, dass sie eine Ahnung hat.«
Die Kanzlerin nahm wieder einen Schluck Wasser. »Als ich Sie und Zack mehr oder weniger hinausgeschmissen habe, hat sich das im Kanzleramt natürlich sofort rumgesprochen. Starck bot an, Sie kaltzustellen, wenn ich jetzt endlich zurücktreten würde. Ich bat mir Bedenkzeit aus.«
Sie schwieg. Georg wurde bewusst, dass sie zumindest nicht unschuldig war an dem, was mit ihm passiert war.

»Starck hat die Bedenkzeit nicht abgewartet, sondern auf eigene Faust Ihre Verhaftung vorangetrieben. Die bestellten Fernsehkameras. Die Handschellen. Und dann hat er selbst noch ein paar Andeutungen gestreut, die mir zeigen sollten, dass ich am Ende sei. Sie waren öffentlich an den Pranger gestellt worden, ich würde das nächste Opfer sein.«

»Ich musste nur für zwei Tage in den Knast. Starck handelte völlig maßlos und begann, in aller Öffentlichkeit Fehler zu machen.«

»Ja, das habe ich auch so gesehen. Dann erschien, obwohl Sie im Gefängnis saßen, Ihr Artikel zum Attentat. Und dann kam auch noch der Text Ihres Interviews im Kanzleramt an. Herr Gärtner empfahl, das Interview freizugeben. Lothar Wassermann unterstützte das. Starck sollte sehen, dass wir uns nicht einschüchtern ließen. Und er sollte weitere Fehler machen.«

»Nur das Bild mit dem roten Alfa Spider und Ihr Bekenntnis, gerne auch schnell zu fahren, haben Sie gestrichen.«

»Ja. Ich wollte Sie nicht auf die Unfallspur bringen. Ich ahnte ja nicht, dass Sie das alles schon wussten.«

»Nein, alles habe ich nicht gewusst. Das kam erst später, als wir auf einem Computer eine ›Akte Kanzlerin‹ fanden, die Starck über Sie angelegt hatte. Da fanden wir auch das Katzen-Video.«

»Wir, also Wassermann, Gärtner und ich, trafen uns in einem abhörsicheren Raum im Verteidigungsministerium. Wir waren wirklich der Meinung, dass Sie bereits alles enthüllt hatten. Deshalb haben wir auch beschlossen, dass ich mich von Ihnen entführen lassen sollte, um Starck gemeinsam mit Ihnen auszuschalten. Also, hier bin ich.«

»Danke für das Vertrauen. Haben Sie zufällig auch besprochen, wie ich das anstellen soll?«

»Wir haben da ganz auf Sie, Ihre Phantasie und Ihre Hartnäckigkeit gesetzt. Zumindest läuft bisher mehr oder weniger alles so, wie Herr Gärtner es von einem BLITZ-Journalisten erwartet hat.«

»Der muss es ja wissen.«

»Mein Mann hat mir auch Gutes über Sie erzählt.«

»Und Wassermann?«

»Hat seine Truppen alarmiert. Wir gehen davon aus, dass Starck Polizeieinheiten einsetzen wird, Wassermann hat seinerseits einige Männer in Bereitschaft.«

»Wir können hier keinen Bürgerkrieg führen. Wir werden das eleganter klären.«

»Was haben Sie vor?«

»Tango down. Wir locken Starck hierher. Können Sie Kontakt mit ihm aufnehmen?«

»Ich habe seine Handynummer. Aber bevor wir ihn anrufen, möchte ich Wassermann informieren, wo wir sind. Ich würde mich sicherer fühlen.«

»Nein. Das ist zu gefährlich. Er wird doch sicher mit Starck gemeinsam im Krisenstab sein. Wenn wir Starck sagen, wo wir sind, bekommt Wassermann das schon mit. Das muss reichen.«

»Einverstanden.«

»Wann sollen wir starten?«

»Jetzt. Ich will, dass es zu Ende geht. Sie müssen anrufen, ich habe kein Handy dabei. Ich wollte nicht, dass man mich orten kann.«

Georg nahm sein iPhone. »Die Nummer, bitte.«

Georg und die Kanzlerin bezogen Position auf der Empore über der Tangohalle, wo Jean sie erwartete.

»Alles bereit?«, fragte Georg.

»Bereit«, sagte Jean und hob den Daumen.

Georg tippte Starcks Nummer ein und wartete auf den Verbindungsaufbau.

»Ja?«, meldete sich eine Männerstimme.

»Georg Rubin hier. Die Kanzlerin ist in meiner Gewalt.«

»Hab ich's nicht gesagt, dass Sie ein Verbrecher sind? Rubin, wenn Sie der Kanzlerin auch nur ein Haar krümmen, landen Sie lebenslänglich hinter Gittern.«

»Ich verlange freies Geleit. Und ein Flugzeug nach Ecuador.«

»Sie sind verrückt. Wo ist die Kanzlerin?«

»In Sicherheit. Bei mir.«

»Ich will sie sprechen.«

»Ich weiß nicht, ob sie auch ...«

»Was soll das heißen?«

»Sie kann nicht sprechen. Ich habe ihr den Mund zukleben müssen. Sie hätte sonst die ganze Nachbarschaft zusammengeschrien. Wollen Sie wirklich, dass ich das Klebeband abreiße? Das tut ziemlich weh.«

»Ich will die Kanzlerin sprechen. Ich will wissen, dass es ihr gut geht.«

»Peinlich, Starck, peinlich für Sie, dass Sie nicht einmal für den Schutz der Kanzlerin sorgen können. Sie sollten zurücktreten, Starck, und ein Leben als einfacher Otto führen.«

»Wo ist die Kanzlerin?«

Wortlos reichte Georg der Kanzlerin das Handy.

»Starck. Jung hier. Tun Sie, was der Mann verlangt.«

Georg nahm das Handy wieder an sich.

»Also. Wie soll es weitergehen? Wann lassen Sie die Kanzlerin frei?«

»Das möchte ich Ihnen unter vier Augen sagen. Auf dem Feld der Ehre sozusagen.«

»Feld der Ehre? Reden Sie keinen Unsinn, Rubin.«

»Kommen Sie nach Ehrenfeld. Lassen Sie sich zum Leuchtturm

am Heliosgelände fahren. In einer halben Stunde rufe ich Sie wieder an.« Georg legte auf.

»Das war jetzt nicht sehr clever von dir«, sagte Jean. »Wenn ich das richtig gesehen habe, hast du dein eigenes Handy benutzt.«

»Ja. Soll Starck ruhig überprüfen. Dann merkt er, dass ich nicht gelogen habe.«

»Aber dein Handy kann geortet werden. Wahrscheinlich wissen Starcks Leute längst, von wo du telefoniert hast.«

»Ja, das denke ich auch. Ich will ihn doch nur etwas ärgern und nervös machen. Ich nehme an, dass sie in spätestens fünfzehn Minuten hier sind. Aber wo sollen sie uns suchen? Hier gibt es jede Menge Fabrikhallen. Jede Menge Fluchtwege. Das ist hoffnungslos. Starck wird glauben, ich hätte einen Fehler gemacht und sei leichtsinnig geworden. Umso leichter wird es mir fallen, ihn zu überrumpeln.«

»Wenn du meinst.« Jean schien nicht überzeugt.

»Abwarten«, sagte Georg.

Es dauerte sogar nur zwölf Minuten, bis ein Dutzend Fahrzeuge mit Blaulicht die Straße vor dem Tango Colón blockierte. Der Innenminister und der Verteidigungsminister stiegen aus ihren Wagen und besprachen sich. Bewaffnete Polizisten bezogen Stellung und versperrten die Zufahrten nach beiden Seiten.

Menden war ebenfalls da. Und der Kölner Polizeipräsident. Menden gestikulierte. Der Polizeipräsident sagte etwas und ging zu den beiden Ministern. Wassermann schüttelte den Kopf. Starck schaute auf die Uhr.

Georg wählte Starcks Nummer.

»Ja?«

»Sie haben sich verfahren, Starck. Sie sind nicht am Leuchtturm.«

»Rubin, geben Sie auf. Wir wissen, wo Sie sind. Sie haben keine Chance.«

»Aber ich habe die Kanzlerin.«

»Geben Sie auf, Rubin«, wiederholte Starck.

»Gut.«

»Was heißt das?«

»Ich gebe auf.«

»Na also.«

»Ich werde die Kanzlerin übergeben. Aber nur an Sie persönlich. Sehe ich auch nur einen Polizisten oder eine Waffe, dann ist die Aktion zu Ende.«
»Und wenn ich komme, dann lassen Sie die Kanzlerin frei?«
»Ja.«
»Ich muss das erst besprechen.«
»Tun Sie das. Wenn Sie fertig sind, winken Sie mit beiden Händen. Ich werde dann wieder anrufen.«
»Ich denke, er wird kommen«, sagte die Kanzlerin. »Furchtlos ist er ja. Aber er wird bewaffnet sein. Sind Sie bewaffnet, Rubin?«
»Ich hoffe nicht, dass das nötig sein wird.«
»Er winkt«, sagte Jean.
»Lass ihn noch ein bisschen winken. Sieht zu komisch aus.«
»Er hat aufgehört.«
»Dann warten wir noch etwas.«
»Jetzt winkt er wieder.«
Georg ließ sein Handy die Nummer wählen.
»Ja?«
»Sie wollten sich beraten.«
»Wir sind einverstanden.«
»Was heißt das?«
»Wir akzeptieren Ihre Bedingungen.«
»Gut. Dann schicken Sie als Erstes alle Männer, die Sie mitgebracht haben, zurück auf die Vogelsanger Straße. Hier in dieser Stichstraße will ich niemanden außer Ihnen sehen.«
»Aber ...«
»Kein Aber. Ich warte, bis Sie meine Anweisungen befolgt haben.«
Der Großteil der Männer zog sich zurück, nur Menden und der Verteidigungsminister blieben bei Starck.
»Ich hatte angeordnet, dass sich alle auf die Vogelsanger Straße zurückziehen. Ich sehe da aber noch zwei Figuren.«
»Herr Rubin, das ist der Verteidigungsminister und der andere Herr ist Einsatzleiter der Kölner Polizei.«
»Eben. Deshalb. Weg mit ihnen.«
Starck sprach mit Menden und Wassermann, die sich schließlich ebenfalls entfernten.
»Gut so, Starck. Sind Sie bereit?«

»Ja.«
»Können Sie tanzen?«
»Was soll das? Kommen Sie zur Sache.«
»Ich bin bei der Sache. Gehen Sie fünfzig Meter weiter in die Stichstraße hinein und dann links in einen kleinen Innenhof. Dort ist der Eingang zu einer Halle, in der Tango getanzt wird, Tango Colón. Hier findet der letzte Tango statt.«
Starck schaute sich um, aber alle Helfer waren unsichtbar.
Georg legte auf und wählte Mendens Handy an. »Ich schicke dir per SMS den Link, über den ihr das Geschehen in der Tangohalle mitverfolgen könnt. Du kannst den Verteidigungsminister einweihen. Laut Kanzlerin ist er auf ihrer Seite. Es wäre schön, wenn ihr erscheint, wenn es gefährlich wird.«
Eine weitere SMS gleichen Inhalts schickte er an Jürgen Dietmar vom WDR.

Georg erteilte Jean letzte Anweisungen. »Wenn die Kanzlerin gleich zu Starck spricht, gibst du ihrer Stimme Hall und wechselst die Lautsprecher. Starck soll nicht so schnell herausfinden, wo sie ist.«
Dann wandte er sich an Barbara Jung. »Ich werde versuchen, Starck zu überwältigen. Vorher brauchen wir aber ein Geständnis von ihm. Lassen Sie mich beginnen, ich gebe Ihnen den Einsatz, wann Sie übernehmen sollen. Erschrecken Sie nicht, wenn Sie Ihre Stimme hören. Jean wird ein bisschen mit der Technik spielen.«
Die Kanzlerin nahm Georgs Rechte mit ihren beiden Händen. »Starck ist unberechenbar, passen Sie auf sich auf. Und danke für alles.«
Georg bat Stevan, die Tangomusik leise zu stellen. »Liebe Freunde, entschuldigt die Unterbrechung«, sagte er über die Lautsprecheranlage. »Aber wir bekommen jetzt Besuch von jemandem, der glaubt, hier wäre eine Geisel versteckt. Wir bitten euch, die Halle zu verlassen, Stevan zeigt euch den Notausgang. Der Besucher steht vermutlich bereits vor der Tür. Ich werde ihn in Empfang nehmen.«
Unter den Tangotänzern entstand Unruhe, aber dann folgten doch alle Georgs Anweisungen. Nur zwei Frauen machten keine Anstalten, die Tangohalle zu verlassen: Ricarda und Helena Meyer-Dahms.

Ricarda sagte: »Ich arbeite hier. Ich bleibe, solange Stevan bleibt.«
Und Helena, ganz in Schwarz, aber mit roten High Heels: »Ich weiß, worum es geht. Ich denke, ich habe ein Recht, hier zu sein.«
Georg nickte. »Aber versteckt euch. Ich weiß nicht, was alles passieren wird.«
Er ging zum Eingang und öffnete die große Holztür. Starck stand mit dem Rücken zu ihm im Hof und schien nicht zu wissen, was er tun sollte.
»Guten Abend, Herr Minister. Ich bin Georg Rubin.«
Starck drehte sich um. »Ich kenne Sie, Rubin.«
Seine Hände waren leer. Wenn er eine Waffe trug, dann musste sie unter seinem Jackett stecken.
»Ich lasse gerade die Halle evakuieren. Ich denke, es wird auch in Ihrem Interesse sein, wenn möglichst wenige Personen anwesend sind.«
»Es ist Ihre Vorstellung, Rubin. Tun Sie, was Sie für richtig halten. Ich werde später dafür sorgen, dass Sie Ihre Strafe bekommen.«
Als Stevan das Signal gab, dass alle Tänzer gegangen waren, führte Georg den Minister in die große Halle. Ulla und Stevan hatten zwei Sessel und einen kleinen Tisch in die Mitte der Tanzfläche geschoben, darauf standen eine Flasche Mineralwasser, zwei Gläser und eine brennende Kerze.
»Wir wollen es uns etwas gemütlich machen«, sagte Georg und wies auf den Sessel, der zur Empore blickte. Starck ließ sich widerwillig nieder.
Georg setzte sich ihm gegenüber. »Etwas zu trinken?«
»Meinetwegen.«
»Bitte.«
Starck nahm einen Schluck und spuckte ihn gleich wieder aus.
»Vergiften wollen Sie mich. Aber da falle ich nicht drauf rein.«
»Herr Starck, das ist Wasser. Naturreines Wasser.«
»Wo ist die Kanzlerin?«
»In Sicherheit.«
»Sie haben zugesagt, sie mir auszuliefern.«
»Verräterische Wortwahl. Ausliefern. Damit Sie sie weiter quälen und erpressen können.«
»Sie sind doch derjenige, der sie mit Schmutz bewirft.«

»Die Kanzlerin sieht das anders. Sie hält Sie für einen Mörder. Nicht nur für einen Katzenmörder.«

»Rubin, Sie reden irre.«

»Frau Bundeskanzlerin, bitte übernehmen Sie.«

Starck schaute sich hektisch um, sah aber niemanden außer Georg. Die Lautsprecher pfiffen, eine Rückkopplung. Dann ertönte die verzerrte, mit viel Hall unterlegte Stimme der Kanzlerin.

»Starck, mein Lieber. Da sind Sie ja endlich.« Die Stimme schien von hinten zu kommen. Starck drehte sich um und wieder zurück. Er war sichtlich verunsichert.

»Mir gegenüber haben Sie den Mord an meiner Katze doch schon zugegeben. Meiner armen Piaf das Herz herauszuschneiden. Starck, Sie sind ein Monster.«

»Mord an einer Katze, was für ein Unsinn. Sie hätten sie längst selbst ersäufen sollen. Das war doch widernatürlich, wie Sie das Tier vergöttert haben. Sie sollten mir und meinen Leuten dankbar sein.«

»Ach ja, dankbar soll ich sein. Wofür denn? Dafür, dass Sie mich mit der Homosexualität meines Mannes erpressen wollten?«

»Widernatürlich.«

»Mein Mann hat in seinem Leben mehr geliebt, als Sie es jemals gekonnt haben.«

»Jetzt nicht mehr. Wir haben ihm sein Schwulenliebchen wegschießen lassen. Ich hatte Sie gebeten, rechtzeitig zurückzutreten. Sie haben dieses Friedensangebot nicht angenommen. Jetzt müssen Sie mit den Folgen leben.«

»Wie viele Menschen haben Sie auf dem Gewissen? Nein, das darf ich so nicht sagen. Sie haben kein Gewissen, Sie nicht, Starck.«

»Ich habe niemanden auf dem Gewissen. Das mit der Katze, das war ich. Alles andere nicht.«

»Aber Sie haben die Befehle gegeben.«

»Nein. Das war Nummer eins.«

»Reden Sie sich nicht raus. Sie sind der Drahtzieher, Sie sind Nummer eins, wer soll denn da noch sein?«

»Liebe Frau Jung, haben Sie mal etwas vom Anden-Pakt gehört? Oder der Pizza-Connection? Nein? Ach ja, das war alles vor Ihrer Zeit. Und wissen Sie, was noch davor war? Adenauers Auge.«

»Die Mitglieder des Anden-Paktes wollten Kanzler werden. Das hat keiner von ihnen geschafft. Die Mitglieder der Pizza-Connection wollten schwarz-grüne Koalitionen vorbereiten. Hat auch nicht geklappt. Was hat bei Adenauers Auge nicht geklappt, Starck?«
»Seien Sie nicht so hochmütig. Wir sind noch nicht am Ziel. Aber wir werden es erreichen. Wir stehen für die deutschen Werte. Für Glaube, Heimat, Vaterland. Wir hatten tragische Jahre unter Schröder und Merkel. Aber Sie, Frau Jung, Sie mit Ihrem Lebenswandel sind die Schlimmste. Am Tag Ihrer Wahl stand fest, dass Sie wegmüssen. Weg wie dieser schwule Freund Ihres Mannes. Wissen Sie, dass wir eigentlich den Verteidigungsminister erschießen lassen wollten? Ausgerechnet Ihr Mann hat das vermasselt. Er hat Wassermann abgedrängt und Dahms in die erste Reihe geschoben. So hat es statt Wassermann diesen Schwulen getroffen. Und Ihr Mann war schuld. Dumm gelaufen. Gottesurteil.«

Ein schriller Schrei hallte durch den Tangosaal. Helena Meyer-Dahms stürzte sich auf Starck. Sie war barfuß, die roten Tanzschuhe mit den langen, spitzen Absätzen hatte sie in der Hand. Wie eine Furie schlug sie damit auf den Innenminister ein.

Starck hielt sich die Hände vors Gesicht.

»Schau mich an, du Schwein!«, rief Helena, riss ihm die Hände weg und schlug wieder und wieder auf ihn ein.

Starck drehte sich jäh zur Seite, um sich vor der Attacke zu schützen, Helena strauchelte, ihr letzter Schlag rutschte ab, und der spitze Absatz des roten Tangoschuhs bohrte sich in Starcks linkes Auge.

Starck schrie auf wie ein sterbender Löwe und ging zu Boden.

Die Kanzlerin lief die Treppe herunter. Vor Starck, der fassungslos mit der Hand nach seinem Auge tastete, blieb sie stehen. Georg hörte, wie sie »Gottesurteil« murmelte. Dann setzte sie sich zu Helena, die weinend zusammengebrochen war, auf den Boden und nahm sie in den Arm.

Aber Starck war noch nicht besiegt. Georg sah, wie er mit der rechten Hand unter seine linke Achsel griff und eine Pistole herauszog.

»Vorsicht!«, rief Georg. »Starck hat eine Waffe!«

In diesem Augenblick schoss Starck auch schon auf die Kanzlerin. Die Kugel verfehlte ihr Ziel. Starck rappelte sich auf, wankte durch die Tangohalle und nahm Kurs auf die beiden Frauen. Georg stellte sich ihm in den Weg. Starck hielt auf ihn zu, sein eines Auge flackerte vor Hass. Er drückte ab.

Georg spürte einen brennenden Schmerz in der Schulter. Starck kam näher.

Sie standen sich fast Brust an Brust gegenüber.

Jetzt oder nie.

Georg verschraubte die Beine und ließ seinen linken Fuß in weitem Bogen nach links schnellen und brachte Starck, der mit diesem Angriff nicht gerechnet hatte, aus dem Gleichgewicht. Jaulend knallte er auf den Boden, Georg warf sich auf ihn und hielt ihn gefangen, bis Mendens Männer endlich die Halle stürmten und Starck überwältigten.

»Enrosque con Lapiz«, sagte Georg.

59

Georgs Verletzung war nichts Ernstes, nur ein Streifschuss an der linken Schulter, ein Loch im Hemd, etwas Haut weggerissen.

Die Kanzlerin als gelernte Ärztin übernahm die Erst-Versorgung, untersuchte die Wunde, dirigierte den kleinen Stab der Sanitäter, die mit einem der Notarztwagen gekommen waren.

»Das hätte schlimm für Sie ausgehen können, Herr Rubin. Sie haben Glück gehabt.«

»Starck hat mit seiner Pistole herumgefuchtelt, er hat auf Sie gezielt. Ich musste ihn stoppen«, sagte Georg.

Zwei Stunden später saßen die Kanzlerin, ihr Mann Roger Jung, der in einem Polizeiwagen gebracht worden war, Georg, der Außenminister, Menden, Jean, Franck und WDR-Mann Jürgen Dietmar, den Georg hinzugebeten hatte, an einem der großen Tische im Tango-»Wohnzimmer«.

Keiner der Anwesenden sagte etwas. Es herrschte angespannte Stille, die erst unterbrochen wurde, als Christina Brandt erschien.

»Du brauchst also mal wieder juristischen Rat«, sagte sie zu Georg, was die Stimmung auflockern sollte.

»Ja«, sagte Georg. »Aber nicht nur ich.«

Er erzählte, was in den letzten Stunden geschehen war.

»Strafbar hat sich wahrscheinlich Frau Meyer-Dahms gemacht. Gefährliche Körperverletzung«, sagte Christina. »Aber Starck war bewaffnet. Da kommt auch Notwehr in Betracht. Ob Herr Starck zivilrechtliche Ansprüche wegen seiner Augenverletzung geltend machen kann, ist schwer einzuschätzen.«

Die Kanzlerin schaltete sich ein. »Starck hat sich ganz sicher auch strafbar gemacht. Erpressung ist erwiesen, das kann ich bezeugen. Das wird man aber kaum in öffentlicher Verhandlung erörtern können. Ich würde empfehlen, dass der Generalbundesanwalt eingeschaltet wird und den Fall übernimmt«, sagte die Kanzlerin.

»Können wir Starck die Morde anlasten?«, fragte Georg.

»Das wird nicht einfach sein. Natürlich kommt auch noch Mitgliedschaft in einer terroristischen Vereinigung in Betracht. Adenauers Auge, was für eine skrupellose Namensgebung.«

Lothar Wassermann hatte bisher nur zugehört. »Ich weiß nicht, ob ich Starck glauben soll, dass man eigentlich mich erschießen wollte. Wenn das stimmen sollte und wenn es Adenauers Auge wirklich gibt, dann wäre das eine regelrechte Verschwörung. Wir müssen die Hintermänner finden.«

Roger Jung saß schweigend neben seiner Frau und hielt ihre Hand. »Herr Wassermann«, sagte er, »ich fürchte, in dem Punkt hat Starck die Wahrheit gesagt. Es gab ein Gedränge auf dem Flugfeld, ich wollte, dass Ingo Dahms neben mir in der ersten Reihe steht, ich habe Sie weggeschoben und Dahms an Ihren Platz gestellt. Ich bin schuld an seinem Tod ...« Seine Stimme stockte.

»Sie sind nicht schuld«, sagte Georg. »Sie haben nicht geschossen.«

»Sie haben mein Leben gerettet«, sagte Wassermann.

Stille. Alle erwarteten, dass Jung noch etwas sagen würde, aber er blieb stumm und drückte nur die Hand seiner Frau.

Wassermann brach das Schweigen. »Wir müssen auch eine Formulierung für die Öffentlichkeit vorbereiten. Starcks Festnahme muss erklärt werden. Seine Verletzung. Der Verlust des Auges. Vielleicht müssen wir es nicht sofort tun. Vielleicht gewinnen wir etwas Zeit. Können wir von einem Unfall sprechen?«

»Nein«, sagte die Kanzlerin. »Ich will, dass die Wahrheit bekannt wird. Das bin ich Helena und Ingo Dahms schuldig.«

»Was sagen wir zu den Toten? Dem Soldaten vor der Eisdiele. Jakob Winter, Ihrem Ex-Freund aus Studententagen«, fragte Georg.

»Armer Jacques. So viele Opfer«, sagte die Kanzlerin.

»Und Marcel Ponk, der Mann, der mit Sicherheit den Soldaten und Winter ermordet hat, wahrscheinlich aber auch Ingo Dahms. Der Mann hat sich heute selbst in die Luft gesprengt, als er mich oder die Kanzlerin erschießen wollte«, sagte Georg.

»Das passt eigentlich gar nicht zu Ponk«, sagte Menden. »Der war doch kein Selbstmordattentäter, sondern ein Profi-Killer. Ich werde untersuchen lassen, ob irgendjemand die Waffe präpariert hat.«

»Das wird Starck gewesen sein, um sich einen Belastungszeugen vom Hals zu schaffen«, sagte Christina Brandt.

»Starck hat ein Alibi. Er saß in der Arena, als die Kanzlerin sprach. Und vorher war er auch nicht in Köln, sondern in Berlin«, sagte Wassermann.

»Das Gewehr hat er vorher präpariert. Die Morde hat er in Auftrag gegeben«, sagte Menden.

»Oder es gibt sie doch, diese ominöse Nummer eins«, sagte Georg.

Freitag

60

Am frühen Morgen erschien Siegfried Gärtner. Es wurde beschlossen, um elf Uhr eine Pressekonferenz zu geben, nicht im Tango Colón, sondern im Rathaus.

Als Erster ergriff der Verteidigungsminister das Wort. Er bestätigte Georg Rubins Recherche, dass ein Bundeswehrsoldat den tödlichen Schuss auf Ingo Dahms abgegeben hatte. Die Kanzlerin teilte ergänzend mit, dass der Innenminister ihr gegenüber zugegeben habe, Mitwisser, wenn nicht sogar Auftraggeber des Attentats gewesen zu sein. Starck sei in Untersuchungshaft genommen worden. Sie habe den Bundespräsidenten gebeten, den Innenminister mit sofortiger Wirkung von seinem Amt zu entbinden. Der Bundespräsident habe ihrem Wunsch entsprochen. Ein Nachfolger sei noch nicht benannt.

Georg berichtete, wie er Dahms' Witwe über seinen Verdacht informiert habe, Starck sei für den Tod ihres Mannes verantwortlich. In der vergangenen Nacht sei es durch seine Schuld zu einer direkten Begegnung zwischen Frau Meyer-Dahms und Herrn Starck gekommen. Herr Starck habe den Verstorbenen beleidigt, Frau Meyer-Dahms habe Herrn Starck daraufhin angegriffen und ihm versehentlich mit einem spitzen Gegenstand ein Auge ausgestochen.

Unruhe kam auf. Was das denn für ein spitzer Gegenstand gewesen sei?

»Der Absatz eines Tangoschuhs«, sagte Georg.

Die Unruhe wuchs weiter, drohte zum Tumult zu werden. Der Verteidigungsminister übernahm das Kommando, wehrte alle Anfragen ab. »Wegen der laufenden Ermittlungen gegen Frau Meyer-Dahms und Herrn Starck können keine Einzelheiten bekannt gegeben werden. Das ist den Gerichtsverfahren vorbehalten.«

Am Schluss ergriff die Kanzlerin noch einmal das Wort. »Meine Damen und Herren, ich möchte eine persönliche Erklärung abgeben.«

Sie wartete, bis völlige Ruhe eingekehrt war. Sie ließ sich Zeit. Zwei, drei Minuten. Die Spannung stieg ins Unermessliche. Dann sagte sie mit fester Stimme: »Mein Mann ist homosexuell. Ich habe ihn geheiratet, obwohl ich das wusste. Er hat es mir gegenüber nie verheimlicht. Wir führen seit dreißig Jahren eine gute Ehe, das sage ich, obwohl ich weiß, dass viele das nicht verstehen werden. Mir ist damit gedroht worden, diese Tatsache öffentlich bekannt zu machen, um mich zum Rücktritt zu zwingen. Ich möchte ausdrücklich erklären, dass es nicht Herr Rubin war, der mit einer Veröffentlichung drohte, obwohl ihm der Fakt bekannt war. Die Homosexualität meines Mannes ist für mich kein Grund, zurückzutreten. Ob ich in meiner Position noch tragbar bin, sollen die Bürgerinnen und Bürger entscheiden. Ich danke Ihnen.«

Als Georg in der Redaktion des BLITZ erschien, herrschte dort große Aufregung. Aber es ging nicht um ihn, sondern um die Zukunft der Zeitung. Außerordentliche Redaktionskonferenz.

Verleger Bernhard Berger sprach von großen Anstrengungen, die sie alle gemeinsam unternommen hätten, und großen Einsparungen, die sie alle gemeinsam noch vor sich hätten.

»Meine Damen und Herren, wir sind auf einem guten Weg. Wir haben mit der Redaktionsgemeinschaft für unsere Qualitätszeitungen bewiesen, dass man guten Journalismus auch gemeinsam und damit kostengünstiger produzieren kann. Dieses Modell hat sich bewährt, auch wenn wir in der Besetzung der Chefredaktionen einige Änderungen vornehmen mussten. Ein ähnliches Erfolgsmodell wollen wir jetzt auf unsere Boulevardzeitungen übertragen. Wir wollen die Kompetenzen jeweils an einem Standort bündeln, von dem aus dann die anderen Redaktionen beliefert werden. Die Unabhängigkeit der einzelnen Zeitungen bleibt natürlich gewährleistet. Wie Sie wissen, haben wir Boulevardtitel in Berlin, Hamburg und Köln. Fangen wir mit dem Sport an. Der Sport wird künftig zentral produziert in – Köln.«

Die Kollegen klopften ihren Beifall auf die Tische.

»Mag der FC auch schon mal zweitklassig sein, die Sportberichterstattung des BLITZ war und ist erstklassig. Und das soll auch in Zukunft so sein. Entsprechend übernimmt der Sportchef des BLITZ jetzt auch die Gesamtverantwortung für die Sportteile in Hamburg und in Berlin. Herzlichen Glückwunsch, Herr Müller, und viel Erfolg.«

Kopfnicken und noch einmal Beifall.

Georg war fassungslos. Da gab es draußen eine Verschwörung gegen die Kanzlerin, angeführt von einem Minister, den er überführt und ausgeschaltet hatte, und die Redaktion ließ das völlig kalt, beschäftigte sich stattdessen mit den eigenen Pöstchen. Gut, dass Münch das nicht mehr miterleben musste.

»Kommen wir zur Politik«, sagte Berger. »Herr Rubin, den ich ausdrücklich in dieser Runde begrüßen möchte ...«

Beifall der Kollegen.

Georg stand auf, wollte etwas sagen, wollte erzählen, was in der Nacht passiert war, welche Exklusiv-Storys er für den BLITZ schreiben könnte, aber die Versammlung setzte ungerührt ihre Tagesordnung fort.

»Herr Rubin hat das Angebot, Politik-Chef in Köln zu werden, leider abgelehnt«, sagte Berger. »Hätte er dieser Ernennung zugestimmt, dann hätten wir ihm auch die Gesamtverantwortung für die Politik unserer Blätter übertragen, also auch für Berlin und Hamburg. Unter Abwägung aller Umstände haben wir entschieden, dass die Politik künftig zentral in Hamburg gemacht wird.«

»Hamburg, nicht Berlin?«, fragte Georg.

»Ja. Hamburg. Die Redaktion dort darf ja auch nicht ausbluten. Die Mitarbeiter des Ressorts Politik in Köln werden ein Angebot für Hamburg bekommen.«

Georg begriff, wie Stein ihn mit seinem Angebot linken wollte. Loswerden wollte er ihn, abschieben, und das nicht einmal ins Machtzentrum nach Berlin, sondern nach Hamburg. Schöne Stadt. Aber doch wohl nicht für das Thema Politik.

Wie in Trance stand er auf und rief: »Jetzt sind hier endlich alle verrückt geworden« und verließ den Konferenzraum.

Niemand machte den Versuch, ihn aufzuhalten.

61

Der Mann in flecktarn-oliv stand vor dem Abfertigungsgebäude der Flugbereitschaft des Bundesverteidigungsministeriums auf dem militärischen Teil des Flughafens Köln/Bonn. Eine letzte Zigarette vor dem Abflug.

Das Handy des Soldaten klingelte.

»Rauchen ist ungesund«, sagte Nummer eins.

»Leben ist ungesund«, sagte der Soldat.

»Anerkennung, wie Sie das Gewehr präpariert haben. Der Mann wird niemanden mehr erschießen. Erstklassige Arbeit.«

»Ich habe nur meine Pflicht getan.«

»Es ist gut, dass Sie ein paar Wochen ins Ausland gehen. Genießen Sie die Zeit. Ich hole Sie zurück, wenn sich die Aufregung hier gelegt hat und ich neue Aufträge für Sie habe. Ich werde auch etwas kürzer treten. Wir haben uns alle einen Urlaub verdient.«

62

Zu Hause wurde Georg von Gertrud Odenthal und Rosa mit Kaffee und Kuchen empfangen.

»Ich hab dich im Fernsehen gesehen. Die Bundeskanzlerin hat dich gelobt. Musst du jetzt nie mehr ins Gefängnis?«

»Sieht so aus, Prinzessin. So schnell kriegst du hier keine sturmfreie Bude.«

»Die kriege ich auch so nicht. Frau Odenthal ist viel zu streng. Sogar strenger als Mama.«

»Wenn du zurückwillst, ich bringe dich gerne hin.«

Rosa sprang auf und hämmerte mit ihren Fäusten gegen Georgs Brust. »Nein, ich bleibe hier. Ich bleibe hier.«

»Na klar, bleibst du hier«, sagte Georg und nahm sie auf den Schoß. »Ich habe demnächst ganz viel Zeit für dich. Ich werde mir wohl einen neuen Job suchen müssen.«

»Wie wäre es mit Tangotänzer?«, sagte Gertrud.

»Wie kommst du denn da drauf?«

»Da war vorhin eine junge Frau. Sie sagte, sie sei Tangolehrerin. Hat nach dir gefragt.«

»Wo ist sie?«

Rosa lachte und zeigte Richtung Schlafzimmer.

Die Tür ging auf.

Ricarda blieb im Türrahmen stehen und schaute ihn an. Sie trug

Jeans und ein buntes Hemd. Die Haare hatte sie zu einem Pferdeschwanz zusammengebunden. Sie sah großartig aus.
Rosa nahm Frau Odenthal an der Hand. »Komm, wir gehen zu dir.«
»Danke«, sagte Georg.
Ricarda stand immer noch auf der Schwelle zum Wohnzimmer.
Georg legte eine Tango-CD ein.
Er sah sie an.
Mirada.
Ihre Augen sagten Ja.
Leichtes, kaum merkliches Kopfnicken.
Cabeceo.
Sie gingen aufeinander zu.
Sie umarmten sich.
Abrazo.
Er vergaß den Schmerz im linken Arm.
Tango.

Danksagung

Für »Adenauers Auge« habe ich an Orten recherchiert, die man nicht so ohne Weiteres besuchen kann. Bei allen, die mir dabei geholfen haben, möchte ich mich besonders bedanken.

Der erste Dank geht an Volker Mais, Oberstabsfeldwebel bei der Flugbereitschaft BMVg, der es mir ermöglichte, mich auf dem militärischen Teil des Flughafens Köln/Bonn umzusehen. Auch viele Informationen über die Bedeutung des Kölner Flughafens für den Afghanistan-Einsatz der Bundeswehr verdanke ich ihm.

Angela Wotzlaw, Leiterin der Justizvollzugsanstalt Köln, war nicht nur so freundlich, mich einen Tag in ihrer JVA in Köln-Ossendorf aufzunehmen, sie ließ mich dankenswerterweise auch wieder frei. JVAI Ludwig Kluck begleitete mich durch den »Klingelpütz« und ließ mich unter anderem die Zelle besichtigen, in der Georg Rubin zwei Übernachtungen verbringen musste.

Stefanie Rüntz vom OLG Köln und Jörg Baack vom Amtsgericht Köln verdanke ich Auskünfte über den Umgang mit Untersuchungsgefangenen in Köln ganz allgemein – aber auch ganz speziell an Sonntagen.

Ulla Schwarz und Stevan Drüber vom Tango Colón in Ehrenfeld muss ich dafür danken, dass sie mir erlaubt haben, ihre Tangohalle als Schauplatz für den finalen Showdown zu nutzen. Sie werden mir verzeihen, dass ich kleinere bauliche Veränderungen vorgenommen habe, natürlich nur in der Phantasie. Auch Einschusslöcher und Blutflecken haben keinerlei bleibende Spuren hinterlassen.

Dass Georg auf seinem iPhone eine riesige Sammlung argentinischer Tangos besitzt, verdankt er Jeffrey A. McGuire, Jam, wie er im Buch heißt, einem Amerikaner italienischer Abstimmung in Köln, der hier Musik studiert hat und als Computerexperte arbeitet.

Im Roman erhielt BLITZ-Journalist Hendrik Münch den »Wächterpreis der Tagespresse« für die Aufdeckung der sogenannten Kießling-Affäre im Jahre 1983/84. Im wirklichen Leben verdiente sich Udo Röbel diese Auszeichnung, damals ein Kollege beim EXPRESS. Röbel ist heute Krimi-Autor in Hamburg.

Annerose Steinke und Dr. med. Stefan Janitzki aus Berlin danke ich für Beratung in medizinischen Fragen und für ihre Gastfreundschaft während meiner letzten Recherchen in der Hauptstadt.

Für die Aufklärung in Sachen IPv6-Adressen bedanke ich mich bei Ulrich Babiak, Webmaster von koeln.de, und Michael Adams von NetCologne, die sichergestellt haben, dass die im Roman erwähnte Geheimadresse auch wirklich geheim bleibt.

Ein weiterer Dank, aus verständlichem Grund ohne Namensnennung, geht an das Bundesamt für Verfassungsschutz und den Militärischen Abschirmdienst.

Nicht geheim bleiben sollen die Menschen vom Emons Verlag, die das Erscheinen dieses Buches ermöglicht haben. Bedanken möchte ich mich beim ganzen Team, besonders bei Verleger Hejo Emons, Cheflektorin Dr. Christel Steinmetz und Lektorin Stefanie Rahnfeld.

Micky, meiner wunderbaren Frau, möchte ich besonders danken, dass sie die schwierige Aufgabe als Erstleserin und Erstkritikerin übernommen hat. Ohne ihre Unterstützung über die Entstehungszeit von anderthalb Jahren hinweg wäre das Werk nicht vollendet worden. Danke für alles.

Edgar Franzmann
MILLIONENALLEE
Broschur, 192 Seiten
ISBN 978-3-89705-631-2
eBook 978-3-86358-200-5

»Der Krimi macht wirklich Spaß! Ein Buch für Kölner und auch alle anderen. Ausgefallene Handlung, interessanter Plot.« Center TV

»Ein Romandebüt, das nicht nur Kölnern den Schlaf rauben wird.« City News

www.emons-verlag.de

Edgar Franzmann
DER RICHTER-CODE
Broschur, 272 Seiten
ISBN 978-3-89705-830-9
eBook 978-3-86358-201-2

»Mit voller Wucht reißt der Kölner Krimiautor gleich zu Anfang den Leser in seine Handlung hinein. Rasant geht die Geschichte weiter. Mit viel Lokalkolorit und Humor lässt Edgar Franzmann reale Schauplätze und Personen im Roman auftauchen.« WDR 2, Tatort NRW

»Sehr sehr spannend zu lesen.« Domradio

www.emons-verlag.de